新编21世纪高等职业教育精品教材
金融类

金融理论与实务

（第四版）

主　编　张惠兰　沈　丽
副主编　安伟娟　袁雅莉　郭　佳
　　　　王静文　安立明

中国人民大学出版社
·北京·

图书在版编目（CIP）数据

金融理论与实务 / 张惠兰，沈丽主编 .-- 4 版 .
北京：中国人民大学出版社，2024. 10. --（新编 21 世
纪高等职业教育精品教材）. -- ISBN 978-7-300-32993
-2

Ⅰ. F830

中国国家版本馆 CIP 数据核字第 20241XF821 号

新编 21 世纪高等职业教育精品教材 · 金融类

金融理论与实务（第四版）

主　编　张惠兰　沈　丽

副主编　安伟娟　袁雅莉　郭　佳　王静文　安立明

Jinrong Lilun yu Shiwu

出版发行	中国人民大学出版社		
社　　址	北京中关村大街 31 号	**邮政编码**	100080
电　　话	010－62511242（总编室）		010－62511770（质管部）
	010－82501766（邮购部）		010－62514148（门市部）
	010－62515195（发行公司）		010－62515275（盗版举报）
网　　址	http://www.crup.com.cn		
经　　销	新华书店		
印　　刷	北京溢漾印刷有限公司	**版　　次**	2011 年 3 月第 1 版
开　　本	787 mm × 1092 mm　1/16		2024 年 10 月第 4 版
印　　张	17.5 插页 1	**印　　次**	2024 年 10 月第 1 次印刷
字　　数	420 000	**定　　价**	45.00 元

本书编委会

主　编　张惠兰　沈　丽

副主编　安伟娟　袁雅莉　郭　佳　王静文　安立明

参　编　杨凯茹　赵　静　徐立玲　毕　波　郑　彩
　　　　　郭　怡　么伟伟　石　璠　李文静　王　琦
　　　　　柴娇璇

前言

金融是现代经济的“核心”与“血液”，是资本筹措及配置的重要枢纽，可以说，没有金融就没有现代经济。作为一门研究货币与金融的学科，“金融理论与实务”课程在提高学生金融理论素养和实际操作能力方面具有重要意义。为使学生更好地掌握金融理论与实务知识，构建与现代经济发展相适应的知识结构和能力结构，培养“宽口径”“厚基础”“重能力”的专门人才，本书在第三版的基础上进行了较大的调整和更新，既沿用金融学理论的脉络，又强调实际操作能力提升的要求，从而建立起既有明确研究对象又有内在联系的独立、完整的课程体系。

本书共包括十二个项目：项目一介绍货币的起源、货币的形式和货币制度等；项目二介绍信用及信用形式；项目三介绍利率及利息；项目四介绍中央银行；项目五和项目六介绍商业银行及有关金融机构；项目七介绍金融市场；项目八介绍货币供求与均衡；项目九介绍通货膨胀与通货紧缩；项目十介绍货币政策；项目十一介绍外汇与汇率；项目十二介绍国际收支与国际储备。学习本课程，学生可较全面地掌握货币、金融的基本理论与方法，认识货币、信用、银行活动的基本规则，了解其历史发展过程及进一步发展的趋势，联系我国货币金融政策、法律规章制度、金融体制改革的成就和深化改革的要求，培养、提高分析与解决金融理论与实际问题的能力，厚植爱国主义情怀及树立正确的价值观和义利观，坚定“四个自信”。

本书除介绍金融的基本理论、方法外，还将基本理论、方法贯穿于实际操作中，实现了理论与实务并重。在结构设计上，本书通过任务导入式的设计，使学生在学习过程中既能做到理论联系实际，又能在潜移默化中树立正确的价值观和义利观，从而加深理解、便于掌握。本书符合当前教学需求，是一本信息量大、兼容性强、涉及面宽、实用、科学、易懂的高职高专教材。

参加本书编写的人员有张惠兰、沈丽、安伟娟、袁雅莉、郭佳、王静文、安立明、杨凯茹、赵静、徐立玲、毕波、郑彩、郭怡、么伟伟、石璠、李文静、王琦、柴娇璇。

为编写本书，编者参阅了大量的金融书籍和资料，引用了大量专家学者的相关理论和数据，在此一并表示感谢！由于编者水平有限，本书中不足之处在所难免，敬请各位读者不吝赐教。

编者

目录

项目一 认识货币

学习目标

- 了解货币的起源。
- 了解货币形式的演变。
- 能用货币的职能分析解释货币现象。
- 能列举货币制度的内容。
- 能描述金属货币的流通规律及纸币的流通规律。
- 能熟练运用看、摸、听、测等方法正确鉴别第五套人民币纸币的真伪。
- 树立正确的货币价值观和金钱观。
- 提高识别非法金融广告的能力并增强风险意识。

价值塑造

作为用来固定的充当一般等价物的特殊商品，货币的意义在于不断流通，不断与商品交换位置。有的人把货币作为个人财富的象征，人生的目标就是不断追求金钱数字的积累。

正确看待货币、看待金钱，对于我们的世界观、价值观和人生观意义深远。

任务一　走进货币

◆ 任务导入

故事 1：有一位新员工到银行上班，担任出纳。有一次，银行经理问他：“你手中数的是钱吗？”他很老实地回答：“这当然是钱。”过了一段时间，经理又问他：“你手中数的还是钱吗？”他如实说：“还是钱。”又过了很长时间，经理问他：“你手中数的是钱吗？”这时，他已在银行里工作几年了，天天和钱打交道，他说：“不，这不是钱，这是我的工作。”经理笑了，对他说：“你已‘目中无钱’了，我可以放心地休假了。”金钱的诱惑犹如病毒，人们只有坚定地抵抗诱惑，朝着正确的目标前进，不受外界的干扰和影响，达到一种“忘我”的境界，才有可能成为最后的赢家。

故事 2：小张是某市的一名普通公司职员。有一天，他购买的彩票中了头奖 1 000 万元。一夜暴富的他喜出望外，马上辞去了工作，开始挥金如土，过上了奢侈豪华、挥霍无度的生活。没几年，他就把奖金全部挥霍完了。此时他一无所有，甚至债台高筑，最后，他铤而走险，因入室抢劫而入狱。就这样，这笔巨额奖金使一个穷人一跃成为富人，又从富人跌回穷人。更可悲的是，1 000 万元竟买断了他的自由。如此看来，金钱也是一柄双刃剑，它能扶你走上康庄大道，也能把你甩入万丈深渊，关键在于你以一个什么样的心态去面对它。

故事 3：有一个农夫，他日出而作，日落而息，辛勤耕作于田间，日子过得虽然不富裕，倒也和美快乐。一天，农夫在田里偶然挖到一个价值连城的金罗汉，他的家人和亲友都为此高兴不已，可农夫却闷闷不乐，整天心事重重、愁眉苦脸的样子。别人问他：“你已经成了百万富翁，还有什么不满意的呢？”农夫回答：“我在想，另外 17 个金罗汉在哪儿？”得到了一个金罗汉，还在想另外 17 个金罗汉，不知足和贪得无厌使他失去了生活的快乐。看来，有时真正的快乐与金钱无关。

总结：以上的故事给我们留下了广阔的思考空间，因为每个故事都富有很强的哲理性，我们应树立怎样的金钱观，答案就在上面的故事中。

◆ 任务分析

1. 观看中央二台《货币》纪录片第二集“货币从哪里来？”并回答：（1）什么是货币？（2）货币的来源是什么？

2. 分组讨论：货币是否等同于现金、时间、收入、财富？

3. 分组讨论：近些年流行的“以物易物”是否会掀起物物交换的复古潮？现代社会中仍然存在物物交换的方式有哪些优势？

知识精讲

一、货币的产生

货币的产生是商品内在矛盾运动及发展的必然结果。商品内部使用价值与价值的对立必然发展为商品与货币的对立，货币是解决商品内部矛盾的产物，是商品内在矛盾的外在表现形式。因此，分析研究货币的产生，一方面要从对价值形式发展的考察中科学地了解货币的起源；另一方面要从商品交换的矛盾运动中进一步分析货币的形成。只有这样，才能真正理解货币是“怎样从最简单的、最不显眼的样子发展到炫目的货币形式”，也才能更准确地回答“困难不在于了解货币是商品，而在于了解商品怎么、为什么、通过什么成为货币”。

随堂思考：商品内部矛盾是什么？为什么货币能解决这些矛盾？

（一）货币是商品价值形式不断发展的结果

商品是使用价值与价值的辩证统一，因此一切商品都具有两种表现形式：一种是商品使用价值的表现形式，即自然形式，如商品的形状、大小、规格、颜色等，它们可以被人们直观感觉到；另一种是商品价值的表现形式，即价值形式，它体现着一定的经济关系，是商品的社会属性，它看不见、摸不着，必须借助人们的抽象理解能力。因此，一种商品的价值不能由其自身来表现，只有通过其与另一种商品交换，才能相对地表现出来。价值的这种相对表现形式叫作价值形式。在市场经济中，商品的价值是通过商品和货币的交换关系，以商品价格的形式表现出来的。

价值形式的发展过程就是货币的产生过程。货币是商品经济发展到一定阶段的产物，也是商品经济内在矛盾发展的必然结果。货币的出现使商品世界分成两极：一极是商品，另一极是货币。货币作为直接的社会劳动化身而存在，代表一切商品的价值。货币的出现使商品的内在矛盾即商品的使用价值和价值的矛盾、具体劳动和抽象劳动的矛盾及私人劳动和社会劳动的矛盾外在化；使商品从简单价值形式中商品与商品的外部对立发展为商品与货币的外部对立。货币的产生过程揭示了货币的本质就是固定地充当一般等价物的特殊商品，体现着商品经济条件下人们之间一定的社会经济关系。

（二）货币是商品交换过程中矛盾运动的必然产物

首先，货币既不是某个人的创造发明，也不是大家协商的结果，而是在商品交换长期发展的过程中，为了适应交换的需要而自发地从一般商品中分离出来的。

其次，商品交换和价值形式的发展过程说明了商品为何变成货币。商品变成货币是商品经济的内在矛盾——私人劳动与社会劳动之间的矛盾发展的产物。由于存在私人劳动和社会劳动的矛盾，商品生产者之间只有通过交换才能保持相互间的联系。直接的物物交换限制了商品交换的进一步发展，因而妨碍了商品生产者之间的进一步联系。货币正是为了解决这一矛盾，以适应商品经济发展的需要而自发产生的。

最后，商品交换和价值形式的发展过程还说明了商品是怎样变成货币的。商品变成货币不是一朝一夕完成的。商品在成为货币之前，就已经以普通商品的资格存在于商品世界中。它伴随着价值形式的发展，经历了一个从低级到高级的发展过程。在历史上，曾经有过各种不同的商品先后充当货币材料，执行货币职能。

由此可见，货币是商品经济发展的必然产物，是伴随着商品经济的发展而自发产生的。

二、货币形式的演变

货币自诞生以来，曾有许多不同的物品先后充当过货币材料，形成了不同的货币形式。大致而言，货币形式经历了实物货币、金属货币、纸制货币、存款货币和电子货币等数次大变身。实物货币是货币产生初期采用的货币形式，金属货币曾在许多国家长期流通使用，纸制货币、存款货币和电子货币是现代货币形式。

（一）实物货币

货币的祖先脱胎于一般的商品。某些一般的商品由于其特殊的性能，适合用作交易的媒介，于是摇身一变成为货币。实物货币是指其价值与其作为普通商品的价值相等的货币。

实物货币是在商品交换的长期发展过程中产生的最初的货币形式，是商品间接交换的一般价值形态的表现，最初被固定在某些特定种类的商品上。

随堂思考：列举历史上有哪些物品充当过实物货币？

（二）金属货币

随着社会的进一步发展，金属提炼技术提高，人们找到了比贝壳等实物货币更合适的货币材料——金属。金属材料坚固，质地均匀，耐磨、耐腐蚀，有较高的稳定性，有的金属材料还具有很好的塑性、韧性、延展性等，易于加工制作，可制成不同大小和形状的金属货币，适于表现各种商品的价值。于是，金属货币登上了货币历史的舞台。自从出现金属货币后，货币的应用范围比起贝币时代更加广泛了。除了买卖东西、赏赐、馈赠外，弱国向强国进贡，穷人向富人借贷，也都用货币支付。

金融视界

鬼脸钱——最早的有文字的金属货币

鬼脸钱，又称蚁鼻钱，是春秋时期楚国的铸币，直接由贝币演化而来，是贝币发展的高级形态，不仅年代久远，而且是最早的有文字的金属货币，在我国钱币发展史上占有重要的地位。

鬼脸钱面凸背平，大小如贝，最大者长 1.9 厘米，最小者长 1.3 厘米，重 0.6

克～4.1 克，形似背面磨平的贝壳，钱有穿孔，币面文字为阴文。因为其上多有阴刻铸就的钱文，所以又被称为“文字贝”。

金属货币按照材料的不同，可分为贵金属货币和贱金属货币两种。贵金属是指金、银等贵重金属材料。金素有“金属之王”的美称，它是最重的金属之一，具有惊人的化学稳定性，价值较高，自古以来被视为“无价之宝”。银是一种白色金属，性能优良，在自然界分布稀少，历来也是珍贵的造币材料。贱金属是相对贵金属而言的，主要指铜、铁、铝、镁等金属材料，这些金属在地壳中储量丰富、分布广泛，有成熟的冶炼技术，产量大，成本低。贱金属货币在金属货币时代主要起辅币作用，不如贵金属货币珍贵。

在以金银条块形式流通的金属货币时代，每做一笔交易都要核实金属货币的重量、检查其成色，很不方便，于是就出现了具有一定形状、重量、成色和面额的铸币。金属铸币在长期流通过程中逐渐磨损，成为不足值的货币，却不影响它的流通和使用。人们只关心它是否能买回自己所需要的商品，而不关心它是否足值。这种名不副实的变化，决定了纸制货币可以代替足值金属货币执行流通手段的职能。

随堂思考：从金属货币演化上看，贵金属货币和贱金属货币哪个先产生？称重货币和铸币哪个先产生？

（三）纸制货币

纸制货币（简称纸币）的出现和发展推动了商品交换的发展。但是，由于纸制货币本身的价值微乎其微，人们最初并不接受它。纸制货币之所以能够被广泛使用，是因为国家力量的强制推行。纸币是国家发行的强制流通的价值符号。纸币的发行权为政府或政府授权的金融机关所专有，发行机关多数是中央银行、财政部或政府成立的专门货币管理机构。

与金属货币相比，纸制货币具有金属货币没有的一些特点：印刷成本比制造金属货币的成本低，可避免在流通中的磨损所造成的贵金属的流失，也可避免因不法之徒切削、熔解金属货币而带来流通不畅的现象；比金属货币更容易保管、携带和运输等。纸制货币与金属货币的区别与联系如表 1-1 所示。

表 1-1　纸制货币与金属货币的区别与联系

区别与联系		金属货币	纸制货币
区别	是否是商品	是	否
	有无价值	有	无
	职能	价值尺度、流通手段、贮藏手段、支付手段、世界货币	流通手段
	本质	一般等价物	价值符号
	产生	是商品交换长期发展的产物	是国家发行的
联系		（1）纸币由金属货币发展而来 （2）纸币的发行量必须以流通中所需要的货币量为限度	

（四）存款货币

存款货币是指活期存款账户上的存款。西方国家的活期存款可以随时开出支票在市场上转移或流通，充当交易媒介或支付工具。由于支票可以装订成书本形式，因此人们又把支票称为书本货币。存款货币主要体现在单位、个人在银行账户上的活期存款，主要流转于银行体系内，可用于转账结算。

存款货币的优点主要有：可以避免像其他货币那样有丢失和损坏的风险；运送便利，可减少运输成本；实收实支，免去找换零钱的麻烦；支票经收款人收讫后可以在一定范围内流通。

（五）电子货币

伴随着迅速发展的电子商务而出现的电子货币，是继纸质货币取代金属货币以来货币形式发生的第二次标志性变革。电子货币是指用一定金额的现金或存款从发行者处兑换并获得代表相同金额的数据，通过使用某些电子化方法将该数据直接转移给支付对象，从而清偿债务。电子货币的本质是价值信息工具，它已经不再是商品，却又代表着商品；它已经不再具有价值，却又代表着价值。它是一组数字、一组符号、一种工具、一种信息。电子货币既是现代发达商品经济的产物，也是现代高科技产品的结晶。电子货币按发展进程可划分为两种：

第一种是以储值和信用卡型、电子支票型为代表的“初级的电子货币”。储蓄卡和信用卡等都属于储值和信用卡型的电子货币；电子支票是指启动支付程序后，计算机屏幕上出现支票图像，出票人用电子方式做成支票并进行电子签名而出票。初级的电子货币离不开基本账户。这种电子货币把金额和相关的信息记录于镶在该卡上的芯片或磁条上，取代纸币在特定的范围内使用。它脱离了银行账户，但受诸多因素的限制：一方面，它的流通范围有限，需要借助一定的终端设备；另一方面，它不能像传统货币一样循环使用，以实现个人与个人的支付，且该卡用完了还须重新购买或充值。

第二种是以数字现金型为象征的“真正的电子货币”。数字现金型是指依靠互联网支持在网络上发行、购买、支付的数字现金。它采用全新的信用方式，可以脱离银行账户并且可以循环使用，货币所有人对该数字现金的控制体现在对包含有该货币数量信息的密码控制上。现在的数字货币，比如比特币、莱特币和 PP Coin 是依靠校验和密码技术来创建、发行和流通的电子货币。

与此同时，随着互联网的广泛普及，人们通过电子货币在互联网上进行及时电子支付与结算，以便人们随时随地地完成购物消费等活动。随着电子货币的发展，现钞和支票的使用会逐渐减少，甚至可能消失，但货币不会消亡，它将以其他新形式存在，执行货币的各项职能。

金融视界

数字人民币

随着移动支付的高速普及，人们对“无现金社会”产生了丰富遐想。作为全球移动支付应用最广泛的国家之一，中国也是最接近“无现金社会”的国家之一。然而，仅仅依靠移动支付还无法满足数字金融时代的变革要求，着眼于更深层次的“数字货币”应运而生。

数字货币是对货币的数字化，是电子货币形式的替代货币。

数字人民币，又称数字货币电子支付，是中国人民银行基于国家信用而发行的法定数字货币。它以广义账户体系为基础，支持银行账户松耦合功能，与纸钞和硬币等价。数字人民币既可以像现金一样易于流通，有利于人民币的流通和国际化，同时也可以实现可控匿名。与比特币等虚拟货币相比，数字人民币是法定货币，与法定货币等值，其效力和安全性是最高的；而比特币是一种虚拟资产，没有任何价值基础，也没有任何主权信用担保，无法保证价值稳定。这是央行数字货币与比特币等加密货币的最根本区别。

随堂思考：你认为央行发行的数字货币会完全取代纸质货币吗？

任务二　明晰货币职能

◆ 任务导入

货币的形态由大自然的物品发展到如今印刷的纸币，以及显示在各类电子显示器上的数字。货币在促进商品交换的过程中发挥了中介作用，提高了商品交换的效率，促进了物质的丰富。当我们认识到货币是商品交换的工具时，最重要的就不是货币本身了，而是我们要用货币这个工具来交换什么。我们可以用货币来交换到更好的人生体验，可以有不同的生活方式，获得不同的思维认知，拥有更多的选择，这些都是可以用货币来实现的。总之，重要的不是货币本身，而是我们要用货币来做些什么。在促进商品交易和经济发展的过程中，形形色色的货币都具有哪些不可替代的功能？学习完本任务后，货币将不再是我们最熟悉的陌生人。

◆ 任务分析

1. 货币有哪些职能？请分别用生活中的例子举例说明。

2. 判断以下情景中，货币各自执行了什么职能。

情景 1：一件衣服标价 300 元。

情景 2：公司向职员发工资 3 000 元。

情景 3：小王花 1 500 元买了一部手机。

情景 4：张三到银行取出 1 万元存款的利息。

情景 5：老王藏有祖传的两块金砖。

情景 6：中国援助某不发达国家 500 万美元。

情景 7：小张花 300 元在购物网站上拍下了一件连衣裙。

知识精讲

货币职能是货币本质的具体表现，是商品交换所赋予的，也是人们运用货币的客观依据。古今不同学派的经济学者在货币职能划分上没有太大的分歧，划分标准也大体一致。现代经济学中通常将货币职能概括为以下五个。

一、价值尺度

（一）含义

货币之所以能够执行价值尺度的职能，是因为货币本身是商品，也具有价值，因而就可以自己的价值作为尺度来衡量其他商品的价值。这就正如尺子能够衡量物品的长短，是因为尺子本身有长度一样。价值尺度就是货币能成为衡量其他一切商品价值大小的尺度。这是货币最基本、最重要的职能。

在现实生活中，货币就起着价值尺度的作用，使得不同商品的价值量可以相互比较。例如：一辆自行车 250 元、一辆摩托车 3 000 元，说明一辆摩托车比一辆自行车的价值大。

（二）价格

我们在购买商品的时候，会发现商品的旁边都有一个说明商品价值大小的价目表，像“名牌衬衫 300 元 / 件”等，这些通过一定数量的货币表现出来的商品价值，我们称之为价格。换句话说，价格是商品价值的货币表现。货币在执行价值尺度职能时，就是把商品的价值用货币表现出来，即：价格是价值的表现，价值是价格的基础。不能忽略的是，商品价值的大小是通过一定数量的货币表现出来的。因此，我们必须给货币本身设定一定的计量单位，不然就会出现混乱。比如，我国用的是人民币元，美国则是美元，日本则是日元。

（三）货币执行价值尺度的特点

在商场里，要说明商品价值的大小，只需摆放一个小小的价目表、写出它的单价即可，而不用摆放出它所值的货币。也就是说，货币在执行价值尺度的时候，并不需要现实的货币，它只是作为一种观念上的货币，只是让人们知道这件商品值多少钱，如果想购买这件商品得付出多少现实货币而已，这就是价值尺度职能的重要特征。

二、流通手段

（一）含义

在货币出现以前，商品交换是以物易物，买卖同时完成。在货币出现以后，商品交换就通过货币这个中介来进行，商品交换过程分为买和卖两个阶段。这种以货币为媒介的包括买和卖两个阶段的商品交换，就叫作商品流通。流通手段就是货币在商品流通过程中充当交换媒介的职能。人们日常从商品买卖中所看到的货币的作用，就是流通手段的职能。

与货币执行价值尺度职能不同的是，执行流通手段职能的货币，必须是现实的货币，不能是观念上的货币。

（二）商品流通

从一般意义上说，商品流通是指以货币为媒介的商品交换，即商品—货币—商品。商品流通是从商品交换的形式上来讲的，为的是区别于以物易物的直接交换。以物易物的直接交换，买和卖是同时进行的，不需要任何媒介；而商品流通中，买和卖是两个不同的行为，在时间和空间上都可以分离。这打破了商品直接交换在时间和空间上的限制，克服了商品交换的障碍，有利于商品交换的发展，但同时，商品交换的内在矛盾也随之进一步发展。买与卖脱节，使得商品所有者可以在这里卖、到那边去买，今天卖、明天再买，这样必然会造成有的人的商品卖不出去。所以，正如马克思在《政治经济学批判》中所说的，在“商品—货币—商品”的流通过程中，“商品—货币”阶段的变化既重要又困难，马克思将其形象地比喻为“商品的惊险的跳跃”。这个跳跃如果不成功，“摔坏”的不是商品，而是商品所有者。这是因为有的商品所有者的商品卖不出去，自身的劳动白费了，他所需要的商品也买不回来，结果就导致亏本，甚至破产。

（三）货币执行流通手段的特点

作为流通手段的货币，不能是观念上的货币，必须是实实在在的货币，因为任何一个商品所有者都绝不会允许别人用一句空话换走其商品。所以作为流通手段的货币，它和作为价值尺度的货币刚好相反，必须是实实在在的货币。

（四）流通中的货币量

货币的本质是一般等价物，能够与一切商品相交换。那么有的人就会认为，现在社会上财富两极分化，很多人都徘徊在贫穷线上，只要我们多印发些货币，问题不就解决了吗？那么，是不是在流通中货币的量越多越好呢？其实，市场上流通的货币的量，既不是越多越好，也不是越少越好，流通中实际需要的货币量是受规律支配的。我们可以假定市场上待售的商品有 1 000 亿元，又假定每 1 元货币只流通 1 次，那么，市场上就必须有 1 000 亿元的货币量。如果只有 700 亿元的货币，那么就会有 300 亿元的商品不能销售，这 1 000 亿元就是待售商品价格的总额。在货币流通速度不变的情况下，待售商品价格总额越高，流通中所需要的货币量也就越多，这说明商品流通中所需的货币量与待售商品价格总额成正比，待售商品价格总额则等于待售商品量与价格水平的乘积。

在现实生活中，一张一定面额的货币，在市场中不会流通一次就回到银行，从而退出流通领域，它往往会在商品交换过程中流通多次。货币流通的次数越少，流通中实际需要的货币量就越多；反之，货币流通的次数越多，流通中实际需要的货币量就越少。沿用上面的例子，如果只流通 1 次，对货币的需求量是 1 000 亿元；如果货币在一定时期内流通 5 次，那么实际上需要的货币量则为 200 亿元。所以，流通中所需要的货币量是与货币流通次数成反比的。

综上，我们就可以得出流通中所需要的货币量的计算公式：

流通中所需要的货币量 = 商品价格总额 / 货币流通次数。

随堂思考：

1. 执行价值尺度职能的货币是观念中的货币，还是现实中的货币？
2. 执行流通手段职能的货币是观念中的货币，还是现实中的货币？

三、价值贮藏

（一）含义

为了让货币得到大家的普遍认同，人们找到了黄金这种特殊币材，因为黄金稀有且贵重、不会变质、容易分割，所以很容易就得到了大家的普遍认同。人们把自己的劳动和产品换成黄金，将其作为价值的代表储藏起来，到需要的时候再拿出来用。货币的这种在一段时间内能保持其价值，并可以被储藏的特点，称为货币的价值贮藏职能。货币暂时退出流通领域处于相对静止状态时执行价值贮藏的职能。

在金属货币流通的条件下，贮藏货币具有自发地调节货币流通的特殊作用。当流通领域所需要的货币量增加时，货币供不应求，货币就会升值，从而刺激货币从贮藏中流出，加入流通领域成为流通手段；而当流通中所需要的货币量减少时，货币供过于求，货币就会贬值，有一部分货币就会自动退出流通领域成为贮藏货币。这样，贮藏货币就像蓄水池一样，能够自发地调节流通中的货币量，使之与流通中的客观需要量相适应。由于贮藏货币的这种特殊作用，在足值的金属货币流通条件下，一般不会发生货币过多的现象。

随堂思考：历史上有哪些货币是可以贮藏的？请说明原因。

（二）特征

用于贮藏的货币必须是足值的、实在的或在比较长的时间内稳定地代表一定的价值量。由此看来，货币能否作为价值的贮藏，取决于两个因素：一是在贮藏期内不损失其价值；二是在需要购买时能顺利地购买到所需商品。

货币变成了纸币，而纸币本身是没有价值的，这样会不会得不到人们的普遍认同呢？答案是不会。为了使人们普遍认同它，纸币由国家发行，它们是一国的法定货币，政府承认它的价值，规定它可以在交易、支付活动中使用。纸币的发行并不受黄金拥有量的限制，纸币的后盾是整个国家的经济运行状况。所以，当一国的经济运行状况不好时，人们就担心纸币会贬值，会买不到原先贮藏它们时能买到的东西，人们就会急于把它换成其他国家的货币，或是换成黄金，或是购买不动产，目的都是保值。

四、支付手段

（一）含义

随着商品经济的发展，商品的买卖可以不用现金而采取赊账的方式，到一定时期后再付现金（货币）。货币在不伴随商品运动而是以交换价值的独立形态进行单方面转移时，即货币用于支付债务时，执行支付手段的职能。

货币执行支付手段职能，最初主要是为使商品流通顺畅，用于商品生产者之间清偿债务。随着商品生产的发展，货币支付手段的职能已超出了单一的偿债范围，扩大到商品流通领域之外。例如：大宗交易（这是支付手段的主要场所），财政收支、银行存贷，工资、佣金、房租、地租、水电费等领域。

（二）特征

在货币执行流通职能时，商品交换要求一手交钱、一手交货；而作为支付手段，价值的单方面转移是其特征。

（1）货币作为支付手段，商品和货币在交换过程中就不再同时出现，货币运动与商品运动两者相分离，并且由货币的支付作为交换过程的补充环节而独立地结束整个过程。

（2）商品的价格是在订立支付契约时就已确定的，也就是买者必须按照契约所规定的金额到期偿还债务。

（3）货币既不充当商品交换的媒介，也不作为价值贮藏的手段，而是作为履行合约的支付手段。

五、世界货币

当货币超越国界，在世界市场上发挥一般等价物作用时便执行世界货币的职能。由于国际贸易的发生和发展，货币流通超出一国的范围，在世界市场上发挥作用，于是货币便有了世界货币的职能。这是货币其他职能在世界范围内的延伸，即世界货币职能主要表现为：一是作为国际支付手段用以平衡国际收支差额；二是作为国际购买手段用以购买外国商品；三是作为国际财富转移的一种手段。

世界货币的职能也是以贵金属为条件的。理论上，信用货币由于没有内在价值或其价值可以忽略，是不能够执行世界货币职能的。但当代，一些西方发达国家的信用货币成为世界上普遍接受的硬通货，实际上发挥着世界货币的职能。世界上各国都把这些硬通货作为本国储备的一部分，并用来作为国家间的支付手段和购买手段。这一方面是因为发行这些硬通货的国家经济发达、国力强大，国际政治、经济地位较高，其货币也较坚挺、有保障；另一方面也是国际金融发展的结果，近几十年来，欧洲美元市场、离岸金融业务的发展也促进了这些信用货币的全球化。

这里以一个有趣的例子给大家做更为形象的货币职能介绍：

现在我特别想买一台笔记本电脑，我去商场一看，标价 3 999 元，这是货币在执行价值尺度职能。

如果我狠狠心买了这台笔记本电脑，而且是全额付款，此时货币执行的是流通手段职能，因为是一手交钱、一手交货。

如果我打算买这台笔记本电脑，但是我选择的是分期付款，此时货币执行的是支付手段职能，因为有一定的时间差，交易不是在瞬时间完成的。

如果我没有买这台笔记本电脑，而是把 3 999 元存起来了，此时货币执行的是贮藏手段职能。

如果我用美元买这台笔记本电脑，则货币执行的就是世界货币职能。

任务三　认识货币制度

◆ 任务导入

作为全世界最早使用货币的国家之一，我国在货币上的历史可以追溯到五千年前。我国货币先后经历的各次变革中，秦国货币在我国货币历史中的影响最为深厚。我们知道作为首个封建王朝，秦朝统一了货币形制。在统一诸国之前，秦朝在商鞅变法的加持下，农业和手工业得到了全面发展，复苏了商品经济，从而带动了货币的流通。春秋战国时期，诸侯国林立导致货币体系混乱，市面上流通的货币数不胜数，每个诸侯国对于货币的兑换划分不明确，基本上是各自的货币只能在自己国家内部流通。秦国统一六国后，建立起了统一的货币制度，秦半两的推行和使用结束了诸侯国林立所造成的货币体系混乱。货币形态差异化导致价值悬虚、货币不流通等现象，为秦朝实现货币统一制度积累了经验，也为秦朝的政治、经济打下了坚实的基础。因此，我们要认真学习本任务所讲的货币制度，正确认识货币制度对经济的影响。

◆ 任务分析

1. 分析货币制度演变的原因。
2. 什么样的规定和制度才能确保货币的产生与使用，并稳定发挥其职能呢？
3. 根据金银复本位制的内容完成下表：

	平行本位制	双本位制	跛行本位制
本位货币			
自由铸造			
金银比价			
格雷欣法则			

知识精讲

一、货币制度的含义及构成

（一）货币制度的含义

货币制度是指一个国家以法律形式规定的货币流通的组织形式，简称币制。货币制度是随着资本主义经济制度的建立而逐步形成的，并随着商品经济的发展变化而不断演变。

（二）货币制度的构成

货币制度是人类社会的生产和交换发展到一定阶段的产物。货币制度的主要内容包括本位币币材的规定、货币单位的确定、主币和辅币的发行与流通、自由铸造和限制铸造、有限法偿和无限法偿、金准备制度等。

1. 本位币币材的规定

本位币是一国货币制度规定的标准货币，是一个国家法定的计价、结算使用货币，是该国的基本通货。

本位币具有其他形态货币所不具备的独有性质：第一，具有无限的法偿资格，即法律赋予其强制的流通职能，不论支付额多大，对方都不得拒绝接受。第二，是最后的支付手段，即任何交易或债务，只要用本位币等额支付就算结清，对方无权要求改用其他形态的货币来支付。其他形态的货币虽然可以与本位币平价流通，但不是最后的支付手段，对方有权要求兑换成本位币来完成支付。

2. 货币单位的确定

随着本位币币材的确定，必须相应地确定货币单位。确定货币单位就是确定货币单位的名称和货币单位的值。

国家通常以习惯形成的名称为基础来确定货币单位的名称。最初货币单位的名称和货币材料本身的重量单位名称是一致的，后来由于种种原因，货币单位名称和重量单位名称逐渐脱离，货币单位名称已经不再表示任何重量上的意义。

3. 主币和辅币的发行与流通

主币就是本位币，本位币是一个国家流通中的基本通货，作为一个国家货币制度的基础货币，是该国的法定价格标准。

在金属货币制度下，本位币是指用货币金属按照国家规定的货币单位铸成的货币，因而是足值货币，它的实际价值与名义价值是一致的。但金属货币在流通中会磨损，使其重量减轻，这样它的实际价值和名义价值就发生了偏差，实际价值低于其名义价值，如果任其流通下去，那么足值的金属货币就不会再进入流通领域。为此，各国对铸币都规定了磨损公差。磨损公差是磨损了的铸币实际重量与法定重量的差额，超过磨损公差的铸币将不再流通，而要被收回重铸。

辅币是本位币货币单位以下的小面额货币，它是本位币的等分，其面值多为本位币的1/10或1/100。辅币是专门为不足一个货币单位的零星支付而规定的。

4. 自由铸造、限制铸造

自由铸造、限制铸造是针对金属货币流通而言的。

自由铸造是指公民可按照法律的规定，把货币金属送到国家造币厂请求铸成本位币，其数量不受限制，国家只收取少量造币费（如中华人民共和国成立前收 0.6%）或免费（如英美等国家）。同时，国家也允许公民将本位币熔化成金属条块。

限制铸造是针对辅币而言的，即辅币只能由国家垄断铸造。由于辅币是不足值的货币，限制铸造可使铸币收入归国家所有，同时也防止滥铸辅币，影响主币正常流通。

随堂思考：在金属货币制度下，如果辅币不限制铸造，情况会怎么样？

5. 有限法偿和无限法偿

有限法偿即有限的支付能力，即每次支付超过一定的限额，对方有权拒绝接受。在金属货币流通中，辅币为有限法偿。这是由于辅币是由贱金属铸造的，是不足值的铸币，但法律又规定辅币与主币之间有固定的兑换比例，如果辅币为无限法偿，人们就都会用辅币支付，而不愿用主币支付，造成主币从流通中消失。因此，各国对辅币的支付限额做出规定，如美国曾规定 10 美分以上的银辅币，每次支付限额为 10 美元；铜、镍铸造的分币，每次支付限额为 25 美分。

无限法偿是指具有无限的支付能力，即法律上赋予其流通的权力；不论每次支付的金额多大，受款人均不得拒绝接受。在金属货币流通条件下，本位币具有无限法偿资格。

随堂思考：查阅《中华人民共和国人民币管理条例》后回答：人民币的辅币是有限法偿还是无限法偿？为什么？

在信用货币流通条件下，中央银行发行的银行券具有无限法偿的能力，其他形式的信用货币，如商业票据、支票等一般不具有这种资格。

6. 金准备制度

黄金准备是货币制度的一项重要内容。在金属货币流通条件下，黄金准备是一国货币稳定的坚实基础，作为金准备的贵金属往往集中于中央银行或国库。

在金本位制度下，金准备的用途有三个：（1）作为国际支付的准备金。（2）作为扩大或紧缩国内金属货币流通的准备金。（3）作为支付存款和兑换银行券的准备金。在当前信用货币流通的条件下，只有第一项用途被保存，后两项用途已不复存在，但金准备对核定国内货币流通的作用仍然很重要。

二、货币本位制度的历史演变

（一）银本位制

1. 含义

银本位制是以一定量的白银作为本位币的一种货币制度。银本位制是历史上最早出现、实施时间最长的一种货币制度。在这种货币制度下，白银可以流通，黄金不是货币金属，不进入流通。

2. 分类

按照兑换白银的形式，银本位制可分为银币本位、银块本位和银汇兑本位。然而，实际上只有银币本位被一些国家采用。所以，实际上的银本位制只有银币本位一种。它的特点是：银币是本位货币，银币可以自由铸造，具有无限法偿能力，辅币和其他货币则为有限法偿，但它们可以自由兑换成银币，白银可以自由输出、输入国境。

3. 优缺点

银本位制适应了当时商品经济不很发达的社会需要。但随着资本主义的发展，交易规模不断扩大，银本位制的缺点便显露出来：第一，白银价值不稳定。白银储藏量相对丰富，白银的开采技术提高较快，使得白银的产量较多，白银价值不断下降。而作为一种货币金属，只有当其价值能保持相对稳定时，才适合做货币材料，才能保证货币价值的稳定性。第二，白银价值相对较低，为商品交易带来许多不便。

（二）金银复本位制

随着商品经济的发展，在商品交易中，对金、银两种贵金属的需求都增加了，白银主要用于小额交易，黄金则用于大宗交易，这样就形成了白银与黄金都作为主币流通的局面，客观上产生了建立金银复本位制的要求。16 世纪至 18 世纪，欧洲国家纷纷建立了金银复本位制。

1. 含义

金银复本位制是指同时以黄金、白银为币材，铸造两种本位货币并同时流通使用的货币制度。法律规定金、银两种贵金属都是铸造本位币的材料，可以自由输出、输入，金币和银币可同时流通，都可以自由铸造，具有无限清偿能力。

2. 形态

这种本位货币制度随着时间的演变，先后经历了三种不同的形式。

（1）平行本位制。

平行本位制即金币和银币按照它们所含的金银实际价值进行流通。平行本位制的特点是：1）金币和银币都是一国的本位货币；2）二者均具有无限法偿资格；3）二者都可以自由铸造和熔化；4）金币与银币之间的交换比率完全由金币和银币的市场价格决定，由经济力量调整，不为任何人或任何力量所管制。

平行本位制的以上特点决定了其作为一种货币制度，存在一个致命的缺点，即金币与银币之间的交换比率随金币与银币市场价格的变化而变化，于是在国际贸易中，如果各国之间的金银币比价不同，那么，金币就会流向金价较高的国家，而使该国的货币本位制度逐渐变为金本位制；白银则流向银价较高的国家，而使该国的货币本位制度逐渐变为银本位制，这就使得平行本位制解体。

（2）双本位制。

双本位制是为了矫正平行本位制导致的货币制度的不稳定而出现的。双本位制是指两种金属货币由政府规定固定的比价，按法定比价流通。

双本位制的特点是：1）金币与银币都是一国的本位货币；2）二者都具有无限的法偿资格；3）二者均可自由铸造和熔化；4）金币与银币之间的交换比率是以法律形式规定的。

双本位制的一个重要作用是对金银复本位制进行矫正。因为，在双本位制下，金银的市场比价与金银的法定比价可以保持一致，从而稳定货币单位的价值标准，并使国与国之间的汇率保持稳定。

金融视界

格雷欣法则

在双本位制下，金、银供求形势不断变化，金、银市场比价与法定比价往往差别较大，导致市场上出现了只有一种货币流通而非两种货币同时流通的状况。如金银法定比价为 1 ∶ 15，而市场比价为 1 ∶ 16，此时黄金的市价较高。这样，持有黄金者将会熔化黄金到市场上去兑换白银，其流程为：

1 元金币 $\xrightarrow{(1)}$ 1 元金块 $\xrightarrow{(2)}$ 16 元银块 $\xrightarrow{(3)}$ 16 元银币 $\xrightarrow{(4)}$ 1 元金币（15 元银币）

（1）将 1 元金币熔化为 1 元金块；（2）在金块与银块市价比为 1 ∶ 16 的条件下，将 1 元金块兑换为 16 元银块；（3）将 16 元银块铸造成 16 元银币；（4）按金币与银币的法定比价 1 ∶ 15，将 15 元银币兑换为 1 元金币。

如此循环一周，便可得到 1 元银币的利润。这种情形发展的结果是，金币敛迹，而银币充斥市场。受这种赚钱动机的驱动，人们不断地把金币熔化为黄金，把白银铸造成银币，致使流通中的金币数量不断减少，市场上黄金数量不断增加。而流通中的银币数量不断增加，市场上白银数量不断减少，市场上黄金数量的增加使黄金的市场价格下降，白银数量的减少又使白银的市场价格上涨。

如果黄金与白银的价格变化使得黄金的市场价格低于其法定价格，与之相应，白银的市场价格就高于其法定价格，那么，会出现相反的情况：把银币熔化为白银去换取黄金，然后把它铸造成金币去换银币，于是市场上白银数量增加，白银市场价格下降，而市场上黄金数量减少，黄金市价上涨。总之，只要黄金与白银的市场价格不等于其法定比价，那么市场价格就会不断地向法定价格靠近，直到市场价格与法定价格达到一致为止。这就是双本位制的矫正作用。

从以上分析中可以看出，在双本位制下，当黄金与白银的法定比价与市场价格不一致时，市场价格高于法定比价的金属货币在流通中的数量会逐渐减少，而市场价格低于法定比价的金属货币在流通中的数量会不断增加，这就是劣币驱逐良币现象，是由 16 世纪英国财政专家汤姆斯·格雷欣首先提出的，故被称为“格雷欣法则”。也就是说，两种实际价值不同而法定价格相同的货币同时流通，市场价格偏高的货币被称为良币，另一种货币则被称为劣币。在价值规律作用下，市场上良币敛迹，劣币充斥，引起经济紊乱。

随堂思考：你在现实生活中见过哪些“劣币驱逐良币”的现象？

（3）跛行本位制。

跛行本位制是指国家规定金币可以自由铸造而银币不允许自由铸造，并且金币与银币可以固定的比例兑换的制度。在跛行本位制下：1）金币和银币都是一国的本位货币；2）二者均具有无限的法偿独立资格；3）只有金币可以自由铸造，银币不得自由铸造；4）金币与银币之间的比价由政府以法律形式规定。

实际上，银币已经降为附属于金币的地位，因为银币的价值是通过固定的比例与金币挂钩的；而金币是可以自由铸造的，其价值与本身金属的价值是一致的。因此，从严格意义上讲，跛行本位制只是双本位制向金本位制过渡的一种中间形式而已。

金银复本位制中金币与银币犹如两条腿，现在取消了银币的自由铸造，这就好像缺了一条腿，故使复本位制变为跛行本位制。跛行本位制的出现，主要是由于 19 世纪 70 年代世界银价的暴跌。为了维持银本位货币的地位和金银之间的法定比价，法国和美国决定停止银币的自由铸造，将双本位制改为跛行本位制。

（三）金本位制

金银复本位制是一种不稳定的货币制度，对资本主义经济发展起了阻碍作用，甚至导致货币制度事实上的倒退。为了保证货币制度的稳定性，更好地发挥货币制度对商品经济的促进作用，英国率先实行金本位制。

金本位制包括金币本位制、金块本位制和金汇兑本位制。

1. 金币本位制

金币本位制是 19 世纪中叶到 20 世纪初，主要资本主义国家实行的货币本位制度。金币本位制是典型的金本位制。以金币为本位货币，金铸币可以自由铸造、自由熔化、自由输出或输入、无限法偿，其他金属铸币实行限制铸造、有限法偿。辅币和银行券也可以自由兑换金币。

由于金币本位制是一种相对稳定的货币制度，因此在实行该制度的一百多年时间里，资本主义经济有了较快的发展。到了 20 世纪，由于商品经济规模日益扩大，而黄金存量有限，各国拥有的黄金也不均衡，大多数国家因黄金短缺而使价值符号无法兑现，这样，实行金本位制的黄金基础被削弱了。第一次世界大战后，金币本位制已经很难再维持下去。

2. 金块本位制

金块本位制又称生金本位制，是没有金币流通的金本位制。即不铸造金币，没有金币流通，国内只有纸币、银行券、辅币等流通，银行券只有在一定条件下才能兑换金块的货币制度。这种纸币不能随便兑换黄金，只能在一定数量以上才能兑换金块，故有人称这种货币制度为“富人本位制”。

实行金块本位制可节省黄金使用量，暂时缓解黄金短缺与商品经济发展之间的矛盾，但并未从根本上解决问题。英国在 1925 年 5 月首先推行金块本位制，法国、荷兰、比利时、瑞士等国也相继采用，但历时不久。在 1929 年经济危机的冲击下，1931 年英国首先放弃金块本位制，到 1936 年其他国家也相继放弃。

3. 金汇兑本位制

金汇兑本位制又称“虚金本位制”，是指国内没有金币流通，但将本国货币依附于实行金本位制国家的本位币（如英镑、美元或法郎），同时将黄金外汇储备存放在该国的货币制度。金汇兑本位制规定本国货币仍规定含金量，国内流通的银行券不能兑换金币或金块，只能换成在外国兑取黄金的外币汇票。也就是说，在本国不能直接兑换黄金，只与实行金币本位制或金块本位制国家的主币保持固定比价，并在后者存放外汇或黄金作为外汇黄金，以便随时出售外汇来稳定本国的外汇行市。

金汇兑本位制实质上是一种附庸的货币制度，在对外贸易和财政金融上必然受到与其相联系的国家的控制。该制度最早实行于经济比较落后的殖民地国家，1877 年荷兰首先在爪哇实行这种制度。第一次世界大战后，德国、意大利、中国、波兰等国相继实行这种制度。

金块本位制和金汇兑本位制由于本身的不稳定性，在 1929—1933 年的世界经济大危机的冲击下很快就崩溃了，各国纷纷将黄金集中于国家手中，停止银行券的兑现。

（四）纸币本位制

1. 含义

纸币本位制亦称不兑现的信用货币制度。纸币是指由国家强制发行、不兑换金银的货币符号，它是以货币作为流通手段职能而产生的。金本位制崩溃后，流通中的银行券丧失了直接或间接与黄金兑换的条件，从而蜕化为不兑现的纸币。在纸币本位制下，黄金不再是确定币值和各国汇率的标准。

不兑现的信用货币取代金本位制，是货币制度演进的质的飞跃，它突破了商品形态的桎梏，而本身没有价值的信用货币成为流通中的一般等价物。至此，货币从固定充当一般等价物的特殊商品演变为在商品与劳动交易和债务清偿中被普遍接受的可以作为交易媒介与支付工具的手段。

2. 内容

纸币本位制的具体内容为：

（1）纸币具有无限清偿力，依法强制流通，其他清偿货币可依据等价相互兑换。

（2）货币的供应量不受金银数量的约束，货币的发行量视经济形势而定。

（3）纸币对内价值的稳定和对外汇率的稳定，均有赖于货币供应体系的有效管理与调节控制。

3. 特点

纸币本位制是 20 世纪 30 年代以来世界各国相继采用的现代货币本位制度，其特点是：

（1）以政府或中央银行发行的纸币为本位货币。

（2）本位货币不与任何金属保持等值关系。

由于纸币的发行可以自由变动，发行者为了稳定纸币对内、对外的价值，要对纸币的发行与流通进行周密的计划和有效的管理，因此，经济学家又把纸币本位制称为管理纸币本位制。

4. 优点

实行纸币本位制具有以下优点：

（1）货币供应不受金银数量的限制，具有较大的伸缩性，可以根据经济发展需要做出调节，对于稳定经济发展具有重大意义。

（2）纸币与贵金属脱钩，纸币对外汇率也不受国际贵金属价格的影响。通过调节本国货币供应量，可以对国内经济发展和国际收支进行调节。设立外汇储备基金，也可维持纸币对外价值的稳定，促使国际收支保持平衡。

（3）纸币的制作成本低，便于流通和携带。

5. 缺点

纸币本位制的缺点主要表现为：

（1）由于纸币供应不受黄金准备限制，供给弹性大，有些国家为了弥补赤字，往往超量发行纸币，导致纸币贬值甚至发生通货膨胀，危及社会经济的安全与稳定。

（2）汇率不以货币的含金量而定，由各国自由调整，这使得货币的对外价值变化无常，影响了国际贸易的发展和国际资金的流动。

（3）纸币本位制的管理与操作依赖于政府有效的管理控制，成败与否与管理者的知识经验和判断决策能力直接相关，过多的人为因素往往使纸币本位制产生不稳定的因素。

目前，世界各国实行的都是这种不兑现的信用货币制度，这是一种没有金属本位货币的货币制度，它沿用了金属本位币的单位名称，确定不兑现的信用货币为法偿货币。

在纸币本位制下，黄金退出流通，切断了银行券与黄金的联系，黄金不再执行货币的职能，对银行券在形式上不再规定含金量，不再兑换黄金，发行银行券既不要金银外汇准备，也不要信用担保，不兑现的银行券由国家法律规定强制流通，成为无限法偿货币和最后支付手段。银行券由银行通过信用渠道投入流通，通过存款货币进行转账结算，非现金流通成为货币流通的主体。

三、地区货币制度和跨国货币制度

（一）“一国两制”下的地区货币制度

1997 年和 1999 年，我国相继对香港和澳门恢复行使主权，后来出现了人民币、港币、澳门元“一国三币”的特有历史现象。由于这三种货币是在不同的地区流通，因此不会产生“格雷欣法则”效应。

（二）跨国货币制度和欧元

1999 年 1 月 1 日，欧元启动，欧元成为欧共体十一国唯一的法定货币，各成员国原有的货币可继续流通至 2002 年 6 月 30 日。欧元是人类历史上的首个跨国货币。

随堂思考：现在欧元在哪些国家流通？欧元流通的贡献是什么？

任务四　分析货币流通规律

◆ 任务导入

一般意义上的“钱荒”是指市场上流通的货币过于稀少，不能满足人们正常的商品生产和商品流通需要而引起的一种危机现象。但是，如果滥发钞票，势必引起通货膨胀、物价上涨、货币贬值，甚至货币废弃的另一种“钱荒”现象。

中华人民共和国成立前，国民党大量印发钱币，人们买一盒火柴所需的纸币是按斤来计算的。实际上，发行的货币需要有实际的商品与之相对应，如果没有那么多商品基础而印制过多纸币，就会造成过多的货币追求较少的商品，物价必然会上涨，货币就会贬值，产生所谓的通货膨胀，造成社会经济秩序混乱，甚至这种货币就会被废弃。由此，我们要透过现象看本质，钱不过就是一个商品交换的媒介，如果它丧失了商品交换的能力，那么纸币不过是一些废纸，金属货币也不过是一堆破铜烂铁。只有正确对待金钱，理解透彻的人才不会被金钱支配。

◆ 任务分析

活动：讨论“大家都说口袋里的钱太少了”，那为什么国家不多印一些钱，给每个人都多发一点？

知识精讲

一、货币流通规律

货币流通规律，即货币必要量规律，它表明流通中货币必要量的决定因素以及它们之间的数量关系和调节原理。货币必要量是一定时期流通领域对货币的客观需要量。

根据马克思的货币理论，金属货币必要量是由商品总量、商品价格和货币流通速度三个要素决定的。它们之间相互制约的关系可以表述如下：

$$\text{流通中的货币必要量}=\frac{\text{商品总量}\times\text{商品价格}}{\text{同一单位的货币平均流通次数}}$$

如果用 M 表示流通中的货币必要量，用 Q 表示商品总量，用 P 表示商品价格，用 V 表示同一单位的货币平均流通次数，那么上述公式又可表述为：

$$M=\frac{PQ}{V}$$

需要说明的是：第一，上述公式中的货币必要量指的是充当流通手段的必要量。第二，随着流通的扩大，除了商品交换需要发挥作用外，劳务产品价值的实现以及证券交易等也必须通过货币的媒介作用才能实现，因此货币必要量的计算不局限于商品交换，还包括劳务产品、证券交易中所需要的货币量。但为了便于说明，这里仅对商品交换中的货币需要量加以阐述。

货币流通速度也是决定货币必要量的重要因素。货币流通速度就是货币在一定时期平均周转的次数。在其他因素不变的情况下，货币流通速度加快，流通过程对货币的需要量就会减少；货币流通速度减慢，流通过程对货币的需要量就会增加。这说明，货币流通速度与货币必要量之间是一种反比例的关系。

在现实经济生活中，商品交换除了采用现金交易方式外，还可以采用信用交易方式。在信用交易方式中，货币发挥支付手段职能。货币支付手段职能使流通对货币的需要量相应发生变化。就一定时期看，本期发生的商品信用交易中赊销部分会减少对货币的需要量；本期给付上期赊销款会增加对货币的需要量。把上述因素考虑在内，就可以计算出在一定时期内的流通过程中对流通手段和支付手段的总需要量，即全部的货币必要量。这就需要对上述公式加以调整，见下式：

$$\text{流通中的货币必要量}=\frac{\text{商品价格总额}-\text{赊销商品价格总额}+\text{到期应支付总额}-\text{互相抵消的支付总额}}{\text{同一单位货币的平均流通速度}}$$

这个公式看起来复杂，实际上公式右端分子中的每个项目都可以看成是商品价格和商品数量乘积的具体形式。因此，这个公式并没有改变前述的货币必要量与商品价格总额之间的关系。

马克思揭示的金属货币流通规律是货币流通的一般规律，它从量的关系上说明了商品流通与货币流通的关系。不论什么种类的货币流通，这一规律都在发挥作用。如果不加以说明，一般所讲的货币流通规律指的就是金属货币流通规律。

二、纸币流通规律

纸币是金属货币符号，因而研究纸币流通规律就是研究纸币数量与金属货币数量的比例关系。马克思曾经明确指出，纸币流通的特殊规律，只能从纸币是金的代表这种关系中产生。这一规律简单来说就是纸币的发行限于它象征地代表的黄金的实际流通数量。

纸币本身没有价值，它只是作为金属货币的代表或象征发挥流通手段和支付手段的职能。因此，流通中应投入的纸币数量取决于流通中所需要的货币金属量的规律，这就是纸币流通规律，用公式表示就是：

$$\text{单位纸币所代表的货币金属量}=\frac{\text{流通中所必需的货币金属量}}{\text{流通中的纸币数量}}$$

上述公式表明，当一个时期社会需要的货币数量相对确定后，客观上要求的纸币发行量必须与流通中的货币金属的客观需要量相一致。只有这样，单位纸币才能代表相应的贵金属量在流通中发挥作用。例如：假定流通中需要 5 亿银元，那么就可以发行 1 元的纸币 5 亿张，每张 1 元的纸币代表 1 银元流通，如果纸币超量发行，假定为 10 亿元，那么每元纸币实际上只能代表 0.5 银元发挥作用。用上述公式表示就是：

$$单位纸币代表的银币量=\frac{5\ 亿银元}{10\ 亿元纸币}=\frac{0.5\ 银元}{单位纸币}$$

单位纸币代表的金属货币量的多少，直接影响同名纸币所表示的商品价格的高低。如果单位纸币代表的金属货币量多，以之表示的商品价格就低；如果单位纸币代表的金属货币量少，以之表示的同一商品价格就高。从这一现象看，纸币数量的多少决定了商品价格的高低，事实上则是由纸币与金属货币的关系被破坏，造成纸币贬值所引起的。

三、货币流通量与货币必要量的关系

无论是金属货币流通规律还是纸币流通规律，都反映了商品流通对货币流通的作用，说明“流通中的货币量决定于商品价格”这个一般规律。

这里首先要弄清楚流通中的货币量即货币流通量与货币必要量的区别。流通中的货币量是指在一定时期内一个国家参与流通的流通手段与支付手段的货币的实际数量，而货币必要量则是经济本身对于货币的客观需要量。二者可能一致，也可能不一致。

在金属货币流通的情况下，货币商品发挥贮藏手段职能，产生“蓄水池”作用，从而保证了货币流通量与货币必要量相一致。商品流通扩大，总价格增加，货币流通会自发地与之相适应，总价格对货币必要量的决定作用十分明显。纸币流通则不然，纸币是价值符号，不具有贮藏手段职能。投入的纸币量过多，纸币表示的商品价格就高。纸币表示的商品价格与纸币数量之间产生一种正比例关系。这就造成一种假象，似乎在纸币流通中，商品价格是由纸币数量决定的。事实上，这种关系的形成是纸币自身所代表的价值量发生变化的结果。商品价格始终是由商品本身的价值决定的。因此，它从反面证明了商品价格总额决定货币必要量，纸币的数量必须符合流通过程的客观需要。

任务五　鉴别真假货币

◆ 任务导入

随着电子支付的应用范围与使用场景不断扩大，社会公众的假币防范意识和辨别人民币真伪的能力有所减弱。为进一步增强大家识别假币骗术的能力，下面将介绍几个使用假币的骗术及防范方法。

防范措施：无论第几次拿到钞票，都要重新验证真伪。要提高警惕性，对收到的货币要仔细对比查看，防止误收。大额交易时，尽量选择通过银行卡、转账支付等非现金方

式，减少误收机会。与此同时，要了解掌握人民币的主要防伪措施和特征，掌握必要的识别技巧。另外，一旦误收了假币，要及时上缴银行或公安机关，切忌为转嫁损失而再次投入使用；发现假币违法犯罪线索的，及时报警，牢记“实施假币犯罪遭罚，举报假币犯罪有奖”。

即使是一张小小的纸币也是包含了数不尽的工艺和科学技术。在技术日益发达的今天，盗印技术也在发展，我们唯有不断学习新技术，不断利用科学手段防伪鉴伪，才能更好地维持社会秩序。

◆ 任务分析

1. 网上搜索“小游戏：大家来找假币”，熟悉人民币的特征。

2. 登录中国人民银行官网下的“金融知识”栏目里的“人民币与反假币”，查看“《反假货币展》——数字博物馆”“第五套人民币 100 元券简介”“第五套人民币 50 元券简介”“第五套人民币防伪指南”，熟悉人民币防伪技术。

3. 观看央视纪录片《人民币》。

4. 登录中国人民银行货币金银局观看《人民币简史》视频、查看“防伪与反假”“典型案件”等栏目。

知识精讲

钞票常被喻为“国家的名片”。《中华人民共和国中国人民银行法》规定，人民币是我国的法定货币，由中国人民银行统一印制、发行。

一、人民币的主要特征

（一）纸质

纸张是印制钞票的主要材料。印制人民币使用的是印钞专用纸张，其特点是用料讲究、工艺特殊、预置水印，使得钞票光洁挺括、坚韧耐磨。

（二）水印

水印是制造印钞纸时采用的特殊防伪手段。它是利用纸纤维的不均匀堆积，形成明暗、层次不同的图案或图形。人民币的水印，有固定部位水印和满版水印两种。

第五套人民币的五种券别的纸币上都含有固定部位水印，100 元和 50 元券的水印图案是立体感很强的毛泽东头像，20 元券的水印图案是一朵荷花，10 元券和 5 元券采用了双水印，10 元券的水印图案是月季花和数字“10”，5 元券的水印图案是水仙花和数字“5”。第五套人民币 1 元、5 元券上为满版水印暗记。

（三）制版

人民币的制版，除使用我国传统的手工制版外，还采用了多色套版印制钞票图纹的胶印或凹印接线技术，以及正背面图案高精度对印技术。这是人民币制版中广泛采用的比较可靠的防伪技术手段。

（四）油墨

印制人民币所用的油墨均为特殊配方油墨，使用这种油墨多次套版印制的人民币，色泽鲜艳、色调明快、层次清晰。印制人民币时，在大面额票面上，还采用了无色荧光油墨、磁性油墨等防伪手段。

（五）印刷

第五套人民币中，100 元券的票面正面主景毛泽东头像、中国人民银行行名、盲文及背面主景人民大会堂等均采用雕刻凹版印刷，用手指触摸有明显凹凸感，防伪性能强，是较先进的特种印刷工艺。

（六）安全线

第五套人民币的 100 元、50 元、20 元、10 元、5 元券纸币均采用了安全线技术。100 元和 50 元券采用了磁性缩微文字安全线；20 元券采用了带有磁性且明暗相间的安全线；10 元和 5 元券均采用了全息磁性开窗式安全线。

二、假币的类型及特征

（一）伪造币

伪造币是指仿造真币原样，利用各种手段非法重新仿制的各类假币。按其伪造手段和方法分，伪造币有以下几种类型。

1. 手工描绘或手工刻版印刷的假币

这类纸币是用手工雕刻塑料、木头制版进行印刷的，质量非常低劣。它的特点是伪造手段落后、制版材料低劣，纸张是市场上常见的书写纸和普通的胶版纸，颜料是市场上出售的绘画颜料，因而造出来的假币质量很差，比较容易识别。

2. 利用一般办公工具伪造的假币

这类假币最常见的就是利用黑白复印机、彩色复印机复印的，其主要特征是线条一般不光洁、不整齐，用眼睛特别是用放大镜观察会发现有毛边，而且空白的位置有少量的墨粉。一些高质量的复印机，复印出来的伪品上了颜色后与真品比较相似，具有一定的欺骗性。但是，只要仔细进行鉴定还是容易发现的。复印机所用的墨粉与印钞厂所用的印刷机的油墨是完全不同的，因为复印机是利用静电原理通过感光后将墨粉拷贝复印在一定位置上，所以复制出来的产品与真币的差别比较明显。

3. 使用小型的印刷设备制造的假币

这类假币主要通过照相制版，采用凸印办法，其质量比较高，与手工描绘相比有更大的欺骗性。但由于其设备比较落后，印刷制版的条件和所采用的原材料都受到一定的限制，这类假币与真币相比还是很低劣的。

4. 机制假币

机制假币就是利用现代化的制版印刷设备伪造的货币。此类假币比较逼真，版别也较多，但只要掌握了其特点，就不难识别。此类假币的主要特点是：

（1）采用的是普通胶版纸。在紫光灯下有明显的荧光，票面上的水印是采用浅色油墨在背面印上的，这和真币的区别较为明显。特别是在紫光灯下观察时，就会发现这种浅油墨印上去的水印发暗，和纸张本身的荧光相对比就显得发黑。

（2）采用照相分色或电子分色制版，由四色胶印套印而成。这类假币数量最多，伪造水平较高，危险性最大。其最大特征是人物图景及团花图案是网点结构，画面由许多小点构成。它的颜色是由黄、红、蓝、黑套印而成，而人民币印刷则是票面上是什么颜色就用什么颜色的油墨印刷，所以人民币的色彩图案都是线状结构。水印系在两层纸之间粘上糊状物，用模具压印水印头像后粘贴而成，水印部分纸质较厚。安全线系在两层纸中夹上塑料线后压印而成，因裁切不齐而露有线头。另外，假币号码重复印制较多。

5. 利用化学药品复印的假币

这种假币通常被称为拓印币。其特征是油墨少而淡，图案显得单薄，像水洗过一样，对一般人来说具有一定的欺骗性。

（二）变造币

变造币是指在真币基础上或以真币为基本材料，通过挖补、剪接、涂改、揭层等办法加工处理，使原币改变数量、形态，以此实现升值的假币。其主要特征为票面不完整，揭层券无正面或背面，挖补券的表示券别的数字和文字被变造。

三、识别假币的要点

识别人民币纸币真伪，通常采用“一看、二摸、三听、四测”的方法。

（一）一看

（1）看水印。第五套人民币各券别纸币的固定水印位于各券别纸币票面正面左侧的空白处，迎光透视，可以看到立体感很强的水印。100 元、50 元券的固定水印为毛泽东头像图案，20 元、10 元、5 元券的固定水印为花卉图案。

（2）看安全线。在第五套人民币 100 元、50 元、20 元、10 元、5 元券的票面正面中间偏左处，均有一条安全线。迎光透视 100 元、50 元券的安全线，分别可以看到缩微文字“RMB100”“RMB50”，用仪器检测均有磁性；迎光透视 20 元券，可以看到一条明暗相间的安全线；10 元、5 元券安全线为全息磁性开窗式安全线，即安全线局部埋入纸张中，局部裸露在纸面上，在开窗部分分别可以看到由微缩字符“￥10”“￥5”组成的全息图案，用仪器检测有磁性。

（3）看光变油墨。第五套人民币 100 元券和 50 元券正面左下方的面额数字采用光变油墨印刷。将票面倾斜到一定角度时，100 元券的面额数字会由绿色变为蓝色，50 元券的面额数字则会由金色变为绿色。

（4）看票面图案是否清晰，色彩是否鲜艳，对印图案是否可以对接上。

第五套人民币纸币将阴阳互补对印图案应用于 100 元、50 元和 10 元券中。这三种券别的正面左下方和背面右下方都印有一个圆形局部图案。迎光透视，两幅图案准确对接，组合成一个完整的古钱币图案。

（5）用 5 倍以上放大镜观察票面，看图案线条、微缩文字是否清晰、干净。

第五套人民币100元、50元、20元、10元、5元券的正面胶印图案中，多处印有微缩文字，20元券背面也有该防伪措施。100元券微缩文字为“RMB”和“RMB100”；50元券微缩文字为“50”和“RMB50”；20元券微缩文字为“RMB20”；10元券微缩文字为“RMB10”；5元券微缩文字为“RMB5”和“5”。

（二）二摸

（1）摸人像、盲文点、中国人民银行行名等处是否有凹凸感。第五套人民币纸币各券别正面主景均为毛泽东头像，采用手工雕刻凹版印刷工艺，形象逼真、传神，凹凸感强，易于识别。

（2）摸纸币是否薄厚适中、挺括度好。

（三）三听

听即通过抖动钞票使其发出声响，根据声音来分辨人民币真伪。人民币的纸张具有挺括、耐折、不易撕裂的特点，手持钞票用力抖动、手指轻弹或两手一张一弛轻轻对称拉动，能听到清脆响亮的声音。

（四）四测

测即借助一些简单的工具和专用的仪器来分辨人民币的真伪。如借助放大镜可以观察票面线条清晰度、凹印微缩文字等；用紫光灯照射票面，可以观察钞票纸张和油墨的荧光反应；用磁性检测仪可以检测黑色横号码的磁性。

※ 项目小结

货币的产生是商品内在矛盾运动及发展的必然结果。货币是解决商品内部矛盾的产物，商品内部使用价值与价值的对立必然发展为商品与货币的对立。货币形式的演变经历了实物货币、金属货币、纸制货币、存款货币和电子货币等数次大变身。货币职能是货币本质的具体表现，是商品交换所赋予的，也是人们运用货币的客观依据，主要有价值尺度、流通手段、价值贮藏、支付手段和世界货币职能。货币制度是指一个国家以法律形式规定的货币流通的组织形式，简称币制。货币本位制度经历了银本位制、金银复本位制、金本位制和纸币本位制几个阶段。货币流通规律，即货币必要量规律，它表明流通中货币必要量的决定因素以及它们之间的数量关系和调节原理。辨别人民币的真伪要掌握其纸质、水印、制版、油墨、印刷和安全线等方面的特征。识别人民币纸币真伪，通常采用“一看、二摸、三听、四测”的方法。

※ 概念复习

货币　货币形式　货币职能　货币存量　货币制度　货币流通规律

※ 网站读物

《货币》《人民币》纪录片；中国人民银行官网的货币、人民币、数字人民币、反假币；中国钱币博物馆官网；中国人民银行的货币金银局。

※ 复习思考

一、单选题

1. 货币在衡量和表示商品价值大小时，执行（　　）职能。

A. 价值尺度　　B. 流通手段　　C. 支付手段　　D. 世界货币

2. 在现代信用货币和纸币流通条件下，货币不具有内在价值，其所代表的价值表现为（　　）。

A. 货币购买力　　B. 商品价格　　C. 商品数量　　D. 物价水平

3. 货币执行流通手段职能时必须是（　　）。

A. 现实货币　　B. 想象中的货币　　C. 纸币　　D. 金属货币

4. 从本质上看，纸币是（　　）。

A. 一般等价物　　B. 等价物　　C. 货币符号　　D. 商品

5. 在我国，用人民币之所以能够购买商品，代替金属货币充当商品交换的媒介，主要是因为人民币是（　　）。

A. 商品，有价值

B. 一般等价物，能表现其他商品的价值

C. 货币符号，代替金属货币执行流通手段的职能

D. 国家发行并强制使用的购物凭证

6. 货币的本质属性是（　　）的统一。

A. 价值和价格　　B. 价值和交换价值

C. 价值和使用价值　　D. 价值尺度和流通手段

7. 货币作为价值尺度所要解决的是（　　）。

A. 实现商品的交换　　B. 表现特定商品的价值

C. 在商品之间进行价值比较的难题　　D. 使人们不必对商品进行比较

8. 货币在（　　）时执行流通手段的职能。

A. 商品买卖　　B. 缴纳税款　　C. 支付工资　　D. 表现商品价值

9. 某公司以延期付款方式销售给某商场一批商品，则该商场到期偿还欠款时，货币执行（　　）职能。

A. 支付手段　　B. 流通手段　　C. 购买手段　　D. 贮藏手段

10. “金银天然不是货币，但货币天然是金银”是指（　　）。

A. 货币就是金银　　B. 金银就是货币

C. 金银天然地最适宜充当货币　　D. 金银不是货币

二、多选题

1. 相对于银本位制，金银复本位制的优点有（　　）。

A. 有利于金银币币值的稳定

B. 货币的发行准备更充分

C. 货币币材更充分

D. 可根据不同交易数额选择支付，便于交易

E. 可节约金币的使用

2. 货币的支付手段职能（　　）。

A. 使商品交易双方的价值的相向运动有一个时间间隔

B. 加剧了商品流通过程中爆发危机的可能性

C. 使进入流通的商品增加时，流通所需的货币可能不会增加

D. 克服了现款交易对商品生产和流通的限制

E. 使商品买卖变成了两个独立的行为

3. 以下可以自由铸造银币的货币制度有（　　）。

A. 银币本位制　　B. 跛行本位制

C. 金汇兑本位制　　D. 平行本位制

E. 双本位制

4. 货币制度的内容包括（　　）。

A. 确定本位货币和辅币的材料

B. 确定本位货币的单位

C. 确定本国货币的发行准备和对外关系

D. 确定货币的价值

E. 确定不同种类的货币的铸造、发行和流通方法

5. 下列关于狭义货币的表述中，正确的是（　　）。

A. 包括现钞和银行活期存款　　B. 包括现钞和准货币

C. 包括银行活期存款和准货币　　D. 代表社会直接购买力

E. 代表社会潜在购买力

三、简答题

1. 简述货币的起源及货币的形式演变。

2. 简述货币的职能。

3. 简述货币本位制度的历史演变过程。

4. 简述纸币流通规律和货币流通规律的关系。

5. 简述识别人民币纸币真伪的方法。

6. 简述电子货币、数字货币和虚拟货币的区别与联系。

四、案例分析题

货币替代是开放经济条件下，外币在本国境内大规模替代本币充当价值尺度以及执行流通手段、支付手段和价值贮藏等职能的一种现象。一般来说，货币替代指的是在本国出

现较为严重的通货膨胀或出现一定的汇率贬值预期时，公众出于降低机会成本与取得相对较高收益的考虑，减少持有价值相对较低且不稳定的本国货币，增加持有价值相对较高且比较稳定的外国货币的现象。显然，货币替代的发生必须同时具备两个条件：一是国内居民持有外国货币；二是国内居民持有的外国货币余额必须随汇率、利率和通货膨胀率等重要的经济变量的变化而变化。这说明，货币替代的充要条件是货币的可兑换性。不过，最初出现的货币替代一般只是外国货币在价值贮藏职能上对本国货币的替代。随着该国通货膨胀率的持续攀升和货币汇率不稳定的加剧，一些大宗交易就可能以外国货币来履约，甚至某些大宗商品也可能以外币标价并进行交易。此时，国内货币的价值贮藏、交易媒介和价值尺度职能就逐步丧失，外国货币便同时在这三个层面上深度替代了国内货币。

美元化指的就是美元在美国以外的国家中排挤该国的货币，并逐渐获得该国法偿货币基本职能的过程。据美联储估计，美元发行量的55%为外国人持有，而在欧元正式启动以前，约有1/3的马克在德国以外流通；国际货币基金组织（IMF）的统计也表明，至少有52个国家存在高度或中度的外币替代本币的现象。随着金融全球化的进一步深化，新兴市场国家和地区纷纷放松国内的金融管制，允许经常项目和资本项目下的自由兑换，从而使得本外币的转换更为自由和方便，成本也更低。

问题：劣币驱逐良币与货币替代的异同是什么？

※ 实践参与

1. 组织一场辩论会，辩论题目：金钱是否万能？

2. 搜索资料并分析：电子货币是否将取代纸币？电子货币的未来如何？电子货币的出现会影响哪些人？为什么？

项目二 走近信用

学习目标

- 了解信用的含义以及重要性。
- 了解信用的形式、特点。
- 了解个人信用的表现形式、衡量标准及信息内容。
- 能通过网络查询个人征信情况。
- 掌握信用工具的种类、特点。
- 能够判断和解读现代经济生活所运用的信用形式。
- 能从经济学的角度解释信用在现代市场经济中的作用。
- 能分析实际生活中的信用现象和失信现象。
- 培养并树立良好的信用观念。

价值塑造

作为每个人的社会立命之本，信用是我们社会生存的必需品，也是一个人的尊严与社会信誉。在如今这个智能化时代，我们的信用从上学时就开始记录，如果我们没有信用，就会寸步难行。

智能化社会信用是我们高质量生活的来源，积累信用就是积累高质量生活的资本，创造信用就是创造我们的未来。

任务一　感知信用

◆ 任务导入

我们都听说过“人无信不立”，但其实后面还有“业无信不兴，国无信则衰”，意思是：人没有诚信，就不能立足于社会；做业务没有诚信，就不会兴盛；国家没有诚信，就会衰败。诚信是我们做人之本，可以让我们受益一生；诚信是企业立业之基，是企业长足发展的基石；诚信是国家治理之道，是抚民安邦的长久大计。

我们要时刻铭记诚信是做人的根本。

◆ 任务分析

1. 讨论什么是信用，信用有什么用，谈谈你对信用的看法。

2. 网络搜索《你的信用指数》和《信用评级背后的弥天大谎》视频，讨论个人信用的衡量标准、表现形式、内容，以及如何查询个人征信情况、如何维护个人信用。

知识精讲

一、信用的含义和主要功能

（一）信用的含义

信用在《辞海》里的解释为：信任使用。心理学家认为，信用是遵守诺言、实践约定和价值运动的特别形式。社会学家解释为，信用是二元主体或多元主体之间，以某种经济生活需要为目的，建立在诚实守信基础上的心理承诺与实践相结合的意志和能力。经济学家则认为，信用是以偿还为条件的价值运动的特殊形式。

信用与债务是同时发生的，是借贷活动的两个方面。在借贷活动中，当事人一方为债权人，另一方为债务人，债权人将商品或货币借出，称为授信；债务人接受商品或货币，称为受信；债务人遵守承诺按期偿还商品或货币，称为守信。在借贷活动中，债务人承担的这种在将来有偿还义务的商品或货币就是债务。任何时期内的债务总值总是等于信用总额。因此，信用就是以偿还和付息为条件的价值单方面转移的借贷行为。它包含以下几层含义。

1. 信用是一种价值运动，其特征是以偿还为条件的付出

信用关系的建立，必须具备债务人和债权人两个当事人。债务是将来偿还价值的义务，债权则是将来收回价值的权利。债务和债权关系所构成的信用关系是必须以偿还为条件的，否则就不可能产生和维持信用。

2. 信用是一种价值单方面转移的特殊运动形式

信用关系与商品买卖关系不同。在商品现金交易中，卖者卖出商品取得货币，买者让出货币取得商品，商品的买卖过程首先是所有权的转移，卖者放弃了商品的所有权，取得了货币的所有权，买者则相反。同时，这种买卖过程还表现出等价交换的特性，卖者虽然放弃了商品的所有权，但并没有放弃商品的价值，只是放弃了价值的形态，即从原来的商品形态变为货币形态。买者放弃了货币的所有权，但取得了与货币等价的商品，所以在商品交换过程中，商品所有者并没有失去价值。

信用关系所引起的价值运动，是通过一系列的借贷、偿还、支付活动实现的。这里的货币与商品不是被卖出，而是被贷出，其所有权没有发生转移，只是使用权发生了变化。借者得到的只是暂时使用货币与商品的权利，所有权仍属于贷者，到期后必须归还。借贷行为发生时，贷者贷出货币或商品，并没有取得任何等价物，既不表示买也不表示卖，贷者只是在一定时间内出让货币作为资本所有的特殊使用价值的使用权，获得了在一定时期后对本金和利息的索取权，并没有放弃对货币的所有权。在这里，价值作为一种独立的形态进行单方面的转移，没有发生对等的交换，所以信用是一种以偿还和付息为条件的价值单方面的转移活动。

3. 信用是一种借贷行为

经济学中所使用的信用与在日常生活中所使用的信用不同（如从道德规范或心理方面的解释），它专指借贷行为。借贷行为包括商品的赊欠或货币借贷。借贷关系既可以通过口头来确定，也可以通过书面签约来确定，但口头确定的信用关系容易引起纠纷，难以维护债权人应有的权利，因此通常采用书面签约的形式。

（二）信用的主要功能

1. 对企业的贡献

信用可以扩大企业的赊销和对生产资料赊购的能力，发挥扩大市场、获得存货和各种供给以及得到短期融资的作用。

2. 为个人创业提供机会

个人可以信用为手段，通过信用对货币进行置换，达到聚集一定量资本的目的。

3. 提前享受物质生活的便利

信用工具被设计出来的目的是使消费者提前享受物质生活的便利和舒适。

4. 应对突发事件

消费者持有信用工具，可以帮助他们应对由于突发事件而产生的支付问题。

5. 减少刑事犯罪

携带现金具有一定的危险性，特别是在治安不佳的地区。消费者使用信用工具，可以在日常生活中减少携带的现金，有利于保护消费者的财产安全。

6. 家庭理财功能

信用工具具备货币的特征，让消费者“使用银行的钱，办自己的事”。因此，信用工具可以用于家庭理财。消费者可以通过比较现金购买与信用购买之间的成本和收益，从中选择最合算的一种消费方式。

7. 有助于社会资本的形成

能否形成一定规模的企业组织与经营形态，也就是社会资本的形成，是经济能否持续发展的关键。对于一个完全市场化的国家，如果其文化中的“自发社会力”很高，社会资本就很容易形成，就会出现很多大规模的私营企业。自发社会力的高低表现了一个社会内部成员之间信任程度的高低。

8. 信用的负面作用

如果滥用信用和信用支付工具进行交易，就很容易债台高筑。也就是说，消费者若不能恰当地使用信用卡和消费信贷，就会陷入过度消费的险境。一旦消费者所负担的债务超过自身能够承受的程度，不但消费者自身“破产”，天天忙于应付催账电话和各种催账函件，用于抵押担保的居所和所购买的商品也会被收回或强行拍卖。

随堂思考：“失信”的代价有哪些？

二、信用的历史演变

（一）高利贷信用

1. 高利贷的含义

高利贷是通过放贷货币或实物获得高额利息的一种生息资本。高利贷信用就是高利贷资本的运动形式。它最早产生于原始社会解体时期。那时，私有制已经出现，原始公社内部发生了贫富分化现象，富裕家族占有大量财富，贫困家族为了生产和生活的需要，不得不向富裕家族借债，这就给高利贷的产生和发展创造了条件。另外，随着商品经济的发展，一部分劳动产品已经转化为商品，货币的各种职能特别是支付手段职能有了一定的发展，于是高利贷就出现了。

随堂思考：根据《最高人民法院关于审理民间借贷案件适用法律若干问题的规定》和《中华人民共和国民法典》进行思考，如何界定高利贷？高利贷利息怎么算？高利贷利息可以不还吗？

2. 高利贷的债权人和债务人

高利贷三方债权人和两方债务人的具体分类如图 2-1 所示。

债权人：
- 商人
- 寺院、教堂、庙宇、修道院
- 奴隶主、封建主等统治者

债务人：
- 小生产者
- 奴隶主、地主

图 2-1　高利贷债权人和债务人的具体分类

（二）资本主义信用

1. 资本主义信用的含义

借贷资本是区别于高利贷资本的另一种生息资本，是货币资本家为了获取利息而贷给职能资本家使用的货币资本。资本主义信用主要是指借贷资本的运动形式。

2. 资本主义信用的作用

资本主义信用的作用主要表现在以下几个方面：

（1）资本主义信用促进了资本的再分配和利润率的平均化。国民经济的迅速发展有赖于社会各部门发展的高度协调。在资本主义社会，这种协调是通过资本自发转移来实现的。资本从利润率低的行业向利润率高的行业流动，以保证资本家获得最大的利润，然而资本并不能完全自由流动，如资本受其所固定在特定的自然形态的限制，同时受资本家手中所掌握的资本数量的限制。资本主义信用的出现，使得这些限制不复存在，从而使得资本主义经济能够较为迅速地发展。

（2）资本主义信用节省了流通费用，加速了资本的周转。各种信用流通工具可以代替现金流通，又可以使一些债务债权互相抵消，这就节约了现金的流通，从而节约了现金流通中有关的各项费用。资本主义信用的发展也促进了商品的销售，从而提高了全社会的资本利用效率。

（3）资本主义信用加速了资本的集中和积累。资本主义银行的出现，对于资本主义信用的发展具有巨大的推动作用。大的职能资本家信誉好，还款有保证，所以银行总愿意向其提供贷款。这样，资本就逐渐集中到大职能资本家那里。另外，银行还可以把分散的、小额的资本集中起来，成为巨额的货币资本，再通过信用投入生产中去，从而克服了资本家个人力量积累资本需要较长时间的弊病，加速了资本的积累。

（三）社会主义信用

由于社会主义社会中依然存在商品和货币，因此信用仍有存在的必要。

社会主义信用是指社会主义经济中借贷资金的运动形式。社会主义信用体现着社会主义的生产关系，摒弃了资本剥削和寄生的性质。但就信用的基本特征来说，社会主义信用仍然是一种借贷关系，是以偿还为条件的价值运动形式。因此，其运动形式与借贷资本的运动形式是完全相同的。

从信用发展的历史进程可以看出，信用作为商品经济的重要组成部分，总是受特定的生产方式的制约，同时反映着一定的生产关系并为其服务。在当代较发达的商品经济中，信用发挥的作用越来越大。信用虽然产生于商品流通，但其本身从属于分配范畴，因为信用造成了价值的单方面转移，是价值量的再分配。当然，这样的分配同企业分配和财政分配相比，是临时的、短期的再分配，并且具有偿还性。也正是因为这些特点，信用分配可以改变原有资金的用途，积少成多、集短为长，变消费基金为积累基金，极大地促进了社会生产的发展。另外，信用价值单方面转移的特点造成了货币资金所有权与使用权的分离，从而能够使有限的资金投入效益好、发展快，对国民经济促进作用大的产业中去。同时，国家可以通过对银行信用的控制，调节货币的投放量，从而采取反经济周期的措施，保证货币流通与商品流通相适应，实现宏观经济协调稳定发展。

三、个人信用

（一）个人信用的含义

个人信用指的是基于信任、通过一定的协议或契约提供给自然人（及其家庭）的信用，使得接受信用的个人不用付现就可以获得商品或服务，它不仅包括用作个人或家庭消费的信用交易，也包括用作个人投资、创业以及生产经营的信用。个人信用制度则是关于个人信用交易的规则体系。

个人信用是整个社会信用的基础。市场主体是由个体组成的，市场交易中所有的经济活动，与个人信用息息相关。一旦个人行为失去约束，就会发生个人失信行为，进而出现集体失信。因此，个人信用体系建设具有极其重要的意义。

个人信用不仅是一个国家市场伦理和道德文化建设的基础，更是一个国家经济发展的巨大资源。开拓并利用这种资源，能有效推动消费，优化资源配置，促进经济发展。市场经济越发展，个人信用所发挥的功能越重要。个人信用体系的完善与否已成为市场经济是否成熟的显著标志之一。

（二）衡量标准

个人信用标准取决于契约约定的精心化程度。以个人消费贷款为例，到期不还款，就是逾期、违约，至于是不是不良贷款、造成多大损失，银行另有界定标准。个人未按期还款，并不一定就是不守信用的客户，这是一个相对守信用概念，因为在一个月宽限期内还款就不属于违约，按期还款并不等于按日、按时还款。

建立准确的个人信用衡量标准，加强个人信用管理是提高银行经营管理水平的要求。只有建立准确的个人信用衡量标准，才能正确地判定个人的信用记录，并准确地使用逾期率、违约率、不良贷款比率等概念指导工作。

随堂思考：互联网、大数据时代下，个人信用衡量标准还有哪些？互联网金融的大数据风控利用哪些维度数据来识别借款人信用风险？

（三）表现形式

个人信用可以表现为个人消费信用和个人经营信用两种形式。个人消费信用是指个人以赊账方式向商业企业购买商品，包括金融机构向个人提供的消费信贷。个人消费信用的对象主要是耐用消费品，如房屋、汽车、家具、电器等，甚至包括教育、医疗及各种劳务。个人经营信用是企业信用的人格化和具体化，是企业信用关系在经营者个人身上的集中反映。

（四）主要信息

1. 个人信用识别信息

个人信用识别信息主要包括姓名、身份证明文件及唯一编号、出生日期、婚姻状况、配偶信息、家庭居住地址、联系电话等。

随堂思考：互联网金融中，有哪些因素认证可以验证借款人身份？可以通过哪些渠道的数据来验证？

2. 个人信用商业信息

个人信用商业信息主要包括个人在贷款、担保、信用卡、保险等与金融机构或者住房公积金管理中心等机构发生信贷关系而形成的个人实际履约行为记录。

3. 个人信用公共信息

个人信用公共信息主要包括个人纳税、参加社会保险以及个人财产状况及变动等信息。

4. 个人信用特别记录

个人信用特别记录是指有可能影响个人信用状况的涉及民事、刑事、行政诉讼和行政处罚的记录。

5. 个人信用其他信息

除以上几种信息的其他信息。

个人信用的主要信息来源：（1）本人提供；（2）本人雇主提供；（3）金融机构、商业机构或其他利益关系人提供；（4）国家机关公告；（5）媒体公开报道。

（五）如何查询个人信用报告

个人信用报告使用范围很广，如商业银行贷款、信用卡审批和贷后管理等，此外，还用于任职资格审查、员工录用等许多环节中。个人利用信用报告可以节省银行审贷时间，快速获得贷款。个人应主动了解自己的信用报告，对其中可能错误的信息要及时向征信中心或业务发生银行提出申请纠正，避免带来不利影响。

对于没有申请贷款或者信用卡需求的人士，也建议一年内至少查询一次信用报告，了解自身征信情况，了解是否存在错误信息，避免他人冒用自己身份获得贷款，违规查询个人信用情况。

目前查询个人信用情况主要有三种方式：一是可以前往所在地中国人民银行分支机构进行现场查询；二是通过互联网查询本人信用报告；三是通过网银查询、商业银行代理查询等其他服务渠道。

自 2016 年 1 月 15 日起，个人到柜台查询个人信用报告，每年第三次起的收费标准由每次 25 元降低至 10 元，通过互联网查询及每年前两次到柜台查询继续实行免费。

网上查询个人信用报告步骤如下：

第 1 步：打开网站，进入平台。打开中国人民银行征信中心官方网站，进入个人信用信息服务平台，点击右上角用户注册，或点击“马上开始”，如图 2-2、图 2-3 所示。

图 2-2　个人信用信息服务平台首页

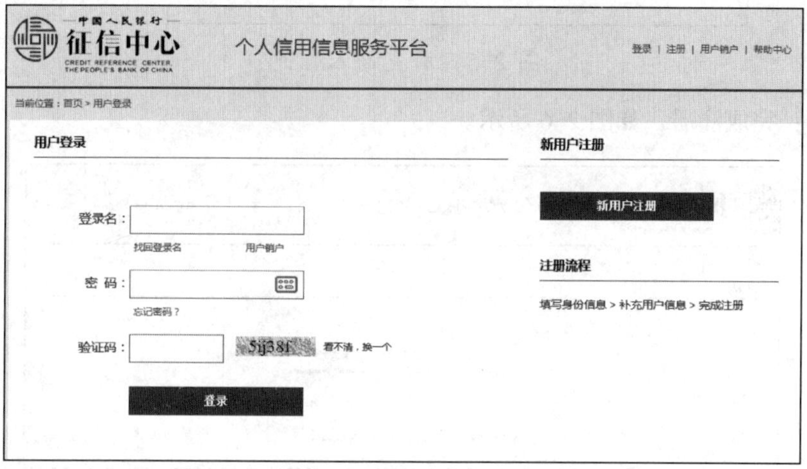

图 2-3　个人信用信息服务平台登录界面

第2步：用户注册，填写身份信息。填写个人真实姓名和身份证号码等资料，如图2-4所示。

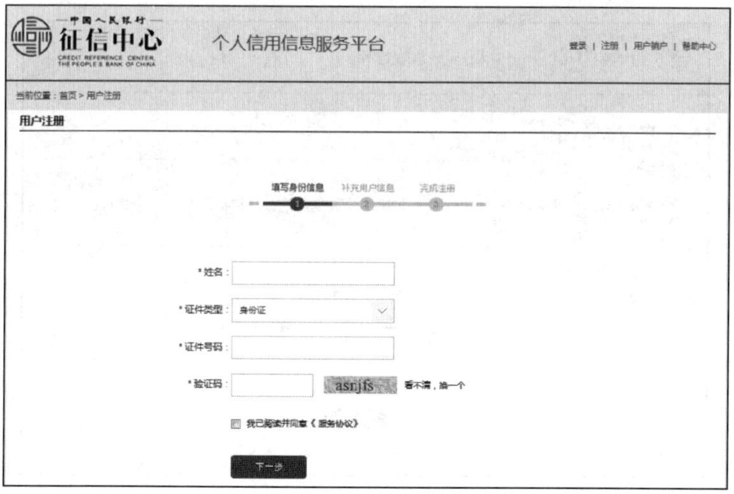

图 2-4　用户注册

第 3 步：补充用户信息。设置密码（6～16 位），需要注意密码应包含大写字母、小写字母和数字，如图 2-5 所示。

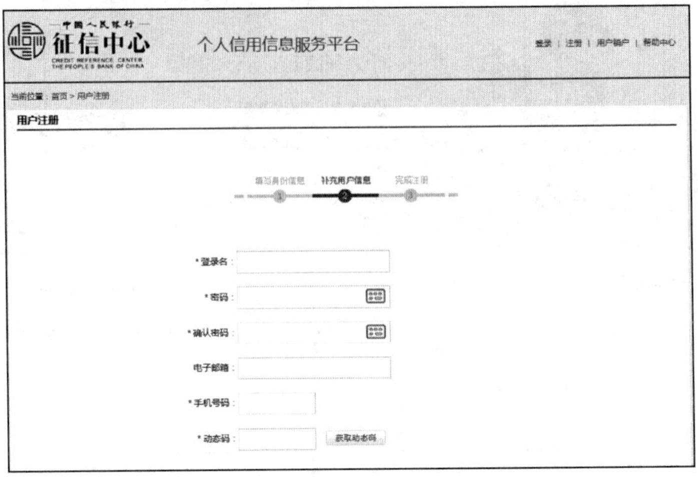

图 2-5　补充个人信息

第 4 步：完成注册，如图 2-6 所示。

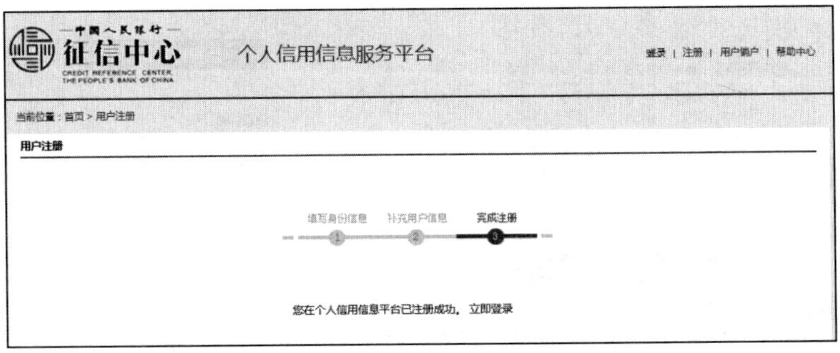

图 2-6　完成注册

第 5 步：登录进去后，进入欢迎页面，如图 2-7 所示。了解获取信用报告的步骤：安全等级变更；提交查询申请；获取查询结果（非实时）。

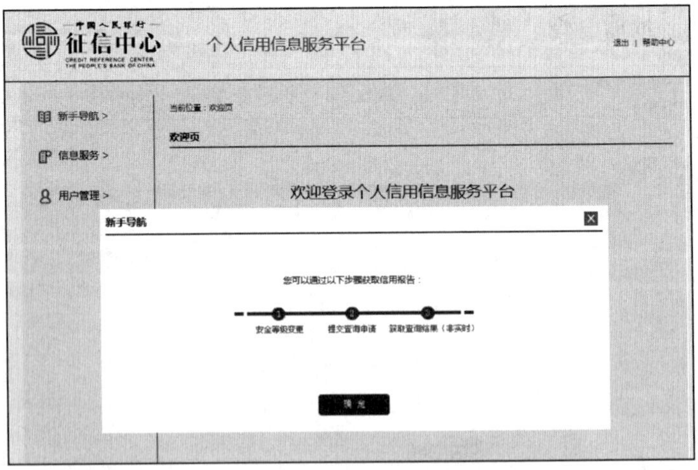

图 2-7　登录个人信用信息服务平台

第 6 步：身份验证。如果手边有银行卡，建议选择银行卡验证，方便快捷。对于问题验证，由于是从第一次贷款开始进行提问，记不清楚的，建议不选择。验证步骤如图 2-8～图 2-10 所示。

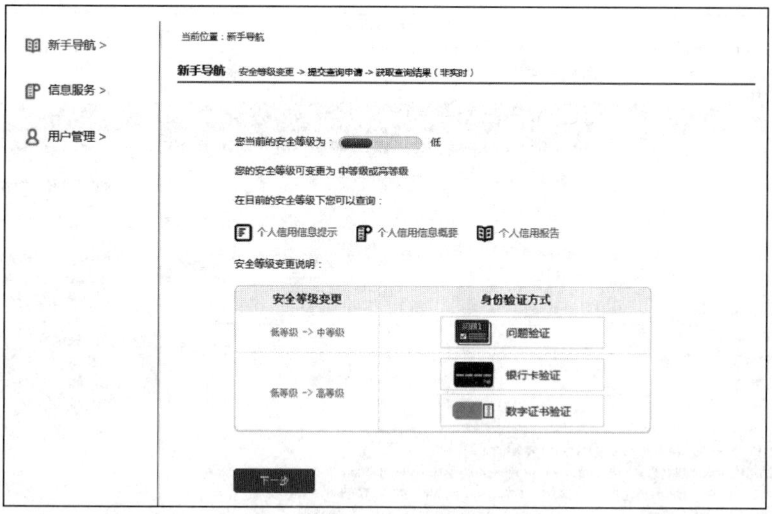

图 2-8　身份验证提示

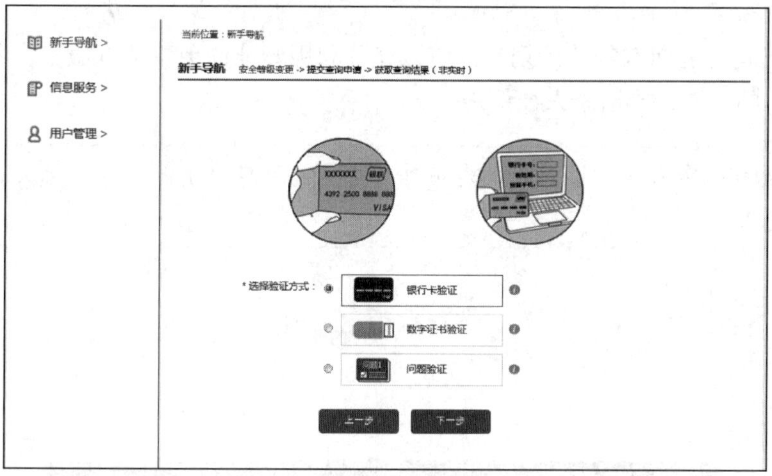

图 2-9　选择验证方式

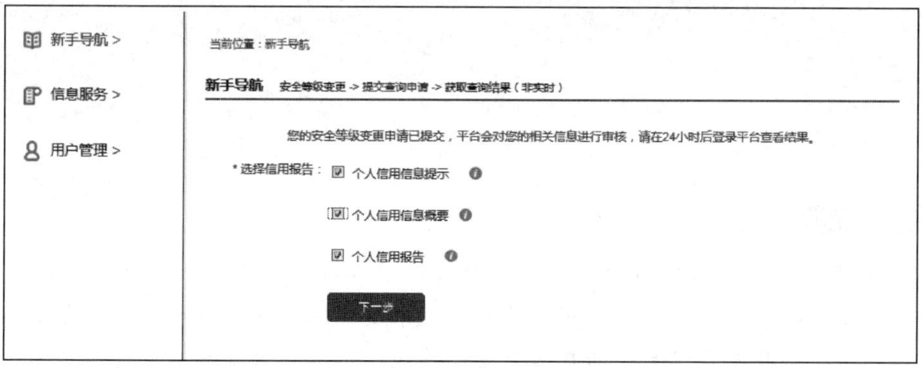

图 2-10　选择信用报告

第 7 步：等待身份验证短信，方可查看个人信用报告。完成注册后，24 小时内，征信中心会发送身份验证码短信到查询者的手机上，收到短信后重新登录，在下方输入身份验证码即可查看个人征信报告，如图 2-11 所示。

个人信用报告

报告编号：2016121600003461145907　查询时间：2016.12.15 20:34:37　报告时间：2016.12.16 10:35:34

姓名：[redacted]　证件类型：身份证　证件号码：********[redacted]27　未婚

信贷记录

这部分包含您的信用卡、贷款和其他信贷记录。金额类数据均以人民币计算，精确到元。

信息概要

逾期记录可能影响对您的信用评价。

	信用卡	购房贷款	其他贷款
账户数	32	1	1
未结清/未销户账户数	8	0	0
发生过逾期的账户数	0	0	0
发生过90天以上逾期的账户数	0	0	0
为他人担保笔数	0	0	0

购房贷款，包括个人住房贷款、个人商用房（包括商住两用）贷款和个人住房公积金贷款。

发生过逾期的信用卡账户，指曾经“未按时还最低还款额”的贷记卡账户和曾经“连续透支60天以上”的准贷记卡账户。

信用卡

从未逾期过的贷记卡及透支未超过60天的准贷记卡账户明细如下：

1. 2011[redacted]日中国建设银行[redacted]行发放的贷记卡（人民币账户）。截至2016年11月，信用额度40,000，已使用额度2,364。
2. 2010[redacted]日中国农业银行发[redacted]记卡（美元账户）。截至2016年11月，信用额度折合人民币8,664，已使用额度0。
3. 2009年4月21日交通银行发放的贷记卡（人民币账户）。截至2016年11月，信用额度30,000，已使用额度0。

图 2-11　个人信用报告

无论自己是否近期有贷款计划，都应该充分利用好征信免费查询服务，养成定期查询个人信用报告的习惯，珍惜个人征信。

随堂思考：个人信用记录不良是指什么？产生不良信用怎么办？怎么删除个人不良信用信息？

任务二　明晰信用形式

◆ 任务导入

在信用消费快速增长的时代，信用消费带动了经济快速发展，与此同时，快速发展的经济也让我们的收入捉襟见肘。对于许多家庭来说，信用卡、房贷、车贷已成为家庭的“标配”，每个月的收入在满足生活基本需要和偿还信用卡、房贷和车贷后，能够结余下来可支配的部分是越来越少。如何改变这一现状呢？我们有几点与大家分享：

首先，改变消费观念。从信用消费逐渐转变为现金消费，减轻生活压力，只有这样才能走上财富自由的道路。其次，丰富精神财富。一个人的富有不仅表现在物质财富上，还体现在精神财富上。再次，养成勤俭节约的好习惯。勤俭节约对于个人、家庭，甚至民族、国家都具有至关重要的意义。最后，养成记账和购买必需品的习惯。这样不仅可以节省我们的生活开支，还可以提高我们对于未来生活潜在风险的防范能力。

改变消费习惯，学会勤俭节约，不仅是继承中华民族的传统美德，更是新时代青年肩负的责任，让我们从现在做起，从点滴做起，共同迎接美好的未来。

◆ 任务分析

1. 列举在日常生活中与信用有关的活动，并讨论信用的表现形式。在现代经济中，信用形式愈加多样化，但银行信用仍占较大比重，如何理解这一现象？

2. 讨论消费信用有哪些表现形式以及如何维护自己的消费信用。

知识精讲

一、信用形式的划分标准

信用形式是指信用的具体表现形式。由于借贷当事人不同、借贷的目的和用途等不同，信用的具体形式也不相同。现代信用形式有很多种，最主要的形式包括四种：商业信用、银行信用、消费信用、国家信用。还有其他的一些信用形式，如国际信用、合作信用、公司债券信用、租赁信用、信托信用、股份信用、民间信用等。

划分各种信用形式的主要标准有三个：（1）当事人，即债权人和债务人是谁；（2）经济用途，即借用货币或商品的用途是什么；（3）采取什么信用形态。

主要信用形式的划分标准如表 2-1 所示。

表 2-1 主要信用形式的划分标准

信用形式	当事人		经济用途	信用形态
	债权人	债务人		
商业信用	工业企业	工商企业	生产、销售	商品
银行信用	金融机构	居民、企业、政府等	生产、销售、消费	货币
消费信用	工商企业、金融机构	消费者	购买耐用消费品、住宅，其他支出	商品或货币
国家信用	银行、企业、居民、机构	各级政府	弥补财政赤字、筹集长期资金	货币

二、信用的表现形式

信用作为一种借贷行为，要通过一定方式表现出来，表现信贷关系特征的形式称为信用形式。随着商品货币关系的发展，信用形式日趋多样化。按照借贷关系中债权人与债务人的不同，信用可分为以下几种基本形式。

（一）商业信用

1. 商业信用的含义

商业信用是企业在商业活动中产生的信用形式，多数情况下表现为卖方以赊销方式为买方提供信用，买方以延期付款方式偿清货款。但有时候商业信用也以买方预付货款的形式出现，如在生产周期较长的大型设备、农产品等的交易中常常要求买方预交一定比例的定金。

随堂思考：定金、订金和预付款的区别是什么？

2. 商业信用的特点

（1）商业信用所贷出的是商品资本，这种信用活动实际上包含了两种行为——商品买卖行为和借贷行为。

（2）商业信用的债权人和债务人都是企业。

（3）商业信用的基本规模与经济周期变化密切相关。在经济繁荣时期，商业信用规模会增大；反之，当经济衰落时，商业信用的规模会缩小。

3. 商业信用局限性的主要表现

（1）商业信用的规模有限制。商业信用的规模受商品买卖量的限制，生产企业不可能超出自己所拥有的商品量向对方提供商业信用，所以大额的信用需要不可能通过商业信用来满足。

（2）商业信用的方向有限制。如采用赊销方式时，只能由原材料生产企业向需要这些原材料的企业提供商业信用，而不能逆向活动，所以企业的很多信用需要无法通过商业信用得到满足。

（3）商业信用的期限有限制。企业在由对方提供商业信用时，期限一般受企业生产周转时间的限制，期限较短，所以商业信用只能满足短期资金融通的需要。

（二）银行信用

1. 银行信用的含义

银行信用是指以银行为中介，以存款等方式筹集货币资金，以贷款方式为国民经济各部门、各企业提供资金的一种信用形式。

2. 银行信用的特点

银行信用是货币信用，打破了商业信用实物形态的局限性。

3. 银行信用的作用

银行信用是大规模的信用，可以把各方面闲置资金、未投入使用的积累资金及小额货币收入集中成巨额可用资金。银行信用由于其货币形式和巨额规模，可满足任何方式和规模的资金要求，因而银行服务可面向全社会。

（三）消费信用

1. 消费信用的含义

消费信用是企业、银行和其他金融机构向消费者个人提供的、直接用于生活消费的信用。在现代经济生活中，消费信用在一定条件下可以促进消费商品的生产和销售，从而促进经济的增长。据统计，若不采用分期付款这一消费信用的典型支付方式，西方汽车的销售数量将会减少1/3。但是，若消费需求过高，生产扩张能力有限，消费信用则会加剧市场供求紧张状态，促使物价上涨，导致虚假繁荣等消极影响。因此，消费信用应控制在适度范围内。

2. 消费信用的形式

（1）分期付款。购买消费品或取得劳务时，消费者只支付一部分货款，然后按合同分期加息支付其余货款，多用于购买高档耐用消费品或房屋、汽车等，属于中长期消费信用。

（2）消费贷款。银行及其他金融机构采用信用放款或抵押放款方式，对消费者发放贷款，按规定期限偿还本息，有的时间可长达20～30年，属于长期消费信用。按照接受贷款对象的不同，消费贷款可分为买方信贷和卖方信贷两种方式。买方信贷，是对购买消费品的消费者直接发放贷款；卖方信贷，是以分期付款单作抵押，对销售消费品的工商企业、公司等发放贷款，或由银行与以信用方式出售消费品的企业签订合同，将货款直接付给企业，再由购买者逐步偿还银行贷款。

（3）信用卡。信用卡是由商业银行或其他金融机构发行的具有消费支付、信用贷款、转账结算、存取现金等功能的电子支付卡。一般消费者持有信用卡进行消费时无须支付现金，可以等账单日时再进行还款，是对消费者提供的一种延期付款的消费信用。

随堂思考：银行发行的借记卡、储蓄卡、信用卡、贷记卡、借贷合一卡等，这些卡片有什么区别？

3. 消费信用的作用

（1）解决消费和购买力特别是耐用消费品购买力和消费品供给之间的不平衡问题。

（2）促进耐用消费品生产的发展和提前实现居民生活水平的提高。

（3）促进现代科学技术的发展和生产力水平的提高，促进产品更新换代。

（四）国家信用

1. 国家信用的含义

国家信用是以国家为债务人，从社会上筹措资金来满足财政需要的一种信用形式。国家信用有多种形式，如发行各种政府债券、向银行借款、向国外借款以及在国际金融市场上发行债券等。

2. 国家信用的形式

（1）公债。这是一种长期负债，一般期限在1年以上甚至10年或10年以上，通常用于国家大型项目投资或较大规模的建设。国家在发行公债时，并不注明具体用途和投资项目。

（2）国库券。这是一种短期负债，期限以 1 年以下居多，一般为 1 个月、3 个月、6 个月等。

（3）专项债券。这是一种指明用途的债券，如我国发行的国家重点建设债券等。

（4）财政透支或借款。当公债、国库券、专项债券仍不能弥补财政赤字时，余下的赤字即通过向银行透支或借款弥补。透支一般是临时性的，有的在年度内偿还。借款的期限较长，一般当隔年财政收入大于支出时（包括发行公债收入）才能偿还。有的国家（如中国）只将财政向银行透支和借款算为财政赤字，而将发行国库券和专项债券作为财政收入，不在赤字中标示。

3. 国家信用的作用

（1）国家信用可以调节财政收支的短期不平衡。国家财政收支出现短期不平衡是经常发生的，即使从整个财政年度看财政收支是平衡的，但由于财政收入和支出发生的时间不一致，也会出现收支矛盾。为了解决这种年度内暂时的不平衡，国家往往通过发行国库券来解决。

（2）国家信用可以弥补财政赤字。一般来说，弥补财政赤字、平衡财政收支的方法有很多，如增加税收、向银行借款或透支、发行政府债券等。增加税收大多会受到限制，因为税收过多会影响企业的生产积极性。向银行借款或透支，如果银行资金来源不足，就会扩大货币供给以满足财政需要，结果必然导致通货膨胀、物价上涨。发行政府债券与以上两种方法相比较为优越。因为发行国债是将企业、居民的购买力转移给了国家，是一种财力的再分配，不会导致通货膨胀，也不会影响企业的生产积极性。因此，当今世界各国尽量采取发行国债的方法来弥补财政赤字。

（3）国家信用可以调节经济与货币供给。近年来，许多国家的中央银行调控货币供给的主要手段是在公开市场上买卖国债，而公开市场操作的有效性是以一定规模的国债以及不同期限国债的合理搭配为前提条件的。因此，国家信用成为中央银行调节货币供给的前提。

（五）国际信用

国际信用是指一个国家与其他国家或地区相互之间提供的信用，是各国银行、企业、政府之间相互提供的信用，以及国际金融机构向各国政府、银行、企业提供的信用，体现的是国与国之间的债权债务关系，直接表现为资本在国际的流动。国际信用的形式主要有国际银行信用、国际政府信用、国际金融机构信用和国际租赁信用等。国际信用的主要目的在于：授信国通过借贷资本的输出带动本国商品的出口，从而实现利润；而受信国则利用国际信用，购买所需的设备、技术和商品，提高本国生产设备的科技含量，从而促进本国经济发展。

随堂思考：国际信用与国家信用的区别是什么？

任务三　分析信用工具

◆ 任务导入

随着信用卡的发行和普及，我们进入了先消费后还款的时代。有些人认为信用卡是好的，可以帮助我们提前享受生活；有些人则认为信用卡并不好，让我们陷入无尽的消费，成为卡奴。实际上，我们应该知道，信用卡只是一个工具，是商业银行对信用合格的消费者发行的信用证明。信用卡的本质是让有信用的人在急用钱的时候能够解燃眉之急。只要合理使用信用卡，保持良好的征信，信用卡就是有益的，因为良好的征信能给我们带来无尽的财富；但如果管不住自己的贪念，无节制消费，就会成为卡奴。信用社会，我们每个人都可以利用好信用卡，让信用卡真正为自己所用，为自己建立良好的信用档案。

◆ 任务分析

结合相关的经济活动，说说你能接触到的信用工具有哪些。

知识精讲

信用工具是指以书面形式发行和流通、借以保证债权人或投资者权利的凭证，是资金供应者和需求者之间进行资金融通时，用来证明债权的各种合法凭证。信用工具也被称作金融工具，是重要的金融资产，是金融市场上重要的交易对象。

一、信用工具的组成要素

（1）面值，即凭证的票面价格，包括面值币种和金额。

（2）到期日，即债务人必须向债权人偿还本金的最后日期。

（3）期限，即债权债务关系持续的时间。

（4）利率，即债权人获得的收益水平。

（5）利息的支付方式。

二、信用工具的分类

（一）按信用形式划分

按信用形式划分，信用工具可分为：（1）商业信用工具，如各种商业票据等；（2）银行信用工具，如银行券和银行票据等；（3）国家信用工具，如国库券等各种政府债券；（4）证券投资信用工具，如债券、股票等。

（二）按期限划分

按期限划分，信用工具可分为长期、短期和不定期信用工具。长期与短期信用工具的划分没有一个绝对的标准，一般以1年为界，1年以上的为长期，1年以下的为短期。短期信用工具主要是指国库券、各种商业票据，包括汇票、本票、支票等。西方国家一般把短期信用工具称为“准货币”，这是由于其偿还期短、流动性强，随时可以变现，近似于货币。长期信用工具通常是指有价证券，主要有债券和股票。不定期信用工具是指银行券和多数的民间借贷凭证。

随堂思考：如何区分汇票、支票和本票？

三、信用工具的特征

（一）收益性

信用工具能定期或不定期带来收益，这是信用的目的。信用工具的收益有三种：第一种为固定收益，是投资者按事先规定好的利息率获得的收益，如债券和存单在到期时，投资者即可领取约定利息。固定收益在一定程度上就是名义收益，是信用工具票面收益与本金的比例。第二种是即期收益，又叫当期收益，就是按市场价格卖出时所获得的收益，如股票买卖价格之差即一种即期收益。第三种是实际收益，是指名义收益或当期收益扣除因物价变动而引起的货币购买力下降后的真实收益。在现实生活中，实际收益并不真实存在，必须通过计算得出。投资者所能接触到的是名义收益和当期收益。

随堂思考：作为投资者，我们怎样分清楚投资与投机、赌博的区别？

（二）风险性

为了获得收益提供信用，必须同时承担风险。风险是相对于安全而言的，所以风险性从另一个角度讲就是安全性。信用工具的风险性是指投入的本金和利息收入遭到损失的可能性。任何信用工具都有风险，只是程度不同而已。信用工具的风险主要有违约风险、市场风险、政治风险等。

（三）流动性

金融工具可以买卖，可以换得货币，即具有变现能力或流通性。在短期内，在不遭受损失的情况下，能够迅速卖出并换回货币，称为流动性强；反之，则称为流动性弱。

四、各类信用工具的特点

（一）短期信用工具的特点

1. 国库券的特点

国库券是指国家为了筹措财政资金，向投资者出具的承诺在一定时期支付利息和到期还本的债务凭证。国库券的特点主要有：可以转让，能够带来固定收益；安全性高、风险性小、收益稳定；可用于抵押。

金融视界

国库券：零风险债券或“金边债券”

国库券是国家财政当局为弥补国库收支不平衡而发行的一种政府债券。因为国库券的债务人是国家，其还款保证是国家财政收入，所以它几乎不存在信用违约风险，是金融市场风险最小的信用工具。国库券由于期限短、流动性强、安全性高，被视为零风险债券或“金边债券”。

我国国库券的最短期限为1年，而西方国家国库券品种较多，期限一般可分为3个月、6个月、9个月、1年期四种，其面额起点各国不一。国库券采用不记名形式，无须经过背书就可以转让流通。

国库券的发行方式通常为招标制，即每次发行前，财政部根据近期短期资金的需要量、中央银行实施货币政策调控的需要等因素，确定国库券的发行规模，然后向社会公告。各投标人在规定的发行规模的约束下，分别报出自己拟购买的价格和数量。在众多参与价格投标的投标人当中，出价最高者首先中标，之后按出价顺序，由高到低依次配售，直至售完为止。这就是所谓的竞争性投标。也有一些小规模的金融机构，无力或不愿意参与竞争性投标，便按照投标最高价和最低价的平均数购买，称为非竞争性投标。国库券因期限较短，故其发行价格一般采用贴现价格，即以低于票面金额的价格发行，到期时按票面金额偿还。票面金额与发行价格的差额，就是投资者的利息。国库券发行价格的计算公式如下：

$$\text{发行价格} = \text{面值} \times \left(1 - \text{贴现率} \times \frac{\text{发行期限}}{360}\right)$$

在国库券的流通市场上，市场的参与者有商业银行、中央银行、证券交易商、企业和个人投资者。国库券行市的变动，要受经济动向、国库券供求关系、市场利率水平等诸多因素的影响。在美国，证券交易商在进行国库券交易时，通常采用双向式挂牌报价，即在报出一交易单位买入价的同时，也报出一交易单位的卖出价，两者的差额即交易商的收益，交易商不再附加佣金；在英国，票据贴现是国库券二级市场上最为活跃的市场主体。持有国库券的机构和个人如需转让，可向贴现所申请贴现。

2. 商业票据的特点

商业票据是发行体为满足流动资金需求所发行的、期限为2天至270天的、可流通转让的债务工具。

商业票据的种类主要有：（1）短期票据，是指货币市场中的短期信用工具，最短期限是30天，最长期限是270天。（2）单名票据，发行时只需一个人签名就可以。（3）融通票据，为短期周转资金而发行。（4）大额票据，面额是整数。（5）无担保票据，无须担保品和保证人，只依靠公司信用担保。（6）市场票据，以非特定公众为销售对象。（7）大公司票据，只有那些财务健全、信用卓著的大公司才能发行的商业票据。（8）贴现票据，以贴现的方式发行，即在发行时先预扣利息。

商业票据的特点主要有：（1）票据是具有一定权利（如付款请求权、追索权）的凭证。（2）票据的权利与义务是不附加任何条件的，持票人只要拿到票据，就取得了票据所赋予的全部权利。（3）各国的票据法都要求票据的形式和内容保持标准化和规范化。（4）票据是可流通的证券。除了票据本身的限制外，票据可以凭背书和交付而转让。

3. 银行承兑汇票的特点

银行承兑汇票是由出票人签发的，由银行承兑的，委托付款人在指定日期无条件支付确定的金额给收款人或者持票人的票据。签发银行承兑汇票必须记载下列事项：表明“银行承兑汇票”的字样；无条件支付的委托；确定的金额；付款人名称；收款人名称；出票日期；出票人签章。欠缺记载上述规定事项之一的，该银行承兑汇票无效。

随堂思考：什么是承兑？承兑行为是汇票特有的票据行为吗？支票和本票有承兑行为吗？

4. 大额可转让定期存单的特点

大额可转让定期存单亦称大额可转让存款证，是银行印发的一种定期存款凭证，凭证上印有一定的票面金额、存入和到期日以及利率，到期后可按票面金额和规定利率提取全部本利，逾期存款不计息。大额可转让定期存单的特点是：通常不记名，不能提前支取，可以在二级市场上转让；按标准单位发行，面额较大；发行者多是大型银行；期限多在1年以内。

5. 信用卡的特点

信用卡，又叫贷记卡，是商业银行向个人和单位发行的，凭此向特约单位购物、消费和向银行存取现金，具有消费信用的特制载体卡片，其形式是一张正面印有发卡银行名称、有效期、号码、持卡人姓名等内容，背面有磁条、签名条的卡片。信用卡具有以下特点：不鼓励预存现金，先消费后还款，享有免息缴款期，可自主分期还款（有最低还款额），加入 VISA、MasterCard、Unipay 等国际信用卡组织以便全球通用。信用卡可以集存款、取款、贷款、消费、结算、查询为一体，使用起来方便、安全，外出购物，使用者可以不必携带大量的现金，并且还可以超出自己的存款数进行支付；对收款人来说，可以节省大量收付、清点、保管、押运现金的劳动；对于银行来说，发行信用卡不但可以节省大量收付、清点、保管现金的劳动，而且可以向使用信用卡的一方收取一定的手续费，当持卡者透支时，银行还可以作为贷款收取较高的利息。正因为信用卡如此方便，有如此多的好处，所以它已逐渐成为现代社会流行的一种支付行为。

金融视界

信用卡理财攻略

第一，控制信用卡数量，适可而止。一旦信用卡数量太多，就容易发生搞错这张卡的还款日期、不记得那张卡的信用额度等问题，容易造成逾期还款，留下不良记录。而且，多卡刷卡积分，积分过于分散也不利于兑换礼品。因此建议只要1～2张信用卡就足够了。

第二，要保留刷卡凭证。大多数信用卡持卡人不在乎单据，也不会保留，随手丢弃，这是十分不好的习惯。实际上，保留刷卡凭证不仅便于每月总结消费情况并优化消费习惯，而且有助于提高刷卡消费的合理性和透明度，做到明明白白刷卡。由于很多人的信用卡不设置密码，随意丢弃刷卡凭证可能导致信用卡被盗刷。出于安全考虑，刷卡消费过后最好还是保留刷卡凭证，让自己心中有数，养成良好的信用卡理财习惯。

第三，减少提现。信用卡具有透支和提现两种功能，但提现需要一定比例的手续费，并且即使把自己的钱存入其中也要收费。所以，用信用卡提现和把它当存折都是不划算的。

第四，选对信用卡。信用卡的选择非常重要，如今很多商业机构都和银行有捆绑合作业务，比如可以办一张百货公司和对应银行的联名信用卡，就能作为会员在百货公司消费积分，获得折扣；或者使用某些卡可以在指定商户打折，包括用餐、电影、拖车服务等，名目五花八门，使用者可以根据自己的需求自由选择。信用卡要善用，也要善选。

第五，在刷卡消费最高限额内，尽可能刷卡。每张信用卡都有额度，在这个最高限内刷卡，你是安全的。那么，在这个可控的范围内，请尽可能多刷卡。因为信用卡相当于你买东西时，银行给你先付款，到还款日准时还给银行就可以。一方面可以便捷消费，另一方面还能累积信用，银行也能从你的刷卡额中向商家收取手续费，可谓双赢。

第六，到还款日才还款。利用最后还款日多赚些利息，毕竟钱放在自己的账户里，产生的利息也是自己的，所以要充分利用钱在自己手中的机会，让它生出更多的钱。此外，如果还款日那天，因为一些特殊原因无法还款，那请打电话给银行的信用卡客服热线，说明一下情况，要求延迟还款 1 至 2 天，一般这种情况都会被允许。

（二）长期信用工具的特点

1. 债券的特点

债券是政府、金融机构、工商企业等机构直接向社会借债筹措资金时，向投资者发行的，承诺按一定利率支付利息并按约定条件偿还本金的债权债务凭证。债券的本质是债的证明书，具有法律效力。债券购买者与发行者之间是一种债权债务关系，债券发行人即债务人，投资者（或债券持有人）即债权人。债券作为一种重要的融资手段和金融工具具有如下特征：

（1）偿还性。债券一般都规定有偿还期限，发行人必须按约定条件偿还本金并支付利息。

（2）流通性。债券一般都可以在流通市场上自由转让。

（3）安全性。与股票相比，债券通常规定有固定的利率，与企业绩效没有直接联系，收益比较稳定，风险较小。此外，在企业破产时，债券持有者享有优先于股票持有者对企业剩余资产的索取权。

（4）收益性。债券的收益性主要表现在两个方面：一是投资债券可以给投资者定期或不定期地带来利息收入；二是投资者可以利用债券价格的变动买卖债券赚取差价。

2. 股票的特点

股票是股份公司发行的，证明股东在公司中投资入股并据以取得股息收入的一种有价证券。股票是所有权凭证，具有以下特点：

（1）无期性。股票是一种没有偿还期限的有价证券，投资者一旦认购了股票，就不能向股份公司要求退股，只能在股票市场上转让。而且只要股份公司还存在，它所发行的股票就存在、有效，股份公司没有偿还投资者投资的义务。

（2）权责性。股东凭其持有的股票，享有与其股份数相应的权利，同时承担相应的责任。权利主要表现为：参加股东大会、投票表决，参与公司的经营决策，领取股息或红利，获取投资收益。责任主要是指承担公司的经营风险，对公司的经营决策承担责任，责任的限度为股东认购股票的全部投资额。

（3）流通性。股票的流通是指股票在不同的投资者之间的转让。股票持有人可以通过股票的转让随时收回自己的投资额，这提高了股票的变现能力。

（4）风险性。任何一项投资的风险和收益都是并存的，股票的风险主要来源于股票价格的波动。股票价格要受到诸如公司经营状况、宏观经济政策、市场供求关系、大众心理等多种因素的影响，因此，股票投资是一种高风险的投资活动。

金融视界

影响股票价格变动的因素

影响股票价格变动的因素有很多，但基本上可分为三类：市场内部因素、基本面因素、政策因素。

（1）市场内部因素。它主要是指市场的供给和需求，即资金面和筹码面的相对比例，如一定阶段的股市扩容节奏将成为该因素的重要部分。

（2）基本面因素。它包括宏观经济因素和公司内部因素。宏观经济因素主要是指能影响市场中股票价格的因素，包括经济增长、经济周期循环、利率、财政收支、货币供应量、物价、国际收支等；公司内部因素主要是指公司的财务状况。

（3）政策因素。它是指足以影响股票价格变动的国内外重大活动以及政府的政策、措施、法令等重大事件。政府的社会经济发展计划、经济政策的变化、新颁布法令和管理条例等均会影响股价的变动。

随堂思考：股票和债券的区别与联系是什么？

※ 项目小结

信用是一种价值运动，其特征是以偿还为条件的付出；信用是一种价值单方面转移的特殊运动形式；信用是一种借贷行为。信用的历史演变经历了高利贷信用、资本主义信用和社会主义信用。信用的表现形式有商业信用、银行信用、消费信用、国家信用等。信用工具是指以书面形式发行和流通、借以保证债权人或投资者权利的凭证，是资金供应者和需求者之间进行资金融通时，用来证明债权的各种合法凭证。信用工具具有收益性、风险性、流动性等特点。

※ 概念复习

信用　商业信用　银行信用　消费信用　国家信用　个人信用　国库券　商业票据　银行承兑汇票　大额可转让定期存单　股票

※ 网站读物

中国人民银行征信中心；国家企业信用信息公示系统；信用中国；人民信用网；全国招标投标信用服务平台；中国执行信息公开网。

※ 复习思考

一、单选题

1. 信用的最基本特征是（　　）。

A. 平等的价值交换　　B. 无条件的价值单方面让渡

C. 以偿还为条件的价值单方面转移　D. 无偿的赠予或援助

2. 信用是（　　）。

A. 买卖行为　　B. 赠予行为

C. 救济行为　　D. 各种借贷关系的总和

3. 借贷资本家贷出货币资本时，让渡的权利是（　　）。

A. 既让渡使用权又放弃所有权　　B. 只让渡使用权没有放弃所有权

C. 只放弃所有权没有让渡使用权　　D. 既不让渡使用权又不放弃所有权

4. 现代经济中最基本的和占主导地位的信用形式是（　　）。

A. 国家信用　B. 国际信用　C. 商业信用　D. 银行信用

5. 国家信用的主要形式是（　　）。

A. 发行政府债券　B. 短期借款　C. 长期借款　D. 自愿捐助

6. 下列信用形式中，属于间接融资方式的是（　　）。

A. 商业信用　B. 银行信用　C. 国家信用　D. 消费信用

7. 资金盈余者直接购买资金短缺者的债券或产权的融资方式是（　　）。

A. 直接融资　B. 间接融资　C. 信托信用　D. 租赁信用

8. 信用最基本的职能是（　　）。

A. 动员和再分配资金　　B. 企业初次分配

C. 财政再分配　　D. 支付中介

9. 借贷资本主要来源于（　　）。

A. 再生产过程中的闲置资本　　B. 固定资本的闲置部分

C. 食利者阶层的资本　　D. 社会各阶层的资本

10. 整个信用形式的基础是（　　）。

A. 银行信用　　B. 消费信用　　C. 国家信用　　D. 商业信用

二、多选题

1. 高利贷信用的特点是（　　）。

A. 与社会生产没有直接的密切联系　　B. 剥削比较严重

C. 利率是适合生产发展的　　D. 有较高的利率

E. 促进了社会化大生产的发展

2. 关于信用对现代经济作用的理解，下列概括正确的是（　　）。

A. 信用保证现代化大生产的顺利进行

B. 信用可自发调节各部门的发展比例

C. 信用可以加速资金周转

D. 信用为股份公司的建立和发展创造了条件

E. 信用可能使生产和需求脱节，导致经济危机

3. 商业信用是现代信用的基本形式，它是指（　　）。

A. 工商企业之间存在的信用

B. 银行为企业提供的信用

C. 以商品形式提供的信用

D. 商品买卖双方可以相互提供的信用

E. 买卖行为与借贷行为同时发生的信用

4. 银行信用与商业信用的关系表现为（　　）。

A. 商业信用是银行信用产生的基础

B. 银行信用是商业信用产生的基础

C. 银行信用推动了商业信用的完善

D. 二者之间相互促进

E. 二者之间不可以相互替代

5. 消费信用的形式有（　　）。

A. 企业以赊销方式对顾客提供信用

B. 银行和其他金融机构贷款给个人购买消费品

C. 银行和其他金融机构贷款给生产消费品的企业

D. 银行和其他金融机构为个人提供信用卡

E. 银行为个人办理支票业务

三、简答题

1. 商业信用和银行信用有什么联系和区别？

2. 信用工具有哪些基本特征？这些特征之间的关系如何？在实际经济活动中如何选择信用工具？

3. 信用卡如何申请？还款方式有哪些？使用的时候需要注意哪些问题？

四、案例分析题

企业信用报告是全面记录企业各类经济活动，反映企业信用状况的文书，是企业征信系统的基础产品。企业信用报告客观地记录企业的基本信息、信贷信息以及反映其信用状况的其他信息，是信息主体的“经济身份证”。

企业信用报告主体信息主要包括六部分内容：信息概要、基本信息、信贷信息、非信贷信息、公共信息、声明及异议标注信息。根据服务对象的不同可对上述内容增减，形成不同版式的信用报告。

信息概要相当于报告主体的信用信息概览，可以帮助报告使用者快速了解主体的信用情况。基本信息展示企业的主要概况、注册资本及出资人信息、主要组成人员、上级机构、实际控制人等。信贷信息指企业在信贷交易过程中形成的反映其还款意愿和还款能力的信息，包含企业在金融机构的当前负债、已还清债务和相关还款责任信息，是信用报告的核心部分。非信贷信息指非金融负债履约信息，如电信缴费和用水、电、燃气等信息。公共信息用于记录企业的社会表现，包含企业遵纪守法、履行法定义务的信息，以及在公共部门形成的行政信息。声明及异议标注信息包括数据提供机构说明、征信中心说明、信息主体声明和异议标注。

问题：企业征信有什么用？谁可以查询企业信用报告？我们还有哪些渠道了解企业的信用情况？

※实践参与

1. 搜索资料分析：如何保护自己的信用？如果信用有污点，如何弥补？

2. 分析支付宝和微信支付的区别。你愿意用哪种支付方式？为什么？

3. 撰写移动支付的调研报告。

4. 调查你所在省（自治区、直辖市）有多少家上市公司，发行多少万股股票，市值有多少。

项目三

利率与利息计算

学习目标

- 了解利息和利率的含义。
- 了解利率的体系分类。
- 理解影响利率的因素及利率的功能。
- 能读懂利率表。
- 能够计算利息。
- 培养用数学思维处理经济问题的意识。

价值塑造

在日常生活中，我们会积攒一些零用钱。积攒的暂时不用的零用钱，你会如何处理？有存银行的吗？把钱存银行有哪些好处呢？众所周知，储蓄是利国利民的事情，不仅可以支援国家建设，也使得我们用钱更加安全和有计划，还可以获得一些利息收入。另外，如果这些钱用于投资，你想投资到哪里？为什么？相信大家肯定会说，哪里收益高就投哪里。而这就需要我们灵活应用利息、利率计算的知识来解决这个问题，进而培养自己用数学思维处理经济问题的意识。

任务一　认识利率

◆ 任务导入

相较于其他理财方式，如股票、基金等（这些都是有本金亏损的风险的），把钱存在银行无疑是相对安全也是最普遍的一种方式。虽然银行存款的收益低，但是安全性高，对于一些没有风险承受能力的人来说，把钱存银行是最佳的选择。

但不要认为把钱存银行很简单，想要获得更高的收益，不是简简单单地直接把钱放银行就可以的。

想要存在银行的钱能获得更高的利息，要做到以下几点：

第一，要找利率最高的存款存。在不同条件下，利率最高的存款是不同的。如果是存款不到大额存单的起存金额（多数为20万元）且不限期限，利率最高的存款就是整存整取的五年期定期。而如果存款超过大额存单的起存金额且不限期限，利率最高的存款是五年期的大额存单。所以，只要存款数额达到大额存单的起存门槛，能存大额存单就不存定期存款。

第二，要找存款利率最高的银行存。因为同类型同存期的存款，在不同的银行利率也可能会不相同。一般来说，规模较小的银行存款利率会更高。

第三，要找能拿到利息最多的方法存。首先，做好存款的计划。其次，要尽量让存款产生复利，就是存款到期之后，利息不取出来，把利息和本金继续存下去。

◆ 任务分析

1. 上网搜索现行人民币利率表和金融机构人民币存款基准利率调整表，仔细观察并回答以下问题：

（1）人民币利率表由哪几个利率组成？

（2）金融机构人民币存款基准利率调整表由哪几个利率组成？

（3）什么是基准利率？它有什么作用？与我们有关吗？

（4）在金融机构人民币存款基准利率调整表中，为什么整存整取的利率是时间越长利率越高？

2. 上网搜索我国的利率体系。

知识精讲

一、利息和利率的含义

在现代社会，对贷出货币收取利息是很正常、很自然的一件事情，货币因贷放而增值也深深植根于现代货币经济观念中。

（一）利息的含义

利息，从债权人的角度，是指货币所有者（债权人）因贷出货币或货币资本而从借款人（债务人）处获得的报酬。从债务人的角度，利息则是借入他人货币或货币资本应支付的代价。因此，要从债权人和债务人两个角度对利息进行分析。

首先，从债权人（即储蓄者）的角度来看，利息是节欲或等待的报酬。一方面，不论是过去还是现在，大多数人的当期收入和他们的当期需求相比，都是极其有限的，因此，愿意把大部分收入无偿地储蓄起来的人，为数极少。另一方面，随着经济领域的扩大和发明的增加，越来越需要大量的财富转化为资本，这就使得对储蓄者支付报酬成为必要。但是，这里所说的利息同借款人实际支付的利息往往是有区别的，因为后者常常还包括管理和风险报酬。把资本借给别人使用的人总是冒着资本收不回来的风险，因为债务人可能破产，也可能使用各种狡猾的手段欺骗债权人，因此，债权人在收取报酬时，必然要把保险费包括在内，所冒的风险越大，收取的风险报酬越高。在实际支付的利息中，除包括风险保险费之外，还可能包括管理报酬。其实，管理报酬的存在也是很自然的，因为放款的风险越大，放款人所遇到的麻烦越多，要想尽量减少风险，就必须加倍操心才行。

其次，从债务人（投资者）的角度来看，利息是资本边际产品。人们愿意节欲或等待的程度是有差别的，这个差别不仅表现在不同历史时期，而且表现在同一历史时期的不同社会阶层的人们中间。甚至对于同一个人而言，随着其心情的变化，愿意节欲或等待的程度也是不同的。一般来说，一个富有的人较一个贫穷的人想象未来的能力要强，耐心和自制力要大；同理，一个富裕的时代和一个贫穷的时代相比，人们愿意节欲或等待的程度要更高。因为在收入较多时，当期消费的增加使它的边际效用降低，从而有利于享乐或满足的推迟。既然人们愿意节欲或等待的程度是变化的，那么，作为节欲或等待的报酬的利息自然也不是固定不变的。也就是说，当人们愿意节欲或等待的程度提高时，资本的形成就会增加，这样，在其他生产要素的投入量不变的条件下，资本的边际产品就会减少，从而借款人支付利息的能力就会降低；反之，当人们愿意节欲或等待的程度降低时，资本的形成就会减少，而其他生产要素的投入量不变，资本的边际产品就会增加，从而借款人支付利息的能力就会提高。

（二）利率的含义

一般来说，用来衡量利息高低的指标就是利率。利率就是利息率，是指在借贷期内所形成的利息额与所贷资金金额的比率，日常生活中简称为利率。

利率的计算公式为：

利率 =（利息额 ÷ 借贷资金额）× 100%

现实生活中的利率都是以某种具体形式存在的，如 3 个月期贷款利率、1 年期储蓄存款利率、6 个月期公债利率、可转让大额定期存单利率、贴现利率等。随着金融活动的日益发展、金融活动方式的日益多样化，利率的种类也日益繁多。

二、利率体系

（一）利率的变动性分类

根据在借贷期内利率是否调整，利率可分为固定利率与浮动利率。

1. 固定利率

固定利率是指在借贷期内不做调整的利率。实行固定利率，对于借贷双方准确计算成本和收益比较方便。但在通货膨胀情况下，债权人，特别是长期放贷的债权人要承担较大的损失。为了减少债权人的风险，浮动利率应运而生。

2. 浮动利率

浮动利率是在借贷期间可定期调整的利率。根据借贷双方的协定，由一方在规定的时间依据某种市场利率进行调整，一般调整期为半年。由于浮动利率降低了债权人的利率风险，因此浮动利率的借贷规模不断扩大。在较长期的信用活动中，浮动利率是主要的利率形式。浮动利率的调整要依据权威的短期利率。例如：在国际借贷关系中，浮动利率的确定多以伦敦同业拆借利率为根据。浮动利率可以为债权人减少损失，但手续繁杂，计算依据多且会增加费用开支。

在我国的利率结构中，人民币贷款一向实行固定利率，而外汇贷款一般采用浮动利率。例如：中国银行发放的现汇贷款利率就是根据贷款的资金来源的利率变化而不断做出调整的，中国银行现汇贷款之所以采用浮动利率，是因为中国银行筹措资金时采用了浮动利率。

（二）利率的决定性分类

根据利率是否按市场规律自由变动的标准来划分，利率可以分为市场利率、官定利率和公定利率。

1. 市场利率

市场利率是指利率的变化由市场的供求关系来决定的利率。发达国家的利率大多是市场利率，这些国家的市场利率也分为完全不受限制的利率和有上下限约束的利率。随着西方国家金融自由化的发展，市场利率变化的限制也越来越少。

2. 官定利率

官定利率是政府或中央银行确定的利率。官定利率是国家实现宏观调控的一个政策手段。我国的利率属于官定利率，利率由中国人民银行统一制定并管理。

金融视界

基准利率

基准利率是金融市场上具有普遍参照作用的利率，其他利率水平或金融资产价格均可根据这一基准利率水平来确定。基准利率是利率市场化的重要前提之一，在利率市场化条件下，融资者衡量融资成本，投资者计算投资收益，管理层对宏观经济进行调控，客观上都要求有一个普遍公认的基准利率水平做参考。所以，从某种意义上讲，基准利率是利率市场化机制形成的核心。在我国，以中国人民银行对国家专业银行和其他金融机构规定的存贷款利率为基准利率。具体而言，一般普通民众把银行1年定期存款利率作为市场基准利率，银行则是把隔夜拆借利率作为市场基准利率。基准利率是我国中央银行实现货币政策目标的重要手段之一，制定基准利率的依据只能是货币政策目标。当政策目标重点发生变化时，利率作为政策工具也应随之变化。不同的利率水平体现不同的政策要求。当政策重点放在稳定货币时，中央银行贷款利率就应该适时调高，以抑制过热的需求；相反，则应该适时调低。

3. 公定利率

由非政府部门的民间金融组织如银行公会等所确定的利率是行业公定利率。这种利率对其会员银行有约束性。

官定利率和公定利率都不同程度地反映了非市场的强制力量对利率形成的干预。我国目前以官定利率为主。绝大多数利率仍是由中国人民银行制定、报国务院批准后执行。市场利率范围有限，主要适用于同业拆借等领域。发达的市场经济国家，以市场利率为主，同时有官定利率、公定利率。但官定利率、公定利率与市场利率无显著脱节现象。

（三）利率的通胀性分类

根据利率的制定是否考虑通货膨胀因素在内，利率可以分为名义利率和实际利率。

1. 名义利率

名义利率是指不考虑物价上涨对利息收入的影响时的利率。在信用关系中，债权人不仅要承担到期无法收回本金的风险，而且要承担购买力风险，即由于通货膨胀而使得债权人的真实收益下降的风险。

2. 实际利率

实际利率是指当物价不变时的利率，即货币购买力不变条件下的利率。但是，当今世界现实生活中，物价不变是极少见的，而物价不断上涨则是经济生活中的现实，并已是一种普遍的趋势。

随堂思考：银行存款利率、国债利率等市场上的利率是实际利率还是名义利率？

3. 名义利率与实际利率的计算

例如：假定某年度物价没有变化，甲从乙处取得1年期的1万元贷款，年利息为500

元，实际利率是 5%。

如果某年的通货膨胀率为 3%，乙年末收回的 1 万元本金实际上仅相当于年初的 9 700 元，本金损失率为3%。为了避免通货膨胀给本金带来的损失，假设仍然要取得5%的利息，那么粗略地计算，乙必然把贷款利率提高到 8%。这样，才能保证收回的本金和利息之和与物价不变以前的相当。这个 8% 的利率就是名义利率。

因此，名义利率是指包括对通货膨胀风险补偿的利率。其计算公式如下：

$$r=i+P$$

其中，r 表示名义利率，i 表示实际利率，P 表示借贷期内物价的变动利率。

按照公式，假设最初 $r=i$，P 提高，则有 $r>i$；P 不变，则有 $r=i$；P 下降，则有 $0\leq r<i$。在通货膨胀的条件下，市场各种利率都是名义利率，而实际利率不易被直接观察到，通常是利用上述公式，根据已知的名义利率和通货膨胀情况推算出实际利率。至于名义利率的变动，在利率可以自由变动的市场经济中，实际取决于对实际利率的预期与物价变动，即通货膨胀的预期。关于通货膨胀率，由于它通常是处于不断变动的过程中，因此签约时的通货膨胀率并不一定是还款时的通货膨胀率，而对保证本金不受损失的债权人来说，主要是考虑还款时的通货膨胀率。

需要注意的是，名义利率适应通货膨胀率的变化并不是同步的。由于人们对价格变化的预期往往滞后于通货膨胀率的变化，因此相对于通货膨胀率的变化，名义利率的变化有滞后的特点，但这也不是绝对的。

4. 名义利率与实际利率的意义

在借贷过程中，债权人不仅要承担债务人到期无法归还本金的信用风险，还要承担货币贬值的风险。实际利率与名义利率的划分，正是从这个角度出发的。实际利率是指物价不变即货币购买力不变条件下的利率；名义利率则是包含了通货膨胀因素的利率。通常情况下，名义利率扣除通货膨胀率即可视为实际利率。

实际利率对经济起实质性影响，在经济管理中，通常能够操作的只是名义利率。划分名义利率与实际利率的意义在于为分析通货膨胀下的利率变动及其影响提供了依据与工具，便利了利率杠杆操作。根据名义利率与实际利率的比较，实际利率呈现三种情况：当名义利率高于通货膨胀率时，实际利率为正利率；当名义利率等于通货膨胀率时，实际利率为零利率；当名义利率低于通货膨胀率时，实际利率为负利率。在不同的实际利率状况下，借贷双方会有不同的经济行为。一般而言，正利率与零利率和负利率对经济的调节作用是互逆的，只有正利率才符合价值规律的要求。在经济生活中，区别名义利率和实际利率极其重要。在进行经济决策时，重要的是对实际利率的预期与对通货膨胀的预期。经济学家费雪指出：“名义利率等于实际利率和对通货膨胀的预期之和。”因此，在签订经济合同时，必须对通货膨胀有正确的估计。如果对通货膨胀预期发生偏差，对贷款者是非常不利的。

（四）利率的期限标准性分类

按计算利息的期限长短划分，利率可以分为年利率、月利率和日利率。

年利率是以年为时间单位计算，通常为百分之几（分）。

月利率是以月为时间单位计算，通常为千分之几（厘）。

日利率是以天为时间单位计算，习惯叫“拆息”，通常为万分之几（毫）。

年利率、月利率和日利率是按计算利息的期限单位划分的。在我国，不论是年息、月息、拆息都用“厘”作单位，如年息 5 厘，月息 4 厘，拆息 2 厘等。虽然都叫“厘”，但差别极大。年息的 1 厘是指 1%，月息的 1 厘是指 1‰，拆息的 1 厘是指 1‱。如贷出 1 万元，年息 5 厘，一年的利息为 500 元；月息 4 厘，每月的利息为 40 元；拆息 2 厘，每日的利息为 2 元。过去也常用“分”作为利率的单位。分是厘的 10 倍，如月息 3 分就是 3%。年利率、月利率和日利率的关系用公式表示如下：

$$年利率 = 月利率 \times 12 = 日利率 \times 360$$

随堂思考：如果某贷款的利息是按照实际使用天数进行计算的，那么使用一年的利息是一天的利息乘以 360，还是乘以实际的 365？

三、影响利率因素的综合性分析

确定合理的利率水平是运用利率杠杆调节经济的关键环节。然而，利率水平的确定并不是人们的单纯主观行为，必须遵循客观经济规律的要求，综合考虑决定和影响利率水平的各种因素，并根据经济发展战略和资金供求状况灵活调整。决定和影响利率的因素非常复杂，调整利率水平时主要应考虑的因素有下述几项。

（一）资本的边际生产效率

资本的边际生产效率的变动会通过货币需求影响利率的变动。在利率水平一定的情况下，资本的边际生产效率提高，投资的预期收益增加，投资需求会因此而增加。投资需求增加，如果货币供给不变，或货币供给增加的幅度小于货币需求增加的幅度，市场利率就会上升；投资增加又会通过乘数效应增加国民收入，进而增加货币需求，在货币供给既定的情况下，利率就会上升。如果资本的边际生产效率下降，就会产生相反的影响。

（二）资金供求

资金供求影响市场利率的形成。因为利率是资金的“价格”。在成熟的市场经济条件下，利率水平主要由资金的供求状况决定。当资金供不应求时，利率会上升；当资金供过于求时，利率会下降。利率水平的高低反映资金供求关系，同时也会调节资金供求关系。利率政策是国家调节资金供求的重要手段。

（三）中央银行的贴现率

中央银行的贴现率通常是各国利率体系中的基准利率，它的变动会对利率体系产生决定性影响。中央银行提高贴现率，相应提高了商业银行的借贷资金成本，市场利率会因此提高；反之，中央银行降低贴现率，就会降低市场利率。

（四）国家经济政策

利率政策是国家整个经济政策的一个组成部分，应当与其他经济政策协调配合。制定利率必须以国家经济政策和经济发展战略作为重要依据。国家在一定时期制定的经济发展战略、速度和方向，决定了资金的需求状况以及对资金流向的要求。

在影响利率的宏观政策中，尤以财政政策的影响较明显。财政政策对利率的影响主要是财政收支的变动。从支出方面看，当政府财政支出增加时，通常会影响借贷资金的需求，同时会引起投资需求增加和收入增加，结果会引起利率上升。从收入方面看，在既定的收入水平下，增加政府收入，就会直接降低家庭部门和企业部门的可支配收入水平，减少它们的储蓄和投资，引起国民收入下降，同时货币需求会相应减少，在货币供给不变的情况下，利率水平就会下降。利率往往与税收呈反方向变动。

（五）国际利率水平

在开放的经济条件下，资本可以自由流动，因而国际利率水平对国内利率的影响较大。如果国内利率高于国际利率水平，那么资本将大量涌入，导致国内金融市场上资金供大于求，国内利率会下降；如果国内利率低于国际利率水平，则资本将流出，国内资金供不应求，国内利率将上升。

四、利率对储蓄的影响

由于个人储蓄通常是构成社会总储蓄的主要部分，因此以它为代表加以说明。利率对储蓄的作用有正反两个方面：储蓄总额相对于利率的提高，可以是增加，也可以是减少；储蓄总额相对于利率的下降，可以是减少，也可以是增加。一般将储蓄随利率提高而增加的现象称为利率对储蓄的替代效应；将储蓄随利率提高而减少的现象称为利率对储蓄的收入效应。替代效应表示人们在利率水平提高的情况下，愿意增加未来消费——储蓄，来替代当前消费。这一效应反映了人们有较强的增加利息收入从而增加财富积累的偏好。收入效应表示人们在利率水平提高时，希望增加现期消费，从而减少储蓄。这一效应反映了人们在收入水平由于利率提高而提高时，希望进一步改善生活水准的偏好。

一般来说，一个社会中总体上的储蓄利率弹性究竟是大是小，最终取决于上述方向相反的两种作用相互抵消的结果。由于相互抵消，尽管利率的收入效应与替代效应分别来看都很强，但利率的弹性有可能很低。至于储蓄的利率弹性的方向——正或负，显然也取决于收入效应与替代效应的对比结果。

以上分析仅就一般情况而言。如果一个社会的收入水平很低，人们的收入仅够维持温饱或者略有剩余，这时再高的利率也难以使储蓄的比例增大。1979 年以前，我国居民的货币收入水平就很低，而且有如下的经济背景：市场供给低于市场需求，要稳定绝大部分由国家规定的物价水平和有限基本生活资料的平均分配，主要的消费品或实行计划供应，或实行凭票供应，或实行限量供应。在这种情况下，虽然工资水平相当低，但往往有些货币收入无法支用，于是有了结余——想支用而无法支用的结余。对于这样的结余，人们称之为强制储蓄。显然，强制储蓄与利率水平的高低也没有多大的联系。

由于可选择的财产形式有限，多年来我国居民的储蓄表现为以储蓄存款为主，利率对于储蓄的作用也主要是通过储蓄存款的相应变化体现出来的。

随堂思考：从收入效应和替代效应角度，分析利率对储蓄的影响。

五、利率对投资的影响

利率变化对投资所起的作用，是通过厂商对资本边际效益与市场利率的比较形成的。如果资本边际效益大于市场利率，可以诱使厂商增加投资；反之，则减少投资。但是同样幅度的利率变化以及利率与资本边际效益的比较对不同厂商投资的影响程度是不同的。比如，在劳动力成本（工资）不随利率下降而降低的情况下，对劳动密集型的投资，利率弹性就小些；对资本密集型的投资，利率弹性就大些。另外，期限较长的固定资产投资的利率弹性会大些。存货投资的利率弹性则较复杂。由于存货的增减更主要地取决于产品销售及其他成本，利息成本只是影响因素之一，因此，只有较大幅度的利率变化才能引起存货投资量的明显变化。

以上分析仅就一般市场经济环境而言。改革开放以前，我国的国有企业处于计划管理之下，投资的规模基本与利率无关。改革开放后，尽管商品价格、商品生产与流通的集中计划管理色彩逐渐淡化，但到目前为止，完善的市场机制仍在形成过程之中。这不能不使我国投资利率弹性提高。

随堂思考：结合利率对储蓄和投资的影响，分析利率对消费的影响。

六、利率的“三功能”

利率是一个重要的经济杠杆，对经济有着极其重要的调节作用。在现代市场经济中，利率对宏观经济运行和微观经济运行都发挥着重要的调节功能。利率的这种经济杠杆的作用，主要是通过利息的支付及调整所引起的经济利益关系的变化来实现的。

（一）引导功能

利率的引导功能，主要体现在资金流向上的引导和人们选择金融资产上的引导两个方面。

1. 利率引导资金流向

这主要是通过资金市场上货币资金的供求来调节产业结构。在现实经济生活中，货币资金受利率的调节，一般流向效益较高的部门。预期利润率高的产业部门对货币资金的需求大，预示着有较高的利率，促使货币资金较多地流向这些部门；同时，有的生产部门预期收益低，利率也低，流向这些部门的货币资金也就较少。市场上的货币资金会从利率低的部门流向利率高的部门，这就是利率对资金流向的引导功能。

2. 利率引导金融资产的选择

在金融产品多样化的条件下，利率必然成为引导投资者选择金融资产的有效杠杆。投资者在金融资产的选择过程中，通常是在安全的前提下考虑收益的高低。如果金融产品的安全性相同，那么利率对金融资产选择的引导作用就非常明显，因为利率与金融资产的收益性密切相关。如果某金融资产的安全性和流动性较差，那么资产的设计者可以通过增强该资产的收益性来补偿这一不足，即提高利率来吸引投资。

（二）分配功能

利率的分配功能主要表现在资金分配和收入再分配两方面。

1. 利率对资金的分配功能

在商品经济条件下，资金是紧缺要素，尤其是在发展中国家。因此，资金资源的合理配置是一个非常重要的问题，而利率在资金配置上发挥着重要作用。资金既是生产资源的构成要素，又是生产资源的组合机制。生产资源在各个经济部门之间的转移首先是通过资金的转移表现出来的。在这一过程中，利率的变动必然引起资金的相应变动，从而引起资源的再分配，最后导致产业结构和产品结构的调整。

2. 利率对收入的再分配功能

利率同价格、财政、税收和劳务收费一样，是国民收入再分配的杠杆。利率的变动能够引起国民收入分配比例的改变，从而调节国家财政、企业、金融机构和居民的利益，调整中央财政和地方财政的分配关系。当一个国家形成了食利者阶层时，利率上升，国民收入就会向这一阶层倾斜，这反映出利率具有强化收入不均的特点。

（三）调节功能

利率变化能引起社会经济多方面的变化。它不仅能调节微观经济活动，而且能调节宏观经济运行。利率的调节功能表现在以下三个方面。

1. 调节微观经济活动

市场上的微观经济活动是人们经济活动的集合反映，利率是人们经济活动和经济决策的重要依据。利率上升，将导致投资效益下降、消费成本增加，人们便会减少投资和消费而增加储蓄，这样货币需求和信贷需求都会下降，使经济处于收缩状态；反之，利率下降，将导致货币需求和信贷需求增加，使经济处于扩张状态。利率对微观经济活动的调节作用还表现在调节企业的经营管理活动，诱导企业讲求资金的使用效益。在市场经济条件下，利息同企业的利润密切相关，企业的存款利息收入和借款利息支出能增加或减少企业的利润，这使得企业必须慎重考虑其投资额、投资的行业和产品，讲求资金的使用效率和效益。

2. 调节生产结构，从而调节社会生产比例

利率引导资金流向的功能会使信贷资金从效益差的企业流向效益好的企业，从而优化了生产结构。如果某些部门和项目的贷款利率高，其贷款额就会减少；反之，贷款额就会增加。利率通过引起的这种借贷资金在社会生产各部门之间的自由流动，调节了社会生产比例。

3. 调节货币供求的均衡

我国的货币政策目标是稳定货币，并以此促进经济发展，而稳定货币的前提是货币供求的基本平衡。西方国家的中央银行在运用货币政策工具对信贷规模进行间接调控时，利率一直是政府货币政策的主要中间指标变量。调节利率成为货币政策对经济产生作用和影响的有效途径。

任务二 利息计算

◆ 任务导入

张女士持有1张1年期的8万元定期储蓄存单，在加息当天，张女士的该定期储蓄存款正好存了30天。究竟该提前支取后进行转存，还是继续持有这张存单不转存？张女士很为难。究竟哪个时间临界点可以进行转存？

（调整前1年定期存款年利率是2.25%，调整后1年定期存款年利率是2.5%，1年活期年利率为0.35%）

看到这个问题的时候，你首先会想到怎么解决这个问题呢？其实，当我们遇到这种问题的时候，一定要从数学角度进行严谨的计算得出结论，进而培养从经济学角度解决问题的意识。

◆ 任务分析

计算银行各类存款的利息：

（1）某人存入银行4 000元，存期为3年，存入日3年期定期存款年利率为4.25%，利息总共为多少？

（2）某人存入银行5 000元，存期为3年，存入日3年期定期存款年利率为4.25%，过期后60天支取，活期存款利率为0.35%，那么支取日计息为多少？

（3）某人存入银行5 000元，存期是3年，存入日3年期定期存款年利率为4.25%。此人在存入2年后想提取，提取时银行挂牌公告的活期利率为0.35%，那么支取日计息为多少？

知识精讲

一、单利与复利

单利与复利是两种不同的计息方法。

（一）单利

单利是指仅按本金和时间的长短计算利息，本金所生利息不加入本金重复计息。其计算公式为：

$$I=P\times r\times n$$

$$S=P\times(1+r\times n)$$

其中，I代表利息额，P代表本金，r代表利率，n代表时间，S表示本金与利息之和。

如一笔为期 5 年、年利率为 6% 的 1 万元存款，在单利的情况下，利息总额为：

I=10 000 × 6% × 5=3 000（元）

本利和为：

S=10 000 ×（1+6% × 5）=13 000（元）

（二）复利

复利是一种将上期利息转为本金并一起计息的方法。与单利不同，复利是指在一定时期（如年、季或月）按本金计算利息，随即将利息并入本金，作为下一期计算利息的基础，俗称“利滚利”。其计算公式为：

$S=P\times(1+r)^n$

$I=S-P$

其中，S 代表本息总额，n 代表期数，P 代表本金，r 代表利率，I 代表利息额。如上例，在复利的情况下，本利和为：

S=10 000 ×（1+6%）^{5}=13 382.26（元）

则利息为：

$I=S-P$=13 382.256−10 000=3 382.26（元）

金融视界

小心复利与单利的陷阱

我们经常说现在银行的存款利率是多少，这个利率指的是单利，银行每年按这个利率计算利息，但是只在存款到期时才和本金一并支付给你。比如，现在存 1 000 元的 5 年期定期存款，年利率是 2.88%，5 年的利息总和就是 1 000×2.88%×5=144（元），那么 5 年后你得到的本息总共是 1 144 元。

与此相对，还有一种支付利息的方法，即复利，也就是说，利息在每年的年末就支付给你，而不是存款到期后才一并支付，这样，上一年得到的利息在下一年就成了本金，在以后的每年中都可以得到利息，也就是通常所说的“利滚利”。我们还是用上面的例子，按复利的方式算一算，详见表 3–1。

表 3–1　复利计算表　　金额单位：元

时间	年初本金	年利率	本年的利息	年末本息和
第一年	1 000.00	2.88%	28.80	1 028.80
第二年	1 028.80	2.88%	29.63	1 058.43
第三年	1 058.43	2.88%	30.48	1 088.91
第四年	1 088.91	2.88%	31.36	1 120.27
第五年	1 120.27	2.88%	32.26	1 152.53

显然，按复利计息可以多得到 1 152.53–1 144=8.53 元的利息。你可能会说，确实不一样，不过只是几块钱的差异而已，没什么大不了的。你可千万不要小看这点小小的差异，在利率比较高、期限比较长的情况下，这个差别会大得惊人，不信，让我们

来看一个比较极端的例子：

假定一位年轻人，从现在开始每年存下1.4万元，如此持续40年，平均每年有20%的投资收益率，那么40年后，他能积累多少财富呢？一般所猜的数量大多为200万元至800万元，最多的也不超过1 000万元，但是依照计算复利的公式，正确的答案应该是：1.028 1亿元。不要以为自己眼花，确实是“亿”——一个众人不敢想象的数字！而按单利计算的话，40年后的本利总和还不到300万元。看到复利的厉害了吧！

老百姓存钱，一般都想哪种存款的利率高就存哪种，但是，在单利制度下，存款期限的不同往往会造成一些误会。比如1年期存款利率10%与8年期存款利率14.3%，哪个更合算？要是折合成复利，其实它们完全是一样的，这就是时间的魔力。因此在选择存款的种类时，千万要计算一下，究竟哪个更适合你，不能简单考虑银行公布的利率。其实，银行各种存款的利率折合成复利，一般不会相差太大，你只需要考虑合适的时间段，如1年后要用的钱就不要存5年期或存成定活两便，避免提前支取造成的利息损失。

随堂思考：什么是72法则？72法则是怎么计算的？什么是年金？年金与复利的区别是什么？

二、现值和终值

（一）资金时间价值的含义

资金时间价值是指一定量的资金在不同时点上价值量的差额，是资金在使用过程中随时间的推移而发生的价值增值，它是在生产经营过程中产生的，来源于劳动者在生产过程中创造的新的价值。它可以两种形式表现：一是相对数，可以用时间价值率（又称折现率）来表示，一般可以用没有风险和没有通货膨胀条件下的社会平均资金利润率，或通货膨胀率很低时的政府债券利率来度量；二是绝对数，可以用时间价值额来表示，一般可以用价值增值额来度量。

（二）现值与终值的概念——1年以后的1元钱比现在1元钱的价值小

由于利息是收益的一般形态，因此任何一笔货币金额，不论将作何用，都可根据利率计算出在未来的某一时点上的金额。这个金额就是前面说的本利和，也称为终值。如果年利率为6%，现有100 000元，5年后的终值就是133 822.56元。把这个过程倒转过来，如果我们知道在未来某一时点上有一定金额的资金，只要把它看作那时的本利和，即可按现行利率计算出要想获得这样金额的本利和在现在应具有的本金。设5年后有一笔100 000元的资金，假如年利率为6%，现在应有的本金是：

$$P=\frac{S}{(1+r)^n}=\frac{100\ 000}{(1+6\%)^5}=74\ 725.82\text{（元）}$$

这个倒算出来的本金称为现值。现值的观念有很久远的历史。中国过去流行一种倒扣息的放债方法，如契约上名义是借 100 元还 100 元，半年还清，在月息 3 分的情况下，不计复利，贷者付给借者的只是 85 元。现代银行有一项重要的业务，即收买票据的业务，其收买的价格就是根据票据金额和利率倒算出来的现值。这项业务叫“贴现”，现值也称贴现值。

随堂思考：现值、终值和年金的区别与联系。

三、银行个人存款利息计算

个人存款业务，主要包括活期存款、定期存款、定活两便储蓄存款、个人通知存款等。

（一）活期存款

活期存款是指开户时不约定存取日期，可随时存取、存取金额不限的一种个人储蓄方式。客户可凭银行卡或存折及预留密码在银行营业时间内通过柜台或银行自助设备随时存取现金。

活期存款按季结息，每季末月的 20 日为结息日。个人活期存款结清（或销户）时，按结清（或销户）日挂牌公告的活期利率计算到结清（或销户）前一日止。活期存款利率一般不会随定期的调整而调整。

在现实中，活期存款通常以人民币 1 元起存，外币活期存款起存金额为不低于人民币 20 元的等值外汇，以存折或银行卡作为存取凭证，部分银行的客户可凭存折或银行卡在全国各网点通存通兑。

1. 特点

（1）通存通兑。客户凭存折或银行卡及预留密码可在商业银行网点和自助设备上存取人民币现金，预留密码的存折可在同城商业银行网点存取现金。同城也可办理无卡（折）的续存业务。

（2）资金灵活。客户可随用随取，资金流动性强。

（3）缴费方便。客户可将活期存款账户设置为缴费账户，由银行自动代缴各种日常费用。

2. 适用范围

（1）暂不用作消费支出的货币收入。

（2）预备用于购买大件耐用消费品的积攒性货币。

（3）个体经营户的营运周转货币资金，在银行为其开户、转账等问题解决之前，以活期存款的方式存入银行。

3. 利息计算

（1）计息金额。存款的计息起点为元，元以下的角、分不计利息。利息金额算至分，分以下的尾数四舍五入。分段计息算至厘，合计利息后，分以下四舍五入。

除活期存款在每季结息日时将利息计入本金作为下季的本金计算复利外，其他存款不论存期多长，一律不计复利。

（2）计息时间。《中国人民银行关于人民币存贷款计结息问题的通知》（以下简称《通知》）中规定：从2005年9月21日起，我国对活期存款实行按季度结息，每季度末月的20日为结息日，次日付息。

（3）计息方式。《通知》中规定：除活期和定期整存整取两种存款外，国内银行的通知存款、协定存款、定活两便、存本取息、零存整取、整存零取六个存款种类，只要不超过中国人民银行同期限档次存款利率上限，计结息规则由各银行自己把握。银行除仍可沿用普遍使用的每年360天（每月30天）计息期外，也可选择将计息期全部化为实际天数计算利息，即每年为365天（闰年为366天），每月为当月公历的实际天数。

《通知》中提供了两种计息方式：一种是积数计息；另一种是逐笔计息。上述六种存款具体采用何种计息方式由各银行决定，储户只能选择银行，不能选择计息方式。

我们仅学习人民币存款计息的通用公式：

利息 = 本金 × 实际天数 × 日利率

人民币存款利率的换算公式：

日利率（‱）= 年利率（%）÷360

月利率（‰）= 年利率（%）÷12

（二）定期存款

定期存款是指客户在存款开户时约定存款期限，一次或按期分次（在约定存期内）存入本金，整笔或按期分次支取本金或利息的一种个人存款方式。现金、活期储蓄存款可直接办理定期存款，定期开户起存金额为50元，多存不限。

1. 特点

（1）期限多样。存期为3个月、6个月、1年、2年、3年、5年。储户可办理部分提前支取一次，存款到期，凭存单支取本息，也可按原存期自动转存多次。

（2）收益稳定。按照《储蓄管理条例》第二十六条的规定，定期储蓄存款在存期内遇有利率调整，按存单开户日挂牌公告的相应的定期储蓄存款利率计付利息。定期储蓄存款包括整存整取、零存整取、整存零取、存本取息等存款品种，均按上述规定计算利息。即在原定存期内遇利率调整，不论调高或调低，均按存单开户日所定利率计付利息，不分段计息；全部提前支取和部分提前支取的部分，均按支取日挂牌公告的活期储蓄利率计息，未提前支取的部分，仍按原存单所定利率计付利息。

2. 期限规定

存款户在存款后的一个规定日期才能提取款项或者必须在准备提款前若干天通知银行，期限可以为3个月到5年、10年以上不等。一般来说，存款期限越长，利率越高。传统的定期存款除了有存单形式外，也有存折形式，后者又称为存折定期存款，但其以90天为基本计息天数，90天以下不计息。

3. 存款方式

定期存款按存取方式基本可分为整存整取定期存款、零存整取定期存款、整存零取定期存款、存本取息定期存款等（见表3-2）。

表 3–2　定期存款种类

存款种类	存款方式	取款方式	起存金额	存取期类别	特点
整存整取	整笔存入	到期一次支取本息	50 元	3 个月、6 个月、1 年、2 年、3 年、5 年	长期闲置资金
零存整取	每月存入固定金额	到期一次支取本息	5 元	1 年、2 年、5 年	利率低于整存整取定期存款，高于活期存款
整存零取	整笔存入	固定期限分期支取	1 000 元	存款期分为 1 年、3 年、5 年；支取期分为 1 个月、3 个月或半年	本金可全部提前支取，不可部分提前支取。利息于期满结清时支取。利率高于活期存款
存本取息	整笔存入	约定取息期，到期一次性支取本金，分期支取利息	5 000 元	存期分为 1 年、3 年、5 年；可以 1 个月或几个月取息一次	本金可全部提前支取，不可部分提前支取。取息日未到，不得支取利息，取息日未取息，以后可随时取息，但不计复利

（1）整存整取。

1）含义。整存整取是指客户在存款时约定存期，整笔存入，到期一次支取本金和利息的一种个人存款。

2）适用客户。整存整取适用于资金闲置，希望获取较高收益的客户。

3）利息计算。

第一，计息金额。计算利息时，本金以“元”为起息点，元以下不计息，如分段计息，各段利息算至厘位后相加，最后结果四舍五入到分位。

第二，计息时间。定期存款的到期日，以对年对月对日为准，如到期日为该月所没有的，以月底日为到期日。31 日支取 30 日到期的存款不算过期，30 日支取 31 日到期的存款不算提前支取。

第三，计息方式。定期存款在存期内遇有利率调整，按存单开户日挂牌公告的相应的定期存款利率计付利息。

定期存款提前支取，按支取日挂牌公告的活期储蓄存款利率计付利息，部分提前支取的，提前支取部分按活期计息，其余部分到期时按原定利率计息。

逾期支取的定期存款，其超过原定存期的部分，除约定转存的外，按支取日挂牌公告的活期储蓄存款利率计息。

整存整取利息的计算分为三种情况，即到期支取、逾期支取和提前支取。

到期支取的利息按下式计算：

$$利息 = 本金 \times 利率 \times 存期$$

例 3–1：某人存 1 000 元，存期 3 年，存入日 3 年期的定期存款利率为 4.25%，那么利息应为：1 000 × 3 × 4.25%=127.5（元）。

若逾期支取，则到期日支付规定利息，到期日以后部分按活期利率付息。

例 3–2：某人存入 1 000 元，存期为 3 年，存入日 3 年期的定期存款利率为 4.25%，过期后 60 天支取，活期存款利率为 0.35%，那么支取日计息为：

$1\ 000\times3\times4.25\%+1\ 000\times60\div360\times0.35\%=127.5+0.58=128.08$（元）

若提前支取，则按活期储蓄利率计算。

例 3-3：某人存入 1 000 元，存期是 3 年，存入日 3 年期的定期存款利率为 4.25%。该人在存入 2 年后想提取，提取当时银行挂牌公告的活期利率为 0.35%，那么支取日计息为：$1\ 000\times2\times0.35\%=7$（元）。

在本任务案例导入中，解决存款利率上调后该不该转存这一问题的办法很简单，张女士只要套用公式计算即可。通过以下公式，可计算出界定的转存时限：

360 × 存期 ×（调整后定期年利率 − 调整前定期年利率）÷（调整后定期年利率 − 活期年利率）= 界定的转存时限

即

$360\times1\times(2.50\%-2.25\%)\div(2.50\%-0.35\%)=42$（天）

根据以上计算结果可见，界定的转存时限是 42 天，也就是说，张女士这张 1 年期的 8 万元定期存单是提前支取后再进行转存比较合算。假如张女士的这张定期存单的存款时限已经超过 42 天，如 48 天、50 天甚至更长，还是不转存为妙。

根据上述公式，还可得出 3 个月、6 个月、1 年期、2 年期、3 年期和 5 年期定期存款所对应的界定转存期限分别为 12 天、22 天、43 天、115 天、161 天和 282 天以内。如果这些不同档次的定期存款的存款时限已经超过对应的天数，就不要盲目去银行转存了。

（2）零存整取。

1）含义。零存整取是指客户在存款开户时约定存款期限、分次每月固定存入存款金额（由客户自定）一次，中途如有漏存，应在次月补齐，到期一次支取本息的一种个人存款。

2）适用客户。零存整取是满足客户将零星小额结余款积零成整的需要而设置的存款，能够促进客户积累，计划性强、适应面广，适用于各类客户存储，尤其适合低收入客户群体将生活结余款积零成整，以及收入稳定客户攒钱以备结婚、上学等。

3）利息计算。零存整取储蓄存款的计息规定与人民币整存整取的计息相同，即无论存期内是否调整过利率，均以开户日所定利率计息；若提前支取，则按支取日活期利率计息；若逾期支取，逾期部分则按活期利率计息。

零存整取的利息计算采用积数法，相关公式为：

利息 = 月存金额 × 累计月积数 × 月利率

累积月积数 =（存入次数 +1）÷ 2 × 存入次数

按照这个推算，1 年期的累计月积数就为 $(12+1)\div2\times12=78$，同理，3 年期、5 年期的累计月积数分别为 666 和 1 830。

例 3-4：某人某年 8 月 1 日到第二年 8 月 1 日每月向银行存入 1 000 元，累计共存入 12 000 元，年利率是 2.85%，计算利息为：

1 年期的累计月积数 = $(12+1)\div2\times12=78$

月利率 = $2.85\%\div12=0.237\ 5\%$

利息 = $1\ 000\times0.237\ 5\%\times78=185.25$（元）

（3）整存零取。

1）含义。整存零取是指客户在存款开户时约定存款期限、一次存入本金、分次支取本金的一种个人存款。

2）适用客户。整存零取可满足客户在阶段性小额使用现金的同时获取一定利息的需求。

3）利息计算。

到期应付利息 =（全部本金 + 每次支取本金）÷2× 存期（月）× 月利率

分期支取时，如有逾期或提前支取，其逾期或期满后逾期支取部分，均按支取日挂牌公告的活期储蓄存款利率计算。

例 3-5：某人某年 4 月 5 日存入整存零取三年期存款 3 000 元，年利率为 2.8%，约定每半年支取本金 500 元，到期支取时实付利息是多少？

实付利息 =（3 000+500）÷ 2 × 36 × 2.8% ÷ 12=147（元）

（4）存本取息。

1）含义。存本取息是指客户在存款时约定存款期限、整笔一次存入本金，按固定期限分次支取利息，到期一次支取本金的一种个人存款种类。

2）适用客户。存本取息一般适用于具有大量闲置资金的客户，如积攒养老金的客户。

3）利息计算。

第一，到期支取。《储蓄管理条例》规定，存入的存本取息存款，存期内无论利率是否调整，均按原存入日利率计算利息。

计算每次应支取利息的公式为：

每次支取利息 = 本金 × 每次取息间隔月数 × 月利率

或　每次支取利息 = 本金 × 期限（年限）× 年利率 ÷ 存期内应支取利息的次数

第二，逾期支取。《储蓄管理条例》规定，逾期的存本取息存款，逾期部分按支取日挂牌公告的活期储蓄存款计算利息。

第三，提前支取。提前支取存本取息存款时，须按实际存期和活期储蓄存款利率重新计算利息，并将已分期支付给储户的利息扣回。

提前支取的相关计算公式为：

应付利息 = 本金 × 存期（天数）× 活期年利率 ÷360

应付储户本息合计 = 本金 + 按活期利率计算的应付利息 - 每次支取利息额 × 已领取次数

天数计算 = 月 ×30 + 零头天数

若银行按每年 360 天（每月 30 天）为计息期，则按实际存期有一天算一天，大小月要调整。

例 3-6：某人某年 2 月 20 日存入 3 年期存款 5 000 元，采用存本取息方式，约定每月取息，于当年 7 月 1 日办理提前支取，假如客户每月均到网点办理取息，问应付储户本息合计为多少？（年利率为 2.80%）

已付利息 =（5 000 × 36 × 2.80% ÷ 12）÷ 36 × 4=46.67（元）

提前支取实付利息 =（211−80）÷ 360 × 5 000 × 0.35%=6.37（元）

本息合计 = 本金 + 实付利息 − 已付利息 =5 000+6.37−46.67=4 959.7（元）

（三）其他种类的储蓄存款

1. 定活两便储蓄存款

（1）含义。定活两便是指客户在存款时不约定存期，银行根据客户存款的实际存期按规定计息，可随时支取的一种个人存款种类。

（2）适用客户。定活两便储蓄存款适合拥有大笔资金、用途明确、用款时间不确定的客户。

（3）计息方式。

1）存期不足三个月的，按实存天数计付活期利息。

2）存期为三个月以上（含三个月）、不满半年的，整个存期按支取日定期整存整取三个月利率打六折计息。

3）存期满半年（含半年）、不满一年的，整个存期按支取日定期整存整取半年期存款利率打六折计息。

4）存期在一年以上（含一年），无论存期多长，整个存期一律按支取日定期整存整取一年期存款利率打六折计息。

（4）利息计算：

利息 = 本金 × 利率 × 存期 ×60% = 本金 × 天数 × 日利率 ×60%

= 本金 × 月数 × 月利率 ×60%

天数计算 = 月 ×30 天 + 零头天数

若银行按每年 360 天（每月 30 天）为计息期，则按实际存期计算，即有一天算一天，大小月要调整。

例 3-7：某存款户于某年 3 月 1 日存入 10 000 元定活两便存款，分别于当年 8 月 4 日、当年 9 月 15 日、第二年 6 月 16 日支取，问储户支取时分别能得到多少利息。（3 个月利率为 2.60%，半年利率为 2.80%，1 年利率为 3.00%）

当年 8 月 4 日支取可得利息 =（244−91+3）×（2.60% ÷ 360）× 10 000 × 60%

=67.6（元）

当年 9 月 15 日支取可得利息 =（285−91+4）×（2.80% ÷ 360）× 10 000 × 60%

=92.4（元）

第二年 6 月 16 日支取可得利息 =（196+360−91+7）×（3.00% ÷ 360）× 10 000

× 60%=236（元）

2. 个人通知存款

（1）含义。个人通知存款是指客户在存入款项时不约定期限，支取时需提前通知金融机构，约定支取存款日期和金额的一种个人存款方式。一般 5 万元起存。

（2）特点：

1）兼有定期、活期双重优势，可随时支取，存期不固定，只需提前 1 天或 7 天通知银行，利率高于活期存款（约定期限含节假日）。

2）通知存款存入时，存款人自由选择通知存款品种（1 天通知存款或 7 天通知存款），但存单或存款凭证上不注明存期和利率，金融机构按支取日挂牌公告的相应利率水平和实际存期计息，利随本清。

3）一次存入，分次支取，利随本清，存期越长，利息越高。支取时，储户可根据需要分成若干次支取，支取的部分根据实际存期按支取月挂牌公告的利率计息，未取部分按原存入日起息。

（3）适用客户。个人通知存款适用于有短期资金需求、期限不足定期存款最低限的客户。

（4）利息计算。

例 3-8：张先生有 10 万元资金，三个月内可能会使用，而且使用资金的时间较急，若建议他存入 1 天通知存款（1 天通知存款利率为 0.8%），客户实际存了 30 天（活期存款利率为 0.35%），我们对其收益进行比较：

30 天活期存款利息 = 100 000 × 0.35% ÷ 360 × 30=29.17（元）

30 天 1 天通知存款利息 = 100 000 × 0.8% ÷ 360 × 30=66.67（元）

通过以上比较可知，存期相同的 1 天通知存款比活期存款增加一倍多的利息收入。

例 3-9：唐先生有 10 万元资金，三个月内可能会使用，但能提前 1 周知道使用资金的时间，若建议他存入 7 天通知存款，客户实际存了 30 天，我们对其收益进行比较：

30 天活期存款利息 = 100 000 × 0.35% ÷ 360 × 30=29.17（元）

30 天 7 天通知存款利息 = 100 000 × 1.35% ÷ 360 × 30=112.5（元）

通过以上比较可知，存期相同的 7 天通知存款比活期存款增加了近三倍的利息收入。

（5）特殊情况。如遇以下情况，按活期存款利率计息：

1）实际存期不足通知期限的，按活期存款利率计息。

2）未提前通知而支取的，支取部分按活期利率计息。

3）已办理通知手续而提前支取或逾期支取的，支取部分按活期存款利率计息。

4）支取金额不足或超过约定金额的，不足或超过部分按活期存款利率计息。

5）支取金额不足最低支取金额的，按活期存款利率计息。

6）通知存款如已办理通知手续而不支取或在通知期限内取消通知的，通知期限内不计息。

7）通知存款部分支取，留存部分高于最低起存金额的，从原开户日计算存期；留存部分低于起存金额的，按清户日挂牌公告的活期存款利率计息。

※项目小结

利率就是利息率，是指在借贷期内所形成的利息额与所贷资金额的比率。从债权人的角度来看，利息是指货币所有者（债权人）因贷出货币或货币资本而从借款人（债务人）处获得的报酬。从债务人的角度来看，利息则是借入他人货币或货币资本应支付的代价。一般来说，用来衡量利息高低的指标就是利率。利率体系可以进行不同的分类，即根据在借贷期间利率是否调整，可以分为固定利率与浮动利率；根据利率是否按市场规律自由变动的标准来划分，可以分为市场利率、官定利率和公定利率；根据利率制定时是否考虑通货膨胀因素，可以分为名义利率和实际利率；按计算利息的期限长短划分，可以分为年利率、月利率和日利率。利率是一个重要的经济杠杆，对经济有着极其重要的调节作用。在现代市场经济中，利率对宏观经济运行和微观经济运行都发挥着重要的调节作用。利率的这种经济杠杆作用，主要是通过利息的支付及调整所引起的经济利益关系的变化来实现的。

※概念复习

利息　单利　复利　名义利率　实际利率

※网站读物

中国人民银行的利率栏目；各银行官网的人民币存款利率表和贷款利率表；各银行官网的个人存款计算器和个人贷款计算器；现值系数表；终值系数表。

※复习思考

一、单选题

1. 我国习惯上将年息、月息、日息都以“厘”作单位，但实际含义不同，如年息 6 厘、月息 4 厘、日息 2 厘，则分别是指（　　）。

A. 年利率为 6%、月利率为 4%、日利率为 2%

B. 年利率为 6‰、月利率为 4‰、日利率为 2‰

C. 年利率为 6、月利率为 4、日利率为 2

D. 年利率为 6%、月利率为 4‰、日利率为 2‱

2. 利息是（　　）的价格。

A. 货币资本　　B. 借贷资本

C. 外来资本　　D. 银行贷款

3. 利率的合理区间是（　　）。

A. 等于平均利润率　　B. 大于零

C. 大于零而小于平均利润率　　D. 无法确定

二、多选题

1. 采用复利法计算利息时，利息水平高低取决于（　　）。

A. 本金　　B. 利率

C. 复利期数　　D. 通货膨胀率

E. 市场价格

2. 影响利率总水平的因素有（　　）。

A. 银行成本　　B. 国际利率水平

C. 经济运行周期　　D. 平均利润率

E. 货币政策

3. 名义利率与通货膨胀率的关系可以是（　　）。

A. 前者高于后者　　B. 前者低于后者

C. 二者相等　　D. 二者不相关

E. 二者关系不明

4. 关于利息，下列选项正确的有（　　）。

A. 从债权人的角度看，利息是债权人因贷出资金而从债务人处获得的报酬

B. 从债务人的角度看，利息是债务人为获得货币资金的使用权所花费的代价

C. 利息是债务人使用资金的“价格”

D. 利息来源于货币资金的自行增值

E. 利息来源于利润

三、简答题

1. 简述利息和利率的含义及作用。

2. 简述影响利率的因素。

3. 简述利率的功能。

四、案例分析题

利率政策是中央银行为实现货币政策目标，对利率所采取的方针、政策和措施的总称。在我国，利率政策一直是我国货币政策的重要组成部分，也是我国货币政策实施的主要手段之一。中国人民银行根据货币政策实施的需要，适时地运用利率工具，对利率水平和利率结构进行调整，进而影响社会资金供求状况，实现货币政策的既定目标。

目前，中国人民银行采用的利率工具主要有：（1）调整中央银行基准利率，包括再贷款利率（是指中国人民银行向金融机构发放再贷款所采用的利率）、再贴现利率（是指金融机构将所持有的已贴现票据向中国人民银行办理再贴现所采用的利率）、存款准备金利率（是指中国人民银行对金融机构交存的法定存款准备金支付的利率）和超额存款准备金利率（是指中国人民银行对金融机构交存的准备金中超过法定存款准备金水平的部分支付的利率）；（2）调整金融机构法定存贷款利率；（3）制定金融机构存贷款利率的浮动范围；（4）制定相关政策对各类利率结构和档次进行调整等。

问题：利率调整对经济有什么影响？中国人民银行什么情况下会实施高利率政策（或低利率政策）？

※实践参与

1. 分组进行银行负债业务市场调查，具体内容为：

（1）调查某一商业银行现有的银行个人存款业务。

（2）调查某一商业银行活期存款业务的办理手续。

（3）调查某一商业银行定期存款业务的办理流程。

2. 分组调查了解现行的商业银行存款利率，分析各类商业银行存款利率产生差别的原因。

项目四 走进中央银行

学习目标

- 了解中央银行的产生及发展。
- 能叙述我国中央银行的历史发展演变。
- 能辨别中央银行制度的各种类型。
- 理解中央银行的性质与职能。
- 了解中央银行的主要业务。
- 培养去中国人民银行查找官方资料的意识。
- 理解中央银行的政策法规与实际生活的紧密联系，坚决拥护各项经济制度与决策。

价值塑造

随着银行业务的扩大，各家银行之间的债权债务关系越来越复杂，国家迫切需要成立一个专门的机构加以协调和解决，由此，中央银行应运而生。中央银行的职能是制定和执行货币政策、防范和化解金融风险及维护金融稳定，专门行使最后贷款人、清算中心以及金融管理的权利。当我们遇到货币政策、人民币汇率等问题时，要到中央银行（即中国人民银行网站）进行查询了解，而不是通过各个搜索网站查询确认资料信息。

任务一 了解中央银行

◆ 任务导入

在商品经济社会，由商业银行发行银行券发展为政府发行纸币是经济发展的必然结果。只有一国的货币发行权由中央银行垄断，由中央政府控制，才能体现全社会的整体利益。金融业的发展、各家银行发行的银行券等票据清算量的急剧膨胀，客观上需要一个公正、高效、严密的清算体系；当各家银行出现支付困难的时候，也需要一个机构能提供贷款支持，避免其遭受重大损失；同时，金融业具有较强的政策性和技术性，以及对国家整体经济影响大，也需要一个机构代表政府行使金融监管职能。中央银行在实践中逐步完善，发展成为现代经济中一个不可或缺的宏观经济调节机构。由此，我们可以看出，任何事物的产生和发展都有其必然性和合理性，都是遵循规律的，我们要做的就是正确认识新事物，掌握该事物的信息及规律。

◆ 任务分析

分组讨论中央银行与中国人民银行产生与发展的必然性。

知识精讲

一、中央银行与中国人民银行

（一）中央银行的产生与发展

当今世界各国均实行中央银行制度。中央银行并不是从银行成立之初就存在的，而是经历了一个相当长的发展时期才产生的。

中央银行的产生有其特定的客观条件。一是银行券亟待统一发行。随着商业银行业务的发展，商品生产与交换的扩大，商业银行发行的银行券越来越多。在经济危机中，商业银行往往无法兑换自己发行的银行券，就会引起社会混乱。同时，商业银行由于资金、信用和分支机构等问题，银行券流通的范围有限，使生产和流通受到限制，在客观上要求有一个资力雄厚、权威的银行统一、广泛地发行货币。二是票据交换与清算效率需要提高。

随着银行业务的不断扩大，各商业银行之间的债权债务关系日益复杂，建立全国统一的、权威的、公正的清算中心已成为金融事业发展的必然趋势。三是商业银行需要有强大的后盾。随着社会经济的发展，商业银行也同样面临破产的风险，成立一个强大的金融机构作为商业银行的资金后盾很有必要。四是金融管理应规范统一。随着银行业的发展，人们充分认识到金融业务对国民经济的影响。同时，世界性经济危机的爆发也让人们意识到政府对金融活动进行管理的必要性。政府对金融活动的管理必须依靠专门的机构进行，这就产生了建立一个专职机构代替政府执行金融监督管理职能要求。

上述建立中央银行的客观条件并不是同时存在的，而是在银行发展过程中逐渐显现出来的。世界上最早的中央银行是瑞典银行，这家银行是民间银行，1656 年获得特许，8 年后因为坏账倒闭。1694 年成立的英格兰银行作为世界上最早的私人股份银行，成立之初就较为全面地发挥了中央银行的功能。图 4-1 列出了中央银行发展的三个历史阶段。

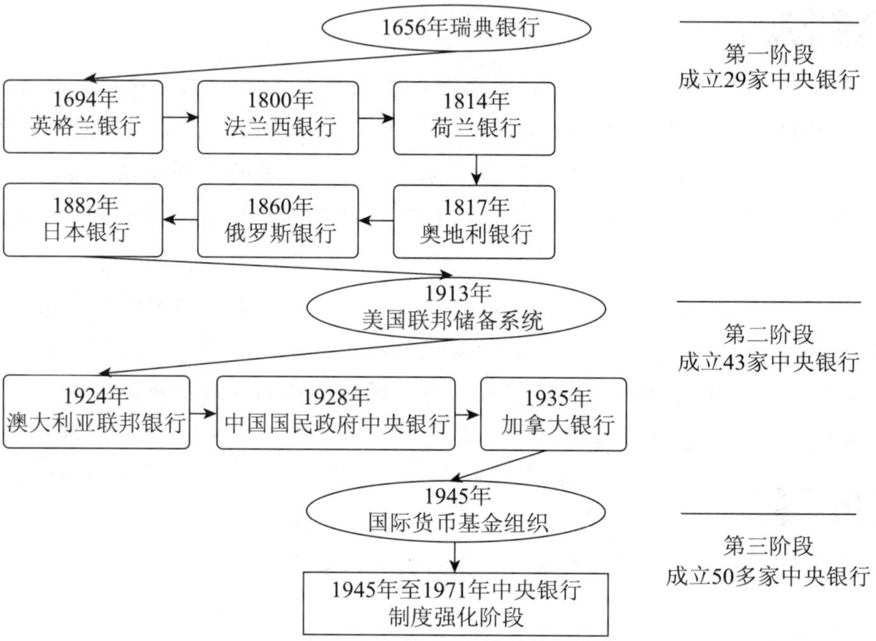

图 4-1　中央银行发展的三个历史阶段

（二）中国人民银行的历史沿革

中国人民银行的历史可以追溯到第二次国内革命战争时期。1931 年 11 月 7 日，在江西瑞金召开的全国苏维埃第一次代表大会上，通过决议成立“中共苏维埃共和国国家银行”（简称苏维埃国家银行），并发行货币。从土地革命到抗日战争时期，再到中华人民共和国诞生前夕，人民政权分布于彼此不能连接的区域。各根据地建立了相对独立、分散管理的根据地银行，并各自发行在本根据地内流通的货币。1948 年 12 月 1 日，以华北银行为基础，合并北海银行、西北农民银行，在河北省石家庄市组建了中国人民银行，并发行人民币。从此，中国人民银行和人民币就成为中华人民共和国成立后的中央银行和法定本位币。

中国人民银行成立至今的七十多年，特别是改革开放以来，在体制、职能、地位、作用等方面都发生了巨大而深刻的变革。

二、中央银行制度的类型

世界各国的经济发展水平不同，中央银行的成长历史、地位、作用不尽相同，组织形式也有很大差异。中央银行制度的类型主要有以下几种。

（一）单一型

单一型中央银行制度，就是在一个国家内单独设立中央银行机构，全面行使中央银行职能的制度。单一的中央银行制度又分成一元中央银行制度和二元中央银行制度。一元中央银行制度是一国只设立唯一一家中央银行，由总分行组成的高度集中的中央银行制度。二元中央银行制度是在中央和地方设立两级中央银行机构，中央级机构是最高权力或管理机构，但地方级机构也具有其相应的独立权力。

（二）复合型

复合型中央银行制度，是在一个国家内不单独设立中央银行，而是把中央银行的业务和职能与商业银行的业务和职能集中于一家大型银行来执行。

（三）跨国型

跨国型中央银行制度出现于第二次世界大战后，是由参加某一货币联盟的所有成员国联合组成的中央银行制度。

（四）准中央银行型

准中央银行型中央银行制度是政府授权某个或几个商业银行行使类似中央银行的职能；或者是设立一个通货局，不制定和执行货币政策，也不要求商业银行上缴存款准备金；或者是设立介于通货局与中央银行之间的机构。

中央银行制度的类型如图 4-2 所示。

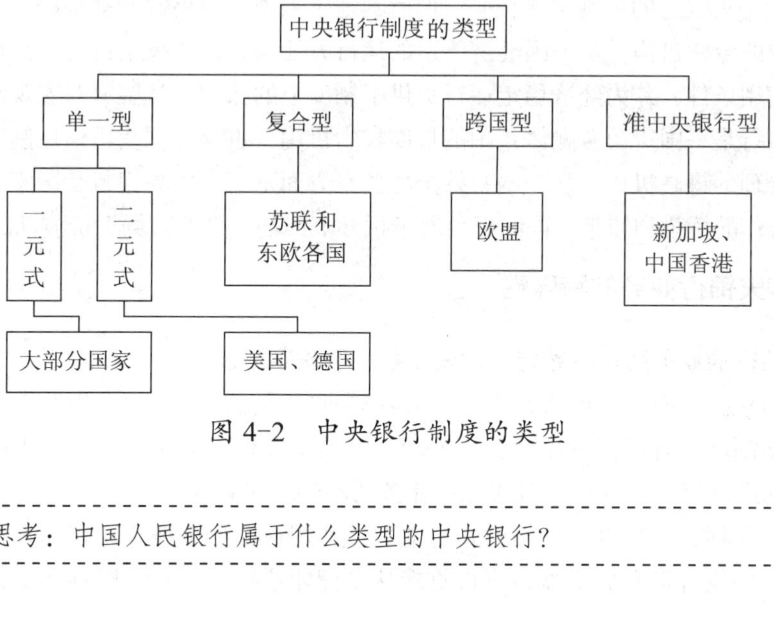

图 4-2　中央银行制度的类型

随堂思考：中国人民银行属于什么类型的中央银行？

任务二 认识中央银行的性质与职能

◆ 任务导入

党的二十大报告指出："深化金融体制改革，建设现代中央银行制度，加强和完善现代金融监管，强化金融稳定保障体系，依法将各类金融活动全部纳入监管，守住不发生系统性风险底线。"一方面，我们要认识到建立现代中央银行制度对国家和人民的重要意义；另一方面，我们要增强忧患意识，坚持底线思维。通过本任务的学习，大家可以清楚地了解中央银行的性质与职能。

◆ 任务分析

1. 列举中央银行的工作有哪些。
2. 讨论为什么人民币只能由中国人民银行发行，而其他银行不能发行。
3. 讨论货币政策为什么是由中国人民银行制定的而不是由政府制定的。

知识精讲

一、中央银行的性质

中央银行自身具有特殊性，具体包括以下三个方面。

（一）中央银行地位的特殊性

尽管各国中央银行的名称不尽相同，但就其地位来说，中央银行都是居于一国经济金融体系中心地位的金融机构。从一国经济体系的运行方面来看，中央银行为经济增长创造了基本的货币和信用条件，并为经济稳定运行提供了制度上的保障。从国家对宏观经济的调控上来看，中央银行是一国货币金融体系中的最高权力机构，也是全国货币信用制度的中心枢纽和金融监督管理的最高机构。从一国对外金融关系方面来看，中央银行是国家对外进行经济金融往来与合作的桥梁和纽带，同时肩负着干预外汇市场、平抑市场汇价波动的职责。

（二）中央银行业务的特殊性

1. 中央银行的业务活动有着特殊的法定权力和法定限制

法定权力包括：有权垄断货币发行，有权管理货币流通，有权发布监管金融机构的业务命令和规章制度，有权持有、经营、管理国家的黄金外汇储备，有权代理国库，有权对金融业的活动进行统计和调查，有权保持业务活动的相对独立性等。

法定限制包括：不得经营一般性银行业务或非银行金融业务，不得向任何个人、企业或单位提供担保或直接发放贷款，不得直接从事商业票据的承兑、贴现业务，不得从事不动产的买卖业务，不得从事商业性的证券买卖业务，一般不得向中央财政透支，或直接认购、包销国债和其他政府债券等。

2. 中央银行的业务经营不以盈利为目标

中央银行以金融调控为己任，稳定货币、促进经济发展是其主要职能，盈利不是中央银行的目标。

3. 中央银行的业务服务对象是各商业银行、政府机构和其他金融机构

中央银行不经营普通银行业务，不针对社会上的企业、单位和个人办理业务。有些国家的中央银行有一部分私人部门的业务，但不占主要地位。

（三）中央银行管理的特殊性

中央银行虽然经过一国的政府授权，享有各种金融管辖权，但与一般政府行政管理机关有区别，主要表现在以下几个方面：

（1）中央银行在履行各项管理职能时，都是以“银行”的身份出现的，而且管理手段也更多地具有银行业务操作的特征。

（2）中央银行通常凭借经济和法律的手段分层次来实施监督管理职能，行政手段居于次要地位。

（3）中央银行在行使管理职能时，具有相对独立性。

二、中央银行的职能

一般将中央银行的职能归纳为发行的银行、银行的银行和国家的银行。

（一）发行的银行

中央银行垄断货币的发行权，是全国唯一的货币发行机构。中央银行是发行货币的银行，对调节货币供应量、稳定币值有重要作用。

20世纪以来，各国的货币流通均转化为纸币流通，对货币供给的控制也扩大到存款货币。虽然中央银行只发行银行券，存款货币的创造由存款货币银行来实现，但是存款货币创造的源头仍在中央银行。

随堂思考：为什么各国中央银行都要货币发行权？意义何在？

（二）银行的银行

中央银行是“银行的银行”，它集中保管银行的准备金，并对它们发放贷款，充当“最后的贷款者”。

中央银行同样开办“存、放、汇”等银行业务，只不过业务对象不是企业和个人，而是商业银行与其他金融机构。作为“银行的银行”，中央银行从集中存款准备金、最终贷款人、组织全国的清算三个方面实施其职能。

（三）国家的银行

中央银行是“国家的银行”，它是国家货币政策的制定者和执行者，也是政府干预经济的工具；同时为国家提供金融服务，代理国库，代理发行政府债券，为政府筹集资金；代表政府参加国际金融组织和各种国际金融活动。

随堂思考：作为政府管理国家金融的专门机构，中央银行的职能具体体现在哪些方面？

任务三　认识中央银行的主要业务

◆ 任务导入

随着经济快速发展，支付方式发生了巨大变化，从现金支付、刷卡支付到移动支付，数字人民币应运而生。那么什么是数字人民币呢？数字人民币的发行会给我们带来怎样的影响呢？我们该如何正确认识数字人民币呢？数字人民币是人民币的数字化形态，是把人民币放进App里，它和人民币完全等价，都是由中国人民银行发行的法定货币。相比平台支付，数字人民币支付不经过第三方，顾客相当于拿现金支付；而对商户而言，无须对账清算，支付就是结算。对消费者而言，除政府部门在权限范围内调查非法交易的情况外，商户、第三方支付平台均无权获取消费者的支付数据，可控匿名，保护用户的信息安全。在没有网络的情况下，数字人民币还支持离线支付。更重要的是，数字人民币价值稳定，不会像比特币等虚拟货币出现大幅价格波动。与此同时，商家使用数字人民币交易不收取任何服务费和手续费，节约了企业的财务成本；由于无须绑定银行卡，数字人民币还可以在没有网络的情况下完成支付，支持更多支付场景，提高了交易的便捷程度；更重要的是，数字人民币遵循“小额匿名，大额依法可溯”原则，为防范电信诈骗、网络赌博、洗钱等违法犯罪行为提供帮助，保障了金融安全和社会稳定。因此，对于我们而言，要做好迎接数字货币的心理准备。与此同时也要保持警惕，将数字人民币与各种投机炒作品种区别开，能辨识数字货币的骗局。

◆ 任务分析

分组讨论中央银行业务的主要内容及特点。

知识精讲

一、中央银行的负债业务

中央银行的负债是指政府、金融机构、社会公众等持有的对中央银行的债权。中央银行负债业务主要包括货币发行、准备金存款、代理国库。

（一）货币发行

货币发行是中央银行作为国家政府的代表向社会提供流通手段和支付手段，是中央银行对货币持有者的一种负债。货币发行构成了中央银行最重要的负债业务。

中央银行的货币发行是通过再贴现、贷款、购买有价证券、收购金银及外汇等中央银行的业务活动，将货币投放市场、注入流通，进而增加社会货币供应量的。发行货币有法律规定的程序，各国不尽相同，但都是根据中央银行法的规定，依据经济发展的进程制定操作程序，以配合货币政策的执行。货币发行一般遵循以下原则：一是垄断原则，即货币发行权高度集中于中央银行；二是信用保证原则，即中央银行的货币发行必须有一定的准备金作保证，并建立发行准备制度；三是适度弹性原则，即中央银行要根据经济发展状况有伸缩性地供应货币，避免引起通货膨胀或通货紧缩。

（二）准备金存款

准备金存款业务是中央银行存款业务中最主要的业务，它是中央银行资金的重要来源。准备金存款由两部分组成：一部分是法定准备金存款，即商业银行按照法律规定将吸收的存款按一定比例上缴中央银行；另一部分是超额准备金存款，即商业银行在中央银行的存款中超过法定准备金的部分。

随堂思考：法定准备金与超额准备金的区别是什么？它们各自有什么用途？

（三）代理国库

中央银行作为政府的银行，一般由其代表国家来代理国库，财政的收入和支出都由中央银行代理。经常、大量的财政存款构成了中央银行的负债业务之一。这部分存款经财政分配，下拨机关、团体单位作为经费后，形成机关、团体单位的存款。机关、团体单位存款是财政性存款，也是中央银行的负债。两种存款均为中央银行资金的重要来源。

二、中央银行的资产业务

中央银行的资产业务是中央银行运用货币资金的业务，是其调控信用规模和货币供应量的主要手段。它主要包括贷款、再贴现、公开市场业务。

（一）贷款

中央银行的贷款业务包括下述两种。

1. 对商业银行贷款

这种贷款称为再贷款，是中央银行贷款最主要的渠道。它是中央银行为了解决商业银行在信贷业务中发生临时性资金周转困难而发放的贷款，是中央银行作为“银行的银行”职责的具体表现。在国外，再贷款多为有政府债券或商业票据作担保的抵押放款。中央银行通常定期公布贷款利率，商业银行提出申请后，由中央银行对其数量、期限、用途和申请者资信进行审查。

2. 对政府贷款

这种贷款是在政府财政收支出现失衡时，中央银行对其提供贷款支持的应急措施，多为短期的信用贷款。由于这种贷款会威胁货币流通的正常和稳定、削弱中央银行宏观调控的有效性，因此各国法律对此都有严格的时间规定和数量限制。在我国，中国人民银行不得对政府财政透支，不得直接认购、包销国债和其他政府债券，不得向地方政府和各级政府部门提供贷款。

（二）再贴现

中央银行的再贴现业务是指商业银行以未到期的商业票据向中央银行申请贴现取得融资的业务。中央银行运用再贴现业务执行最后贷款人的职能。

随堂思考：贴现、再贴现、转贴现的区别是什么？

（三）公开市场

通过公开市场买卖证券是中央银行重要的资产业务。中央银行买卖证券的目的不是盈利，而是调节和控制社会货币供应量，以影响整个宏观经济。当市场需要扩张时，中央银行即在公开市场买入证券，以增加社会的货币供应量，刺激生产；反之，则相反。

随堂思考：中央银行在公开市场上买卖的有价证券包括哪些？

三、中央银行的清算业务

中央银行的清算业务是中央银行对商业银行的主要服务型业务。中央银行通过票据清算和电子联行系统的运作，服务于商业银行的资金清算业务。

金融视界

中国现代化支付系统

中国现代化支付系统是中国人民银行根据我国支付清算的需要，利用现代计算机技术和通信网络开发建设的，能够高效、安全处理各银行办理的异地、同城各种支付业务及资金清算的应用系统。它包括大额支付系统和小额批量支付系统，是各银行和货币市场的公共支付清算平台，是中国人民银行发挥其金融服务职能的重要的核心支付系统。

随堂思考：结算与清算的区别与联系？

※ 项目小结

中央银行并不是从银行成立之初就存在的，而是经历了一个相当长的发展过程。中国人民银行在 1948 年成立并发行人民币。中央银行制度的类型有单一型、复合型、跨国型和准中央银行型。中央银行的性质是由中央银行的地位、业务和管理上的特殊性决定的，其职能为发行的银行、银行的银行和国家的银行。中央银行的业务包括负债业务、资产业务和清算业务。

※ 概念复习

中央银行制度的类型　中央银行性质　中央银行职能　中央银行业务　金融监管

※ 网站读物

中国人民银行；欧洲中央银行；美国联邦储备系统；《中华人民共和国中国人民银行法》。

※ 复习思考

一、单选题

1. 中央银行的产生时间（　　）商业银行的产生时间。

A. 早于　　B. 晚于　　C. 同时于　　D. 有赖于

2. 中央银行是国家的银行，它代理国库，集中（　　）。

A. 国库存款　　B. 企业存款　　C. 团体存款　　D. 个人存款

3. 中央银行在经济衰退时，会（　　）法定存款准备金率。

A. 调高　　B. 降低　　C. 不改变　　D. 取消

4. 中央银行若提高再贴现率，将（　　）。

A. 迫使商业银行降低贷款利率　　B. 迫使商业银行提高贷款利率

C. 使商业银行没有行动　　D. 使企业得到成本更高的贷款

5. 在下列针对中央银行资产项目的变动中，会导致准备金减少的是（　　）。

A. 中央银行给存款机构的贷款增加

B. 中央银行出售证券

C. 中央银行向其他国家中央银行购买外国通货

D. 中央银行代表财政部购买黄金，增加黄金证券储备

6. 在下列针对中央银行负债的变动中，会使商业银行体系准备金增加的是（　　）。

A. 财政部在中央银行的存款增加

B. 其他国家在中央银行的存款增加

C. 流通中的通货减少

D. 其他负债增加

7. 下列中央银行的行为和服务中，体现其“银行的银行”职能的是（　　）。

A. 代理国库

B. 对政府提供信贷

C. 集中保管商业银行存款准备金

D. 发行货币

8. 中央银行在运用货币政策进行金融宏观调控时，主要是通过调控（　　）来影响社会经济生活的。

A. 货币需要　　B. 货币供给　　C. 国民生产总值　　D. 国内生产总值

9. 在中央银行可以运用的货币政策工具中，主动权完全由中央银行掌握的是（　　）。

A. 利率管制　　B. 存款准备金率　　C. 公开市场业务　　D. 再贴现率

二、多选题

1. 中央银行作为“银行的银行”，其职能具体表现在（　　）。

A. 集中存款准备金　　B. 最终的贷款人

C. 购买国家公债　　D. 组织全国的清算

2. 通常，法律规定，商业银行及有关金融机构必须向中央银行存入一部分存款准备金，其目的在于（　　）。

A. 保证存款机构的清偿能力

B. 保证存款机构的营利性

C. 保证国家的财政收入

D. 有利于中央银行调节信用规模和货币供应量

3. 中央银行的职责包括（　　）。

A. 发布与履行其职责有关的命令和规章

B. 依法制定和执行货币政策

C. 监督、管理黄金市场

D. 对银行业金融机构实行监督管理

4. 下列选项属于中央银行负债的有（　　）。

A. 外汇、黄金储备

B. 流通中的通货

C. 商业银行等金融机构的存款

D. 国库及公共机构的存款

三、简答题

1. 简述中央银行的性质与职能。

2. 简述我国中央银行的历史发展过程。

3. 简述我国中央银行的负债业务。

四、案例分析题

美国的支付清算系统是当今世界上非常先进的支付清算系统，由联邦资金转账系统、清算所同业支付系统和自动清算所系统组成。这一支付系统的完善是美国经济发展、金融业成长、法规建设、科技进步的综合成果。具体分析，当前美国支付清算系统具有以下特点：

（1）法律框架完备。美国对支付清算及相关活动的法律建设与管理非常重视，制约和规范各类支付活动的法律较多。例如：1913 年发布的《联邦储备法》赋予了美联储运行美国支付系统的权力；美联储还通过发布操作细则等措施对支付清算活动加以监督。

（2）支付系统众多、服务机制发达。在美国，能够提供支付服务的机构和组织非常多，有商业银行、储蓄信贷协会、信用联社、银行卡公司、清算协会以及非银行金融机构，如美国邮政局等。它们的服务水准高、手段高度现代化，各类经济交易的资金结算快捷便利。不论是个人消费还是公共费用的支付都高效、安全、迅速。

（3）支付工具多样化、高科技化。美国非现金结算体系十分发达，信用卡、各种票据，尤其是商业支票、政府支票、旅行支票、邮政汇票、个人支票在美国流通较广。近年来，电子钱包、电子现金、电子支票、电话银行、电视银行、在线银行也得到了广泛的使用，极大地便利了美国各阶层经济及其他往来所产生的货币所有权的转移。

（4）支付体系庞大健全。美国金融市场规模巨大，支付媒介众多，支付系统的构建很好地匹配了市场和交易的需求。支付体系包括大额支付系统、小额支付系统、证券结算系统等。这些系统涉及境内外众多的金融机构以及美国的货币市场、资本市场、外汇市场、金融衍生品市场，而这些市场与支付系统又产生了强烈的相互依赖性，纵横交错的各种支付系统都对当今世界美元资金的流动发挥着重要作用。

问题：通过本案例，思考我国进一步完善多币种（如人民币、港元等）支付清算系统、提高支付系统安全性的意义。

※ 实践参与

1. 网络搜索并了解中国银行保险监督管理委员会的职责，与中国人民银行的职责进行比较分析。

2. 画出中国人民银行的职能配置及机构设置框架图。

项目五

走进商业银行

学习目标

- 了解商业银行的产生与发展。
- 了解商业银行的性质与职能。
- 了解商业银行的类型与组织制度。
- 能列举商业银行的各类业务。
- 能区分商业银行各类业务的性质。
- 能分析商业银行“三性”原则之间的关系。
- 树立商业银行风险意识与主动合规管理意识。

价值塑造

作为市场经济的产物，商业银行是为适应市场经济发展和社会化大生产需要而形成的一种金融组织。经过几百年的发展，商业银行已经成为世界各国经济活动中最主要的资金集散机构。

根据辩证唯物主义的观点，我们要用发展的眼光看待商业银行的问题，保持理性思维，自觉维护社会和经济稳定，正确理解商业银行的各种政策方针。

任务一　了解商业银行

◆ 任务导入

我国的商业银行是干什么的？没有商业银行会怎么样？商业银行是国家机构吗？商业银行和政府的关系是怎样的？商业银行的职责是什么？相信这些问题也都是大家想知道的。恭喜你，你对商业银行的认识已经上升到理性认识阶段。要知道，人们认识事物的过程是从对事物生动直观的感性认识阶段上升到理性认识阶段的。理性认识是人们运用概念、判断、推理认识事物的本质及其规律。我们对任何事物的认识都要透过纷繁复杂的表象找到事物的本质规律，只有这样才能真正认识该事物，进而指导实践。

◆ 任务分析

1. 收集商业银行产生与发展的文字材料，了解什么是商业银行以及商业银行的发展演变过程。

2. 分组讨论商业银行的单位性质。

3. 我们身边的银行有哪些？我国商业银行的类型有哪些？我们应该去哪里查询商业银行的名单？

知识精讲

一、商业银行的产生与发展

“商业银行”是英文 Commercial Bank 的意译。在给商业银行下定义的问题上，中西方的认识不尽相同。通常我们理解为：商业银行是指以经营工商业存、放款为主要业务，并以获取利润为目的的货币经营企业。

商业银行在现代金融体系中处于核心地位，是现代金融服务的中坚力量。商业银行的产生和发展经历了一个漫长的过程。

（一）最早的银行业萌芽于货币经营业

早期银行的产生与国际贸易有着密切的关系。中世纪的欧洲地中海沿岸各国，商贸云集，市场繁荣。但由于当时社会的封建割据，货币制度混乱，各国商人所携带的铸币形状、成色、重量各不相同。商人们为了完成支付行为，必须进行货币兑换。于是一部分人从商人中分离出来专门从事货币兑换业务，从而出现了货币兑换业。

货币兑换商最初只是单纯办理货币兑换业务并收取手续费。随着商品经济的发展，货币收付的规模日益扩大，各地商人为了避免长途携带大量金属货币带来的不便和危险，便将用不完的货币委托货币兑换商保管，并委托他们代理支付和汇兑，货币兑换商从而成为商人之间的支付中介。

货币的兑换、保管和汇兑业务的发展，不仅给货币兑换商带来了大量的服务收入，而且使货币兑换商借此集中了大量的货币资金。当货币兑换商发现这些长期大量集存的货币资金相当稳定，可以用来放贷，获取高额利息收入时，货币兑换商便从原来被动地接受客户委托保管货币转变为积极主动揽取货币保管业务，并通过降低或不收取保管费，到后来还给委托保管货币的客户一定好处来增加货币余额，这时货币保管业务便演变成存款业务。此时的货币兑换商就演变成集存、贷款和汇兑支付、结算业务于一身的早期银行家。

从历史上看，早期的银行产生于意大利，之后普及到欧洲其他国家。中世纪，意大利的威尼斯和其他几个城市出现了从事存、贷款和汇兑业务的机构，但它们的大部分贷款是借给政府，并具有高利贷的性质。商人很难从它们那里获得贷款，即使取得一些贷款，也要支付高额利息而使自己的经营无利可图。为了摆脱高利贷的束缚，威尼斯和热那亚的商人曾经创设过信用合作社。16 世纪，西欧开始进入资本主义时期。1580 年，在当时的世界商业中心意大利建立的威尼斯银行成为最早出现的近代银行，也是历史上首先以“银行”为名的信用机构。此后，相继出现了 1609 年成立的阿姆斯特丹银行，1619 年成立的汉堡银行，1621 年成立的纽伦堡银行以及 1635 年成立的鹿特丹银行等。这些银行最初只是接受商人的存款并为他们办理转账结算，后来开始办理贷款业务，但它们经营的仍然是那些有高利可图的、以政府为对象的贷款业务，显然这仍不能满足资本主义工商企业发展的需要，因此客观上迫切需要建立能够服务、支持和推动资本主义扩大再生产的资本主义银行。

（二）现代资本主义银行的建立

现代资本主义银行基本上是通过两条途径建立起来的：（1）旧的高利贷性质的银行逐渐适应新的经济条件，演变为资本主义银行。（2）新兴的资产阶级根据资本主义经济发展的需要，按照资本主义原则，以股份制形式组建而成。股份制银行资本雄厚、规模大、利率低，逐渐发展成为资本主义银行的主要形式。世界上第一家股份制银行是 1694 年在英国建立的英格兰银行，它标志着现代银行的诞生。虽然英格兰银行后来由于职能的变化逐渐演变为英国的中央银行，但它为近代商业银行树立了榜样，揭开了银行发展史上的新篇章。

与早期银行相比，现代资本主义银行具有三个特点：（1）利率水平适当。现代资本主义银行的贷款利率低于平均利润率，从而推动了资本主义的扩大再生产。（2）业务范围拓展。早期银行只是简单的信用中介，从事传统的存款、贷款、结算等业务。而现代资本主义银行还从事发行银行券、代客办理信托、投资、信用证等业务，为客户提供多元服务。（3）具有存款货币创造功能。存款货币创造是现代资本主义银行最本质的特征。存款货币创造功能，是指在中央银行制度下，现代商业银行所具有的创造派生存款，用以扩大贷款和投资的能力。

随堂思考：存款货币是如何被“创造”出来的？

（三）商业银行的发展

1. 商业银行的发展途径

虽然各国商业银行的产生条件不同，称谓也不一致，但商业银行的发展基本上遵循两条途径。

（1）英国式融通短期资金发展途径。至今，英美国家商业银行的贷款仍以短期商业性贷款为主。这种业务方式的优点是银行能较好地保持清偿能力，经营的安全性较高；缺点是银行的业务发展受到限制。世界上许多国家，尤其是短期资本市场发达的国家，其商业银行的发展基本上都沿用英国式的发展道路，以提供短期资金融通业务为主。

（2）德国式综合性银行发展途径。按照这一传统发展的商业银行，除了提供短期商业性贷款外，还提供长期贷款，甚至直接投资于企业股票与债券，为公司包销证券，参与企业的决策与发展，并成为向企业并购提供财务支持和财务咨询的投资银行。至今，不仅德国、瑞士、奥地利等少数国家仍沿用这一传统，而且美国、日本等国的商业银行也开始向这种综合性银行发展。特别是在混业经营已成为金融业发展趋势的今天，越来越多国家的商业银行均朝着综合性银行方向发展。这种银行的优点是有利于银行全方位的业务经营活动，充分发挥商业银行在国民经济活动中的作用；缺点是会加大银行经营风险，对银行经营管理提出了更高的要求。

2. 商业银行的经营发展趋势

20 世纪 70 年代以来，国际金融业发生了重大变化，各国银行的经营范围、对象、方式和管理理论、方法不断发展和更新，银行资本的集中和银行垄断统治进一步加强，电子计算机及现代通信手段在银行业务中广泛应用，使银行的业务经营发生了一场深刻的技术革命，商业银行出现了新的发展趋势。这些新趋势主要包括以下几方面：

（1）金融业务全面化。20 世纪 70 年代中期以前，西方国家由于深受 1929—1933 年世界性大危机的影响，普遍推行严格的金融政策，商业银行与其他银行机构有着严格的界限。近几十年来，经济、金融的发展使得西方商业银行的业务已从专业化逐渐走向综合化、全面化。

（2）金融工具创新化。创新是应经营者欲使其利润最大化的要求产生的，经济环境的变化将刺激人们去寻求可能有利可图的创新。传统的金融结构仅仅为人们提供了很少的种类，严重地阻滞了社会资本从盈余方向亏缺方的流动，许多旧的经营方式不再有利可图，金融产品卖不出去。在此形势下，以减少或转移利率或汇率风险的新金融工具不断涌现，在国际金融市场上出现了一股金融工具创新的浪潮，以满足不同的需要。

（3）金融市场全球化。从 20 世纪 60 年代欧洲货币和欧洲债券市场的发展宣告真正的国际金融市场形成以来，随着银行和证券市场的不断国际化，金融市场已超越国界和时区的限制，向全球化方向发展。

（4）金融技术电子化。最近三十多年来，科学技术突飞猛进，出现了一批新的技术和新的产业。新技术的高速发展和广泛应用，将带来生产力的飞跃和产业结构的变化。商业银行只有实现金融技术电子化，才能满足新技术革命的需要，才能在竞争中取胜。自从1958年第一台电子计算机进入美国银行以后，西方商业银行以惊人的速度先后实现了银行经营管理和业务的电子化。

（5）金融资产证券化。金融资产证券化，是指商业银行的信用活动改变过去那种定期的固定债权、债务形式，而被可以在二级市场上流通转让的有价证券形式取代。广义的金融资产证券化意味着银行系统的非中介化。从资金需求者角度看，他们倾向于通过发行有价证券——债券、股票的方式，在证券市场上直接向公众筹集资金，资金供求双方直接融资成本低于向银行借取公众存款的间接融资方式。从资金供应者角度看，他们在购入债券、股票后，债权可以随时在二级市场上转让给其他投资者，更能满足筹资者与投资者的需求。随着金融资产证券化的发展，西方商业银行日益成为证券的主要发行者与购买者。

随堂思考：我国商业银行的发展趋势是什么样的？

二、商业银行的性质和职能

（一）商业银行的性质

商业银行是以获取利润为目标，以经营金融资产和负债为主要业务的综合性、多功能的金融企业。它在金融机构中经营范围最广、规模最大，地位也最重要。商业银行的基本性质也就是其经营的商业性，可以从以下几个层次来理解。

1. 商业银行是企业

商业银行具有企业的一般特征。如必须具备业务经营所需的自有资本，并达到管理部门所规定的最低资本要求；必须照章纳税；实行自主经营、自担风险、自负盈亏、自我约束；以获取利润为经营目的和发展动力。

随堂思考：企业可以破产，商业银行可以破产吗？我国有商业银行破产的吗？

2. 商业银行是特殊的企业——金融企业

商业银行的经营对象不是普通商品，而是货币、资金；商业银行业务活动的范围不是生产流通领域，而是货币信用领域；商业银行不是直接从事商品生产和流通的企业，而是为从事商品生产和流通的企业提供金融服务的企业。

3. 商业银行是特殊的金融企业

首先，商业银行作为特殊的金融企业，在经营性质和经营目标上与中央银行和政策性金融机构不同。商业银行以营利为目的，在经营过程中讲求营利性、安全性和流动性原则，不受政府行政干预。其次，商业银行与各类专业银行和非银行金融机构也不同。商业银行的业务范围广泛、功能齐全、综合性强，能够经营活期存款业务，可以借助支票及转账结算制度创造存款货币，具有信用创造的功能。

（二）商业银行的职能

商业银行业务的综合性、广泛性及它在金融体系中不可替代的主体地位，使其具备了其他金融机构不具备的职能。

1. 信用中介

信用中介是商业银行最基本、最能反映其经营活动特征的职能。这一职能的实质是通过银行的负债业务，把社会上的闲散资金集中到银行里来，再通过资产业务，把它投向经济各部门。商业银行是作为货币资本的贷出者与借入者的中介人或代表，来实现资本的融通，并从吸收资金的成本与发放贷款利息收入、投资收益的差额中获取利益，形成银行利润。商业银行成为买卖“资本商品”的“大商人”。商业银行通过信用中介的职能实现资本盈余和短缺之间的融通，并不改变货币资本的所有权，改变的只是货币资本的使用权。

随堂思考：银行发挥信用中介职能是否改变了货币资本的所有权？

2. 支付中介

商业银行除作为信用中介融通资本，还担负着货币经营的职能。存款通过在账户上的转移，代理客户支付；在存款的基础上，为客户兑付现款等，成为工商企业、团体和个人的货币保管者、出纳者和支付代理人。以商业银行为中心，经济过程中无始无终的支付链条和债权债务关系形成了。

3. 信用创造

商业银行在信用中介和支付中介的基础上，产生了信用创造职能。长期以来，商业银行是各种金融机构中唯一能吸收活期存款、开设支票存款账户的机构，在此基础上产生了转账和支票流通。商业银行通过自己的信贷活动创造和吸收活期存款，而活期存款是构成货币供给量的主要部分，因此商业银行就可以把自己的负债作为货币来流通，具有信用创造职能。

随堂思考：商业银行能无限制地创造信用吗？受哪些因素的制约？

4. 金融服务

随着经济的发展，工商企业的业务经营环境日益复杂，银行间的业务竞争也日益激烈。商业银行由于联系面广，信息比较灵通，特别是电子计算机在银行业务中的广泛应用，使其具备了为客户提供信息服务的条件，咨询服务、为企业提供“决策支援”等服务应运而生。工商企业生产和流通专业化的发展，又要求把许多原来属于企业自身的货币业务转交给银行代为办理，如发放工资、代理支付其他费用等。个人消费也由原来的单纯钱物交易发展为转账结算。

随堂思考：商业银行能为客户提供哪些金融服务？

5. 调节经济

调节经济职能是指商业银行通过其信用中介活动，调节社会各部门的资金余缺，同时在中央银行货币政策的指引下，在国家其他宏观政策的影响下，实现调节经济结构，调节投资与消费比例关系，引导资金流向，实现产业结构调整，发挥消费对生产的引导作用的功能。有时，商业银行还可以通过在国际市场上的融资活动来调节本国的国际收支变化。

三、商业银行的类型与组织制度

（一）商业银行的类型

从世界各国商业银行的发展历史来看，商业银行的类型基本分为两大主流模式，即职能分工型和全能型。

1. 职能分工型商业银行

职能分工型商业银行又称分离型商业银行。实施职能分工型模式最为典型的国家是美国和英国。商业银行除了经营传统的信贷业务、政府债券以及某些股票和债券，不得经营证券投资业务，或不能设立从事证券投资的子公司。

职能分工型商业银行的优点在于：能够有效降低银行经营活动中的各种金融风险，确保银行体系运行的安全性和稳定性；有利于金融市场的合理竞争，防范和避免市场操纵及内部交易行为的发生；有利于金融体系的专业化分工，在一定程度上可促进资源有效配置。

2. 全能型商业银行

全能型商业银行又称综合性商业银行。其基本特点是法律允许商业银行可以混业经营，即可以经营一切金融业务，没有职能分工的限制。这种类型的商业银行不仅可以经营工商企业存款、短期抵押放款、贴现、转账结算、汇兑、现金出纳等传统业务，而且可以涉及多种金融业务领域，如信托、租赁、代客买卖有价证券、代收账款、代客保管财产、咨询、现金管理等，因此被称为“金融百货公司”或“金融超级市场”。

（二）商业银行的组织制度

受国际、国内政治、经济、法律等多方面因素的影响，世界各国商业银行的组织制度主要有下述几种类型。

1. 单一银行制

单一银行制是指不设立分行，全部业务由各个相对独立的商业银行独自处理的一种银行组织形式，以美国最为典型。

这种银行组织制度的优点体现在：（1）可以限制银行业的兼并和垄断，有利于自由竞争。（2）有利于协调银行与地方政府的关系，使银行更好地为地区经济发展服务。（3）由于单一银行制富于独立性和自主性，因而其业务经营的灵活性较大。（4）管理层次少，中央银行的调控传导快，有利于实现中央银行的货币政策。

但这种制度本身也存在明显的缺陷：（1）实行单一银行制的银行规模较小，经营成本较高，难以取得规模效益。（2）单一银行制与经济的外向发展存在矛盾，人为地造成资本的迂回流动，削弱了自身的竞争力。（3）实行单一银行制的银行业务相对集中，风险较大。（4）随着电子计算机应用的普及，单一银行制限制银行业务发展和金融创新的弊端愈加明显。

2. 分支银行制

分支银行制又称总分行制。实行这一制度的商业银行可以在总行以外，普遍设立分支机构，分支银行的各项业务统一遵照总行的指示办理。分支银行制按管理方式不同又可进一步划分为总行制和总管理处制。总行制即总行除了领导和管理分支行以外，本身也对外营业；总管理处制即总行只负责管理和控制分支行，本身不对外营业，在总行所在地另设分支行或营业部开展业务活动。

分支银行制的优点十分明显：实行这一制度的商业银行规模巨大，分支机构众多，便于银行拓展业务范围，降低经营风险；在总行与分行之间，可以实行专业化分工，大幅度地提高银行工作效率，分支行之间的资金调拨也十分方便；易于采用先进的计算机设备，广泛开展金融服务，取得规模效益。

分支银行制的缺点体现在：容易加速垄断的形成，实行这一制度的银行规模大、内部层次多，从而增加了银行管理的难度。

但就总体而言，分支银行制更能适应现代化经济发展的需要，因而受到各国银行界的普遍认可，已成为当代商业银行的主要组织形式。

3. 集团银行制

集团银行制又称为持股公司制银行，是指由少数大企业或大财团设立控股公司，再由控股公司控制或收购若干商业银行的组织形式。银行控股公司分为两种类型：一种是非银行性控股公司，它是通过企业集团控制某一银行的主要股份组织起来的，该种类型的控股公司在持有一家银行股票的同时，还可以持有多家非银行企业的股票。另一种是银行性控股公司，是指大型银行直接控制一个控股公司，并持有若干小型银行的股份。

4. 连锁银行制

连锁银行制又称联合制，是指由某个人或某个集团购买若干银行的多数股票，从而控制这些银行的组织形式。这些银行的法律地位仍然是独立的，但实际上其业务和经营政策因控股而被某个人或某个集团控制。连锁银行制与集团银行制的区别在于：连锁银行制没有股权公司的存在形式，无须成立控股公司。

连锁银行制一般是围绕一个地区的大型银行组织起来的，几个银行的董事会由一批人组成，以这种组织中的大型银行为中心，形成集团内部的各种联合。

5. 跨国联合制

跨国联合制银行是指不同国家的几家商业银行互相联合，以各自拥有股权的方式建立的银行。其特点是不同国家的若干银行联合经营，按各自股份所占比例分配红利、承担风险，任何一家股东银行都不能拥有 50% 以上的股权。

跨国联合制银行的优点在于：能够弥补本国银行发展跨国业务时，在资金实力、知识技能、业务经验等方面的不足；可降低国内银行单独在国外特别是在大的国际金融中心城市设置分支机构的成本和费用；在国际银行业务领域的竞争中处于较为有利的地位。

随堂思考：中国工商银行、中国农业银行、中国建设银行、中国银行、交通银行这五家银行的组织制度分别是哪个类型的？请将每个类型的商业银行找出一家银行作为典型代表。

任务二　认识商业银行的主要业务

◆ 任务导入

作为经济中最重要的金融机构之一，商业银行经过了几百年的发展，对我们的经济活动起着重要的作用。随着信息技术的运用和网络的拓展，商业银行开始在保险、证券、租赁、信托等业务进行综合化经营，为客户提供综合化的金融服务，以满足客户的多样性需求。而这也从一个角度体现了我们党的奋斗目标是满足人民日益增长的美好生活需要。本任务就是带领大家认识商业银行主要有哪些业务。

◆ 任务分析

1. 分组讨论商业银行各类业务的特点。

2. 以下哪些业务由商业银行支付利息、收取利息、收取手续费？

a. 存款业务、b. 借款业务、c. 贷款业务、d. 结算业务、e. 代理业务、f. 代收代付业务、g. 信用证业务、h. 银行承兑汇票业务。

知识精讲

一、负债业务

负债业务是商业银行资金来源的业务，是商业银行最基本和最主要的业务。商业银行全部资金来源中的 90% 以上来自负债业务。商业银行的负债业务主要由自有资本、存款和借款构成，其中存款和借款属于吸收的外来资金。

（一）自有资本

自有资本是商业银行自身所拥有的资金，是商业银行所有者的权益，是商业银行经营各项业务活动的本钱，一般只占银行负债的一小部分。自有资本的数量虽少，但体现着银行的实力。

1. 自有资本的种类

自有资本主要包括股本金、留存盈余、债务资本、储备金。

（1）股本金。股本金是银行资本中最基本、最稳定的部分，包括普通股和优先股。普通股是银行资本的核心部分，它不仅代表对银行的所有权，而且具有永久性。投资者一旦以普通股的形式将资金投入商业银行并注册登记，就不能从商业银行中抽回或者要求偿还，除非商业银行因规模缩小而进行减少资本金的法律登记或是银行解散、破产。优先股兼有普通股与证券的特点。一般而言，银行优先股持有人按固定利率取得利息，对银行清算的剩余资产分配权优于普通股股东，但不拥有对银行经营的管理权。

（2）留存盈余。留存盈余是指从商业银行的税后利润中扣除优先股股息、普通股股息之后的余额，因而，留存盈余是商业银行普通股股东权益的重要组成部分。商业银行在进行年终结算时，一般不会把全部利润作为投资收益分给股东，总是会留下一部分作为留存盈余，用于商业银行扩大经营、增强流动性、偿还债款，或者为营业中可能发生的损失预先做准备等。因此，商业银行的留存盈余实际上是由每年未分配利润积累而成的，是其进行资本内部筹集最便捷的方式。

商业银行通过增加留存盈余可以非常方便地增加资本总量，只需进行会计上的处理即可，因而比其他一切资本筹集方式都要容易。同时，这种方法不仅有益于银行未来的发展，而且不会削弱银行原有股东的控制权。由于收取股息要缴纳所得税，因此，将盈余以留存盈余的形式留在银行中，可使股东免交所得税。不过，通过留存盈余来增加资本毕竟是有限的，因为留存盈余的金额往往不能满足商业银行对资本增加的需要。同时，进行利润留存还涉及银行股东利益和管理人员利益、短期利益与长期利益的平衡与选择的问题。

（3）债务资本。债务资本是 20 世纪 70 年代起被西方发达国家的银行广泛使用的一种外源资本。按照《巴塞尔协议》的要求，这类资本被列为补充资本。债务资本所有者的求偿权排在各类银行存款所有者之后，并且其原始加权平均到期期限较长。债务资本主要有资本票据和资本债券两类。

随堂思考：《巴塞尔协议》关于银行资本构成的规定是什么？

（4）储备金。储备金是为了防止意外损失而从收益中提留的资金，包括资本准备金和放款与证券投资损失准备金。储备金在应对因优先股赎回等造成的股权资本减少或因贷款坏账损失等资产损失方面起到重要作用。但储备金在银行资本中所占的比重不会太大，银行收益规模、股利政策及金融管理部门的管制均会对这类资本进行约束，因此银行不能大量筹集该类资本。

2. 自有资本的作用

（1）自有资本是银行存在的先决条件。首先，一个银行要想从事经营活动，必须具备一定的物质条件，如营业场所、各种办公设备等。所以，银行在开业之前必须有足够的资本，为银行的正式开业做好物质条件准备。其次，银行业务能否顺利开展，银行危机是否发生或恶化，根本上取决于社会公众对银行的信心。良好的银行信誉是维持公众信心的主要基础，而充足的资本又是树立银行声誉的基本物质条件。

（2）填补日常周转中偶发性的资金短缺，保证银行从事正常的经营活动。在银行的负债结构中，存款所占的比重是相当大的，约占负债总额的 70%。如果由于不可避免的偶发性事件发生，存款人纷纷挤兑存款，就会使银行陷入支付不足、资金短缺的困境。银行一般会以自有资本填补，保证银行经营正常运行。

（3）补偿意外损失，保护存款者和债权人的利益。贷款坏账、经营亏损和其他重大事故造成银行资产的损失，是可能经常发生的。一旦发生，首先要用日常收益抵补；如果不够，则用自有资本补偿。如果自有资本也不够补偿，或因别的原因而宣告银行破产时，自有资本就可用来对存款人和债权人提供一定的弥补。

（4）自有资本是金融管理部门实施控制的工具。由于银行经营活动直接关系到广大人民的利益和各行业的经营运转，因此各国对金融机构实施较为严格的管理控制，限制盲目竞争，保持一定的垄断局面，以维护社会的金融安定。

（二）存款

存款是商业银行最主要的资金来源，一般占资金来源的 70% 以上，因此吸收存款成为商业银行最主要的负债业务。根据不同的标准，存款可以划分为不同的种类。通常，商业银行的存款按其性质和支取方式可分为活期存款、定期存款和储蓄存款三种类型。

（三）借款

借款是商业银行持久性增加资金来源的一种手段。商业银行的借入资金主要包括中央银行借款、银行同业借款、国际货币市场借款、发行金融债券等。

1. 中央银行借款

商业银行资金不足时，可以向中央银行借款。一般来说，商业银行向中央银行借款主要的、直接的目的在于缓解资金暂时不足，而非用于谋利。向中央银行借款主要有以下两种方式：

（1）再贴现，即中央银行通过买进商业银行持有的已贴现但尚未到期的商业汇票，向商业银行提供融资支持的行为。

（2）再贷款，即商业银行以本票或以政府债券等作抵押向中央银行取得贷款的行为。

申请再贷款在操作上比再贴现简便灵活，但中央银行对再贷款的限制比再贴现严格。商业银行申请再贷款必须向中央银行说明借款用途，提供财务报表以及其他反映银行经营状况的资料，经中央银行严格审查后，才能取得贷款。

2. 银行同业借款

银行同业借款主要包括下列几种类型：

（1）同业拆借。同业拆借是商业银行之间短期资金融通活动。商业银行在每天营业终了或在票据交换结束时，总会出现有的银行头寸不足、有的银行头寸多余的情况。为了实现资金平衡、保持资金正常周转，头寸不足的银行就需要从头寸多余的银行临时拆入资金轧平头寸并支付利息；而头寸多余的银行也愿意将暂时盈余的资金拆出以取得利息，这样就发生了银行同业拆借活动。同业拆借具有周期短、数额大、利率适中等特点。目前，许多大银行都把拆入资金作为一项经常性的资金来源。

（2）抵押、质押贷款。商业银行在资金紧张、周转不畅的情况下，可通过抵押、质押的方式从其他金融机构取得资金。作为抵押、质押的资产大部分是客户的担保资产。

随堂思考：抵押与质押的区别与联系是什么？

（3）转贴现贷款。当银行资金周转困难时，可将办理贴现买进的未到期票据交给其他商业银行或贴现机构，要求给予转贴现以获得资金。

3. 国际货币市场借款

除了在本国货币市场上取得借款，商业银行还可以从国际金融市场筹资来补充银行资金的不足，最典型的就是欧洲货币市场借款。欧洲货币市场是一个不受任何国家管制与纳税限制、完全自由开放的市场，借款银行凭借其在国际金融市场中的资信取得借款。短期借款一般不签订协议，无须提供担保品。借款利率有的固定，有的浮动。浮动利率主要由交易双方根据伦敦同业拆借利率具体商定。因此，欧洲货币市场借款对各国商业银行有很强的吸引力，成为银行在国际市场融资的重要渠道。

4. 发行金融债券

发行金融债券是指商业银行经批准，通过向社会公众推销债务凭证的方式筹集资金的业务。它通常具有可及时、足额筹集资金且资金稳定程度高等特点。

随堂思考：中国人民银行能发行金融债券吗？为什么？

二、资产业务

商业银行的资产业务，是指商业银行将通过负债业务所聚集起来的货币资金加以运用的业务，包括现金资产业务、贷款业务和投资业务等。

（一）现金资产业务

现金资产是指银行持有的现金，也称为现金头寸。现金资产具有流动性强、安全性高、交易成本低的特点，是维护商业银行支付能力的第一道防线，也称一级准备。现金资产一般包括库存现金、中央银行存款、存放同业存款及在途资金。

1. 库存现金

库存现金是指商业银行保存在金库中的现钞（纸币）和硬币。商业银行经营必须以满足债权人的支付要求和银行其他的日常零星开支为前提条件。因此，商业银行需要经常保持一定数额的库存现金。由于库存现金是商业银行的非营利性资产，并且保存库存现金还需要花费大量的相关费用，因此，如果商业银行的库存现金太多，可以将其存放到中央银行的存款账户或是同业存款账户中，或者将其用于其他业务。

2. 中央银行存款

中央银行存款是指商业银行存放在中央银行的资金，即存款准备金。在中央银行的存款由两部分构成：一是法定存款准备金；二是超额准备金。

3. 存放同业存款

存放同业存款是指商业银行存放在代理行和相关银行的存款。其目的是满足同业之间的票据清算和代理收付以及委托代理行提供服务的需要。同业间开立的存款账户一般为活期账户，这部分款项是可以随时支用的，故视同现金资产。

4. 在途资金

在途资金也称为托收未达款或托收中的现金。商业银行在为客户办理票据支付清算过程中，会产生需要向其他付款银行托收但尚未收妥的款项，这是一笔他行占用的资金。在途资金时间较短，收妥后即成为存放同业存款。因此，托收中的现金是在银行之间票据支付清算过程中自然形成的，属于非营利性资产，银行一般将其视为现金资产。

随堂思考：商业银行的一级准备和二级准备分别指的是什么业务？其持有一级准备和二级准备的目的是什么？

（二）贷款业务

贷款是商业银行以一定的利率和约期归还为条件，将一定数量的货币资金提供给借款人使用的一种借贷行为。贷款是商业银行最主要的资产业务，是商业银行取得利润的主要途径，也是商业银行与客户保持良好关系的重要条件。商业银行贷款的种类繁多，主要有下述几种划分方法。

1. 按期限可分为活期贷款和定期贷款

活期贷款是指没有确立贷款期限，可随时收回（需提前通知借款人）或者借款人可随时偿还的贷款，此种贷款利率较低。定期贷款是具有明确期限的贷款，在到期前，银行一般不得要求偿还款项。

2. 按是否有担保可分为信用贷款、保证贷款和抵押贷款

信用贷款是指银行单纯以借款人的信誉发放的贷款，借款人不需要提供担保。其特征是借款人无须提供抵押品或第三方担保，仅凭自己的信誉就能取得贷款，并以借款人的信用作为还款保证。保证贷款是指当第三方承诺在借款人不能偿还贷款本息时，按规定承担连带责任而发放的贷款。抵押贷款是指借款人以一定的抵押品作为物品保证从银行取得的贷款。

3. 按偿还方式可分为一次性偿还贷款和分期偿还贷款

一次性偿还贷款是指借款人在贷款到期时一次性还清贷款的本息，一般适用于借款金额较小、借款期限较短的贷款。分期偿还贷款是指借款人按贷款协议的规定在还款期内分次偿还贷款，还款期结束，贷款全部还清。

4. 按受贷对象可分为工商业贷款、农业贷款、不动产贷款、消费贷款、证券贷款

工商业贷款是指商业银行对工商企业发放的贷款，主要满足工商企业短期资金周转需要、季节性资金需要、固定资产投资和基本建设需要。这种贷款在商业银行贷款业务中最普遍、数量最大。农业贷款是指商业银行对农业单位发放的贷款。短期农业贷款主要满足农业单位购买种子、化肥、农药等资金需要；长期农业贷款主要满足土壤改良、植树造林等资金需要。不动产贷款是指对经营性单位的土地开发、住宅建设、大型设施购置等项目发放的贷款。这类贷款收益高、期限长、风险大，要求专业管理水平较高，一般都由专业银行开展，商业银行的此类业务很少。消费贷款是指商业银行向消费者个人或家庭发放的用以购买高档消费品或解决其他消费支出不足的贷款。消费贷款按借款对象的不同，可以划分为直接消费贷款和间接消费贷款。直接消费贷款是指银行直接发放给居民个人的消费贷款。间接消费贷款是指银行先向商业企业提供贷款，再由商业企业向消费者个人或家庭提供类似贷款的消费方式，如分期付款等。证券贷款是指商业银行对证券自营商、经纪人、投资银行和证券公司等发放的短期贷款。

5. 按贷款方式可分为票据贴现和透支贷款

（1）票据贴现。贴现是指银行承兑汇票的持票人在汇票到期日前，为了取得资金，贴付一定利息，将票据权利转让给银行的票据行为，是银行向持票人融通资金的一种方式。在西方商业银行开始发展的阶段，贴现是最重要的资产业务，现在贴现在资产业务中仍占相当大的比重。票据贴现业务办理的具体程序是：银行根据票面金额及既定贴现率，计算出从贴现日起到票据到期日止这段时间的贴现利息，并从票面金额中扣除，将余额部分支付给客户。票据到期时，银行持票据向票据上载明的支付人索取票面金额的款项。未到期票据贴现付款额的计算公式是：

$$贴现付款额 = 票据面额 \times \left(1 - 年贴现率 \times \frac{未到期天数}{360}\right)$$

例如：某银行以年贴现率 10% 为客户的一张面额为 10 万元、36 天后才到期的票据办理贴现。依据上述公式应付给客户 99 000 元，即从票面额中扣除 1 000 元作为贴现利息。当然银行只有在这张票据到期时，才能从收到的 10 万元款项中真正获得这笔利息。

对银行来说，贴现银行可获得如下利益：利息收益较多，资金收回较快，资金收回较安全等。对于贴现企业来说，通过贴现可取得短期融通资金。

（2）透支贷款。透支贷款是指银行与客户签订透支合同，允许客户在合同规定的期限和范围内，超过其活期存款账户余额进行支付并随时偿还的贷款。

（三）投资业务

投资业务是指商业银行购买有价证券的业务活动。商业银行投资购买的有价证券主要包括国库券、政府公债、公司债券和股票，但对股票投资，很多国家加以限制或完全禁止。

商业银行进行证券投资的主要目的是增加其资产的流动性，同时获得收益。当贷款需求不足或收益降低、风险较大时，商业银行就把一部分资金转移到证券投资上，以维持其利润水平。这种业务可以使商业银行资产组合多样化，有利于降低经营风险。

目前，国际上很多商业银行的证券投资业务在资产业务中所占比重有日益增加的趋势，证券投资被视为商业银行利润增长的新起点。这与传统贷款业务的获利空间逐渐减小、风险逐渐增加有关。但是，近几年来，有很多大型甚至是著名的商业银行纷纷倒闭，其中很重要的因素就是证券投资业务过大或投资失利。因此，投资业务与贷款业务在资产运用中所占比重究竟应该如何分配、比例如何确定，是现代商业银行在经营管理中必须考虑和探讨的重要问题。

三、中间业务

中间业务是指商业银行无须用自己的资金，代替客户承办支付和其他委托事项而收取手续费的业务。传统的中间业务主要有汇兑业务、信用证业务、代收业务、同业往来、结算业务、代客买卖业务、信托业务和租赁业务。

（一）汇兑业务

汇兑业务是银行代理客户把现款汇给异地收款人的业务。商业银行在开展这种业务时，使用特殊的汇兑凭证，如银行支票、银行汇票、电信支付委托书。这些凭证都是承汇银行向另一家银行或分支行发出的命令，命令后者向第三者支付一定数量的款项。依据汇出行将付款命令通知汇入行的方式不同，汇总业务可分为电汇、信汇和票汇三种形式。在当今银行业务广泛使用电子技术的情况下，除小额款项仍有使用电汇、信汇或票汇形式的必要外，大笔资金基本都是通过电子资金调拨系统处理。汇兑业务使商业银行不仅可以获得手续费收入，同时可以占用客户一部分资金。

（二）信用证业务

信用证业务是由银行保证付款的业务，可以解决买卖双方互不信任的矛盾。信用证可以分为商品信用证和货币信用证两种。商品信用证是银行应买方的要求，开给卖方的一种保证付款的凭证。银行在开出信用证时，通常在信用证上开列买方购货所规定的条件，如货物的规格、数量等。卖方只要按所列条件发货，并把有关凭证寄交发证银行审查后，就有权凭信用证要求银行付款。这种业务在异地采购，尤其在国际贸易中，使用非常广泛。货币信用证是银行收取客户的一定款项后，开给客户保证在异地银行兑取相应现款的一种凭证。银行经营信用证业务，可以从中收取手续费，并可以占用一部分客户资金。信用证还可以分为可撤销信用证（发证行可宣布无效）和不可撤销信用证、保兑信用证（有银行担保的）和不保兑信用证、循环信用证（按信用证款项支用情况，定期恢复到原来额度）和可转让信用证。这些信用证的分类都是为商品信用证和货币信用证服务的。

随堂思考：对于商业银行来说，办理信用证业务的优缺点是什么？

（三）代收业务

代收业务是指银行接受客户的委托，代替客户根据各种凭证收取款项的业务。代收业务的主要凭证有支票、有价证券、商品凭证、外汇和其他票据。支票代收业务是客户收到其他银行的支票，委托自己的开户银行代为收款的业务。有价证券代收业务是客户把有价证券交给银行，委托银行代收利息和股息等的业务。商品凭证代收业务是卖方向买方发货以后，把有关发货的商品凭证交给银行，委托银行代收款项的业务。

（四）同业往来

同业往来是指银行之间在进行各种业务处理时建立的往来关系。办理汇兑、信用证、代收等业务，需要在不同地区的两家或两家以上的银行进行。这些银行之间如果没有隶属关系，就需要事先订立契约，并建立往来账户，通过这种账户办理相互委托的收付事项。

银行由此发生债权债务关系，债权债务抵消后会有一定的差额。如果某银行这种差额表现为负债，就占用了对方银行的资金，形成该银行的资金来源。

（五）结算业务

结算业务是银行应客户要求为其通过各种银行票据所引起的货币收付行为进行清算，主要是银行支票、银行汇票等的结算。这是银行中间业务中最频繁、数量最大的业务。结算方式依地域范围不同分为同城结算和异地结算。

（六）代客买卖业务

代客买卖业务是指银行接受客户的委托，代为买卖有价证券、贵金属和外汇的业务。例如：银行在代理国家发行公债或代理企业发行股票和债券时，可以获得一定比例的手续费。这种收入往往是非常可观的。近年来，商业银行中间业务中的代客买卖业务有与其资产业务中的投资业务相结合的趋势，即在代理客户发行某种证券的同时，先以投资业务按一定折扣买入证券，然后再陆续卖出，这样，商业银行不仅可以获得代理手续费收入，还可以获得差价收入。在现代商品经济中，金融市场越来越发达，证券发行和交易的规模越来越大、越来越专业化，因此，商业银行的代客买卖业务日益扩大，其业务收入在中间业务中所占比重日益提高，成为现代商业银行比较重要的利润来源。

（七）信托业务

信托业务是指银行受客户的委托代为管理、经营、处理有关资产的业务。信托业务的主要特点是繁杂、具体，一般都由商业银行设立专业信托投资公司办理或在商业银行内部设立专业部门操作。

（八）租赁业务

租赁业务是银行先行垫付资金购买大型资本设备，然后通过所属的专业机构将该设备出租给企业使用，以租金形式收回投资的业务。租赁业务专业化水平较高，一般都由银行设立的专业租赁公司管理并操作。

四、表外业务

（一）表外业务的含义与特点

1. 表外业务的含义

表外业务是指资产负债表以外的业务，即由商业银行从事的不列入资产负债表内且不影响银行资产与负债总额的经营活动。在银行表外业务中，银行对客户做出某种承诺，或者使客户获得对银行的或有债权，而当约定的或有事件发生时，银行承担提供贷款或支付款项的法律责任，银行为此收取手续费。

2. 表外业务的特点

（1）从经济学的角度看，表外业务是一种影响将来而非现在的或有资产和负债，它们直接作用于金融机构未来的获利能力和偿付能力，因此对金融机构来说，对表外业务的有效管理是控制风险的重要组成部分。

（2）从定价的角度看，表外资产和负债能够潜在地产生未来正的或负的现金流量，因此，对金融机构资本或净资产的真实估价，通过平衡表不仅能反映出表内资产和负债市场价值的差异，还能反映出表外资产或负债的市场价值差异。

（3）从会计账户看，表外业务通常出现在底线下面，作为报表的注脚。

（二）表外业务的种类

商业银行的表外业务是正在发展中的业务，新的业务不断产生，原有的业务也在不断地演变。一般把表外业务分为四类，即贸易融通类业务、金融保证类业务、衍生产品类业务、银行个人理财业务。

1. 贸易融通类业务

贸易融通类业务主要有商业信用证业务和银行承兑汇票业务。

（1）商业信用证业务。进出口业务中最常用的结算方式为跟单信用证，它是银行（开证行）根据客户（进口商）的请求，对受益人（出口商）发出的、授权出口商签发以银行或进口商为付款人的汇票，并保证交来符合条款规定的承兑或付款的保证文件。

（2）银行承兑汇票业务。银行承兑汇票业务是可转让的远期汇票，在国内及国际贸易中经常被使用。在买卖双方进行商品交易时，如果卖方对买方的偿付能力存有疑虑，卖方可以要求买方的开户银行对买方所出具的汇票进行承兑，这种经过银行承兑的汇票即银行承兑汇票。承兑以后，银行负有不可推卸的到期付款的责任。

2. 金融保证类业务

金融保证类业务主要包括备用信用证（SLC）、贷款承诺、票据发行便利（NIF）、保函以及贷款销售等业务。

（1）备用信用证（SLC）业务。备用信用证是银行为其客户开出的保证书。银行通过开立备用信用证向受益人做出承诺，如果客户未能按照协议偿付或履行其他义务，开证行有责任按照信用证中的条款代替其客户向受益人进行偿付，银行支付的款项变为银行对客户的贷款。

备用信用证实际上是提高客户信誉的一种方法，在这种业务中，银行不是把自己的资金借给客户，而是把自己的信誉贷给客户，银行为此收取手续费。一般使用信用证的目的是进行金融保证和履约保证，如支持商业票据的发行、保证工程建设的质量和进度，近年来它还被用于合并或收购业务中。

（2）贷款承诺业务。贷款承诺是银行对客户的许诺，即银行的客户可以在未来一定时期内，根据一定的条件（如期限、利率、金额等）随时从银行获得贷款。银行与客户的协议可以是正式的，也可以是非正式的。值得注意的是，一些贷款承诺的协议对双方不具备法律约束力。通过贷款承诺，客户从银行获得了将来借入资金的允诺，银行根据承诺金额按特定比例向客户收取承诺费用，即使客户最终没有要求放款，承诺费用也照收。

（3）票据发行便利（NIF）业务。票据发行便利是指银行与客户之间中期（3～7年）的循环融资保证协议。在该期限内，银行保证客户（借款人）可以以不高于预定的利率出售短期可流通的本票，筹集所需资金。如果客户的票据未能在市场上全部售出，银行将购入未售出的部分，或以贷款方式予以融通。票据发行便利使借款人得到了直接从货币市场上筹集低成本资金的保证，并能按短期利率获得往来银行长期贷款的承诺，银行不仅可以收取手续费，而且可以维持与客户的良好关系。在该业务中，银行实际上充当了包销商的角色，从而产生了或有负债。

（4）保函业务。保函业务是一种比较简单的担保业务，银行为客户的融资或其他活动出具保函，提供信用担保并收取担保费，一旦客户到期不能履约支付，银行负连带支付责任。

（5）贷款销售业务。贷款销售或称贷款证券化，是指银行将已经发放的贷款以证券的方式转售给第三方，以提高资产的流动性，银行也可为售出后贷款提供收取本息的服务。

3. 衍生产品类业务

衍生产品类业务是指自20世纪80年代以来运用最新的计算机技术和各种风险对冲的技巧创新的一系列化解、防范利率风险和汇率风险的衍生金融工具，主要有金融期货、期权、互换和远期协议等。

4. 银行个人理财业务

银行个人理财业务是指商业银行在对潜在目标客户群分析研究的基础上，针对特定目标客户群开发设计并销售的资金投资和管理计划。在理财产品这种投资方式中，银行只是接受客户的授权管理资金，投资收益与风险由客户或客户与银行按照约定方式承担。商业银行个人理财业务按照管理运作方式的不同，分为理财顾问服务和综合理财服务。我们一般所说的“银行理财产品”，其实是指其中的综合理财服务。

任务三 了解商业银行的经营管理

◆ 任务导入

通过前面的学习，我们已经知道商业银行是以营利为目的，提供多种金融服务的特殊的金融企业，是符合《中华人民共和国商业银行法》和《中华人民共和国公司法》要求而成立的企业。与一般企业一样，商业银行也可能会因经营不善而破产倒闭。因此，我们要认识到安全性是商业银行的首要考虑目标，是国家对商业银行的社会责任要求。商业银行安全性经营原则要求通盘考虑各种情况，不能忽略极端事件发生的概率，要有“金融无小事”的经营理念。

◆ 任务分析

1. 分组讨论商业银行的经营特点。
2. 分组讨论商业银行经营原则及其之间的关系。

知识精讲

一、商业银行经营的特点

（一）高负债率

商业银行经营的是特殊的货币商品，它主要从事信用业务。一方面，商业银行借入资金的 80%～90% 来源于社会公众和工商企业的存款；另一方面，它又把大部分借入资金贷给公众和工商企业，从而使自己成为全社会最大的债务人和最大的债权人。因此，高负债率是商业银行一个突出的经营特点。商业银行高负债率经营是建立在社会公众对银行信任的基础之上的，如果社会公众对银行的信心发生动摇，就可能发生挤兑存款的现象，危及银行的生存和发展。所以，高负债率经营使银行显得十分脆弱，它要求银行确立不同于一般企业的正确的经营原则。

（二）高风险性

商业银行是一个高风险行业，除了前面所述的银行因信用危机而可能发生的挤兑风险外，它还面临着发放出去的贷款可能收不回来的信贷风险，由于市场利率、汇率变化带来的市场风险，以及由于银行从业人员水平不高、业务操作不当带来的操作性风险等。高风险的存在使得银行的经营管理比一般企业更复杂，要求银行兼顾多方面的利益关系，确立不同于一般企业的经营原则。

（三）监督管制的严格性

由于商业银行的经营具有高负债率、高风险性的特点，商业银行的业务活动与社会公众的利益息息相关，它在社会经济活动中具有特别重要的地位，因此各国政府对商业银行都实行严格的管制。例如：规定银行的开业资格、限制银行的业务活动领域、限制银行利率等。随着金融自由化程度的加深，美、英等发达国家已逐步取消了一些对银行业经营的限制条款，但这并不意味着这些国家放松了对银行业的限制，而只是将监管重心转移了。商业银行业仍然是受政府管制最严格的行业之一。

二、商业银行经营管理的原则

在长期的经营实践中，商业银行的管理者们形成了三条基本的银行管理原则，即营利性原则、流动性原则和安全性原则，简称“三性”原则。

（一）营利性原则

营利性原则是指商业银行作为一个经营企业，追求最大限度的营利。营利性既是评价商业银行经营水平的核心指标，也是商业银行最终效益的体现。影响商业银行营利性指标的因素主要有存贷款规模、资产结构、自有资金比例、资金自给率水平、资金管理体制和经营效率等。坚持贯彻营利性原则对商业银行的业务经营有着十分重要的意义。

第一，只有保持理想的营利水平，商业银行才能充实资本并扩大经营规模，并以此增强银行经营实力，提高银行的竞争能力。

第二，只有保持理想的营利水平，才能增强银行的信誉。银行有理想的营利水平，说明银行经营管理有方，可以提高客户对银行的信任度，以吸收更多的存款，增加资金来源，抵御一定的经营风险。

第三，只有保持理想的营利水平，才能保持和提高商业银行的竞争能力。当今的竞争是人才的竞争。只有营利不断增加，银行才有条件利用高薪和优厚的福利待遇吸引更多的优秀人才。同时，只有保持较高的营利水平，银行才有能力经常性地进行技术改造、更新设备，努力提高工作效率，增强其竞争能力。

第四，银行保持理想的营利水平，不仅有利于银行本身的发展，还有利于银行宏观经济活动的进行。因为，商业银行旨在提高营利的各项措施，最终会反映到宏观的经济规模和速度、经济结构以及经济效益上，还会反映到市场利率总水平和物价总水平上。

（二）流动性原则

流动性原则是指商业银行能够保持随时应付客户提现和满足客户借贷的能力。流动性在这里有两层意思，即资产的流动性和负债的流动性。资产的流动性是指银行资产在不受损失的前提下随时变现的能力；负债的流动性是指银行能经常以合理的成本吸收各种存款和其他所需资金。一般情况下，我们所说的流动性是指前者，即资产的变现能力。银行要满足客户提取存款等方面的要求，在安排资金运用时，一方面要求资产具有较高的流动性；另一方面必须力求使负债业务结构合理，并保持较强的融资能力。

影响商业银行流动性的主要因素有客户的平均存款规模、资金的自给水平、清算资金的变化规律、贷款经营方针、银行资产质量以及资金管理体制等。流动性是实现安全性和营利性的重要保证。

随堂思考：中国银行保险监督管理委员会发布的《商业银行流动性风险管理办法》中关于商业银行流动性风险管理的内容有哪些？

（三）安全性原则

安全性原则是指银行的资产、收益、信誉以及所有经营和发展的条件免遭损失的可靠程度。安全性的反面就是风险性，商业银行经营管理的安全性原则就是尽可能避免和减少风险。影响商业银行安全性原则的主要因素有客户的平均贷款规模、贷款的平均期限、贷款方式、贷款对象的行业和地区分布以及贷款管理体制等。商业银行坚持安全性原则的主要意义在于：

第一，风险是商业银行面临的永恒课题。银行业的经营活动可归纳为两个方面：一是对银行的债权人要按期还本付息；二是要求银行的债务人按期还本付息。这种信用活动的可靠程度是银行经营活动的关键。在银行经营活动中，存在的多种风险，如信用风险、市场风险、政治风险等，这些风险直接影响银行本息的按时收回，必然会削弱甚至使银行丧失清偿能力，危及银行自身的安全。所以，银行管理者在风险问题上必须严格遵循安全性原则，尽力避免风险、减少风险和分散风险。

第二，商业银行的资本结构决定其存在潜伏的危机。与一般工商企业经营不同，商业银行自有资本所占比重很小，远远不能满足资金的运用要求。它主要依靠吸收客户存款或对外借款进行经营活动。商业银行这样的资本结构决定了其若经营不善或发生亏损，就要利用自有资本来弥补，倒闭的可能性是随时存在的。

第三，坚持稳定经营方针是商业银行开展业务的需要。这有助于减少资产的损失，增强预期收益的可靠性。不顾一切地一味追求利润最大化，其效果往往适得其反。此外，只有坚持安全稳健经营原则的银行，才能在公众中树立良好的形象。因为一家银行能否立足于世的关键就是银行的信誉，而信誉主要来自银行的安全性，所以要维持公众的信心，稳定金融秩序，这有赖于银行的安全经营。

由此可见，安全性原则不仅是银行盈利的客观前提，也是银行生存和发展的基础；不仅是银行经营管理本身的要求，也是社会发展和安定的需要。

（四）商业银行“三性”原则之间的关系

一般认为，商业银行的“三性”原则既有相互统一的一面，又有相互矛盾的一面。

1. 统一的一面

流动性是商业银行正常经营的前提条件，是商业银行资产安全性的重要保证。安全性是商业银行稳健经营的重要原则，离开安全性，商业银行的营利性也就无从谈起。营利性原则是商业银行的最终目标，保持营利是维持商业银行流动性和保证安全性的重要基础。

2. 矛盾的一面

（1）商业银行的安全性与流动性之间是正相关关系。流动性较强的资产，风险就小，安全性也高。

（2）商业银行的营利性与安全性和流动性之间呈反方向变动。营利性较高的资产，由于时间一般较长，风险相对较高，因此流动性和安全性就比较差。

可见，“三性”都高的资产是很少的，银行经营管理的主要内容就是统筹兼顾、协调安排，寻求资产的安全性、流动性和营利性三者之间的最佳平衡。

※项目小结

商业银行是市场经济发展的产物。它由货币兑换业演变而来，由两条途径产生，历经几百年的发展和完善。商业银行是一个特殊的金融企业，作为现代经济的核心，具备信用中介、支付中介、信用创造、金融服务、调节经济等职能。商业银行从资金的吸收到运用，其业务大体上可以分为负债业务、资产业务、中间业务和表外业务四类。在长期的经营实践中，商业银行经营管理形成了三条基本原则，即营利性原则、流动性原则、安全性原则。三者之间既矛盾又统一，银行在经营管理中要统筹兼顾、协调安排，以实现三者的最佳组合。

※概念复习

贴现　信用中介　负债业务　资产业务　中间业务　表外业务　“三性”原则

※网站读物

中国银行保险监督管理委员会中商业银行机构名单信息、各家商业银行官网；《中华人民共和国商业银行法》。

※复习思考

一、单选题

1.（　　）是历史上第一家股份制银行，也是现代银行产生的象征。

A. 德意志银行　B. 法兰西银行　C. 英格兰银行　D. 日本银行

2.（　　）是中国自办的第一家银行，它的成立标志着中国现代银行事业的开始。

A. 中国通商银行　B. 中国交通银行

C. 户部银行　D. 中国实业银行

3.（　　）是商业银行最基本，也是最能反映其经营活动特征的职能。

A. 信用创造　B. 支付中介　C. 信用中介　D. 金融服务

4. 下列选项中，不属于商业银行现金资产的是（　　）。

A. 库存现金　B. 中央银行存款　C. 存放同业款项　D. 应付款项

5. 下列选项中，属于商业银行狭义的表外业务的是（　　）。

A. 信托业务　B. 融资租赁业务　C. 信用卡业务　D. 承兑业务

6. 信托与租赁属于商业银行的（　　）。

A. 资产业务　B. 负债业务　C. 中间业务　D. 表外业务

7. 下列选项中，属于商业银行传统业务的是（　　）。

A. 备用信用证　B. 信贷便利　C. 信用卡业务　D. 承兑业务

二、多选题

1. 商业银行资产负债表的资产方反映银行的资金运用，它的构成有（　　）。

A. 现金资产　B. 投资

C. 贷款　D. 资本

E. 其他资产

2. 商业银行资产负债表的负债方反映商业银行的资金来源，包括（　　）。

A. 股东权益　B. 投资

C. 借款及其他负债　D. 存款

E. 公积金

3. 银行的资产业务包括（　　）。

A. 贷款业务　B. 借款业务

C. 信托业务　D. 承兑业务

E. 证券业务

4. 可以归入商业银行中间业务的有（　　）。

A. 信贷业务　　B. 汇兑业务

C. 信用证业务　　D. 代收、代客买卖业务

E. 投资业务

三、简答题

1. 现代商业银行是怎样形成和发展的？
2. 如何理解商业银行的性质？
3. 商业银行的职能有哪些？
4. 商业银行的业务有哪些？
5. 如何理解商业银行经营管理原则之间的关系？应该如何兼顾？

四、案例分析题

案例一

李某于某年9月29日在某银行某储蓄所开户，取得一张银行卡并开始使用。

第二年3月7日上午，李某在储蓄所用银行卡在柜台取款2 000元。同日，该卡账户有6 000元被人分4次从储蓄所ATM上取走。

8日，该卡账户上的1 500元存款被人以转账形式转出至另一持卡人钟某的账户上，此款到账后即被取出。同日，该卡账户又被人分3次共取走现金4 500元，还被人从储蓄所的ATM上以转账的方式转出存款3.1万元至一名叫朱某的持卡人账户上，此款到账后即被取出。

14日，该市公安机关会同李某工作单位保卫部门找到李某，告知李某银行卡上的存款已被他人取走。李某多次找银行协商未果，遂向法院提起诉讼，要求银行赔偿其损失4.3万元。

问题：银行是否要赔偿李某的损失？

案例二

某年，张先生来到银行，要求将其已死亡配偶——储户李女士生前在银行开立的活期存款账户（有结算功能）中的2.8万元转账至自己名下的账户，并提取李女士活期存款账户中剩余的2万元现金。在整个业务办理过程中，张先生并未告知银行经办人员有关李女士已经死亡的事实，因其持有李女士的存折和密码，银行经办人员按张先生的要求为其办理了转账和现金支取业务。后由于李女士的母亲于某就女儿财产继承问题与张先生发生争执，于某进而认为银行擅自为张先生办理了对李女士存款的转账和支取业务，与张先生存在共同过错，遂将张先生与银行告上法庭。在本案的审理过程中，法院认为银行为张先生就李女士存款账户中的存款办理转账和支取业务没有违反现行法律，主观上不存在过错，因此，依法驳回于某对银行的诉讼请求。

本案的争议焦点在于：银行经办人在不知李女士死亡的情况下，能否凭存折和密码为张先生办理相关业务。

问题：（1）请查阅商业银行管理的相关规定，结合上述案例，说明银行应如何为张先

生办理转账和取款业务。你认为法院的判决是否合理?

（2）若在本案例中，张先生已告知银行柜员存款人死亡的事实，银行是否还能为其办理转账或取款业务?

※ 实践参与

1. 调查中国农业银行、中国银行、中国工商银行和中国建设银行的网上业务有哪些，各自有什么特色。

2. 画出我国商业银行类型的框架图（每种类型写出几家商业银行作为代表）。

3. 画出我国银行体系框架图。

项目六 认识其他金融机构

学习目标

- 了解保险机构、证券机构、信托机构等金融机构的基本概念。
- 理解保险的作用及基本原则。
- 了解证券机构的类型、业务及功能。
- 理解信托的职能及特点，了解信托的分类及业务。
- 了解政策性金融机构。
- 了解投资银行及融资租赁。
- 能运用保险的基本原则进行简单的案例分析。
- 能区分证券公司业务和信托公司业务的不同。
- 树立完善的金融机构范畴的理念。

价值塑造

目前，我国金融业已形成了覆盖银行、证券、保险、信托、基金、期货等领域，合理分工、种类齐全、相互补充、竞争充分的现代金融体系，为支持经济社会发展、深化改革和维护社会稳定发挥了重要作用。

回顾我国金融业由小到大、从弱到强的发展历程不难发现，改革创新是金融业突破难点问题、不断发展壮大的根本动力，充分体现了我们党和国家自我变革的能力和勇气。放眼未来，金融机构改革仍将继续。

任务一　走进保险机构

◆ 任务导入

作为现代经济的重要产业和风险管理的基本手段，保险是一个国家社会文明水平、经济发达程度、社会治理能力的重要标志。我国保险业历经40余年的发展，特别是党的十八大以来，市场主体不断丰富，市场规模显著扩容，发展水平持续提升。财产保险机构、人寿保险机构在保险公司以及保险中介机构等不断增强风险管理意识和风险抵御能力，为我们牢牢守住安全底线，筑牢基石。我们要正确认识保险，这样才能让我们的生活更美好。

◆ 任务分析

1. 列举你所了解的保险公司以及保险产品。
2. 我国保险公司的类型有哪些？名单信息到哪里查询？

知识精讲

一、保险公司的含义

保险公司是依照《中华人民共和国保险法》和《中华人民共和国公司法》设立的经营商业保险业务的金融机构，是专门从事经营商业保险业务的企业，应当经国务院保险监督管理机构批准。我国保险公司的组织形式包括股份有限公司和国有独资公司两种。

二、保险公司设立的条件

根据《中华人民共和国保险法》第六十八条规定，设立保险公司应当具备下列条件：

（1）主要股东具有持续盈利能力，信誉良好，最近三年内无重大违法违规记录，净资产不低于人民币二亿元；

（2）有符合本法和《中华人民共和国公司法》规定的章程；

（3）有符合本法规定的注册资本；

（4）有具备任职专业知识和业务工作经验的董事、监事和高级管理人员；

（5）有健全的组织机构和管理制度；

（6）有符合要求的营业场所和与经营业务有关的其他设施；

（7）法律、行政法规和国务院保险监督管理机构规定的其他条件。

三、保险的作用

（一）转移风险

买保险就是把自己的风险转移出去，而接受风险的机构就是保险公司。保险公司接受风险转移是因为可保风险是有规律可循的。保险公司通过研究风险的偶然性去寻找其必然性，掌握风险发生、发展的规律，为众多有危险顾虑的人提供保险保障。

（二）均摊损失

转移风险并非指灾害事故真正离开了投保人，而是保险人借助众人的财力，给遭灾受损的投保人补偿经济损失。自然灾害、意外事故造成的经济损失一般都是巨大的，是受灾个人难以应付和承受的。保险人以收取保险费用和支付赔款的形式，将少数人的巨额损失分散给众多被保险人，从而使个人难以承受的损失变成多数人可以承担的损失，这实际上是把损失均摊给有相同风险的投保人。所以，保险只有均摊损失的功能，而没有减少损失的功能。

（三）实施补偿

实施补偿要以双方当事人签订的合同为依据，其补偿的范围主要有以下几个方面：其一，投保人因灾害事故所遭受的财产损失；其二，投保人因灾害事故使自己遭受伤亡或保险期满应结付的保险金；其三，投保人因灾害事故依法对他人应付的经济赔偿；其四，投保人因另一方当事人不履行合同所蒙受的经济损失；其五，灾害事故发生后，投保人因施救保险标的所发生的一切费用。

（四）抵押贷款和投资收益

《中华人民共和国保险法》中明确规定“不丧失现金价值条款”，客户虽然与保险公司签订合同，但客户有权中止这个合同，并得到退保金额。保险合同中也规定客户资金紧缺时可申请退保金的 90% 作为贷款。

四、保险的基本原则

在国际上，保险的基本原则有保险利益原则、最大诚信原则、近因原则、补偿原则，以及由补偿原则派生出来的代位原则和分摊原则。

（一）保险利益原则

保险利益又称可保利益，指的是投保人或被保人对于保险标的具有法律上认可的、经济上的利害关系。如果没有这种关系，投保人或被保人对该保险标的就没有保险利益。保险利益原则是指保险合同的有效成立必须建立在投保人对保险标的具有法律上承认的保险利益的基础上。

随堂思考：根据保险利益原则，你可以给谁买人身保险？
A. 本人、配偶、子女、父母
B. 具有赡养和抚养关系的家庭成员
C. 与你有劳动关系、合伙关系、债权债务关系的人

（二）最大诚信原则

诚实守信是各国调整民事法律关系的基本准则之一。保险合同关系基本上属于一种民事行为（有的国家视为商事行为），合同双方应遵守诚信原则。最大诚信原则是指保险合同当事人订立合同及在合同有效期内，应依法向对方提供足以影响对方做出订约与履约决定的全部实质性重要事实，同时绝对信守合同订立的约定与承诺。否则，受到损害的一方，按民事立法规定可以此为由宣布合同无效，或解除合同，或不履行合同约定的义务或责任，甚至对因此受到的损害还可以要求对方予以赔偿。

随堂思考：生病后买保险、想自杀买保险，都是违背了最大诚信原则。最大诚信原则的表现有哪些？

（三）近因原则

近因原则是《中华人民共和国保险法》规定的基本原则之一，其含义为只有在导致保险事故的近因在保险责任范围内时，保险人才应承担保险责任。保险关系上的近因并非是指时间上或空间上与损失最接近的原因，而是指造成损失的最直接、最有效的起主导作用或支配性作用的原因，即危险事故的发生与损失结果的形成须有直接的因果关系，保险人才对发生的损失具有补偿责任。

随堂思考：雷击折断大树，大树压垮房屋，房屋倒塌致使家用电器损毁。家用电器损毁的近因是什么？雷击，折断的大树，房屋倒塌？

（四）补偿原则

补偿原则是指在财产保险中被保险人与保险人签订保险合同，将特定的风险转由保险人承担。当保险标的发生了承保责任范围内的损失时，保险人应当按照保险合同条款的规定履行全部赔偿责任。但保险人的赔偿金额不得超过保险单上的保险金额或被保险人遭受的实际损失，即不能超过被保险人对保险标的所具有的保险利益。保险人的赔偿不应使被保险人因此而获得额外利益。

（五）代位原则

保险中的代位原则是指在财产保险人赔偿被保险人以后，第三人对保险事故的发生或保险标的的损失负有责任的，保险人有权在保险赔偿范围内向第三人追偿，被保险人应将保险标的的有关权利转让给保险人，使保险人获得代位求偿权。应注意，代位原则不适用于人寿保险。

（六）分摊原则

若投保人向两个或两个以上的保险人就同一保险标的的同一保险利益投保同一危险的保险，则当保险事故发生时，被保险人获得的保险赔偿不能超过其实际损失，并应由有关保险人分摊其损失。这就是国际上通行的保险的分摊原则。分摊原则使得赔偿以公平的方式在保险人之间分摊。

五、保险业务

（一）人身保险的主要业务

1. 人寿保险

人寿保险是以被保险人的生命为保险标的，以生、死为保险事故的一种人身保险。当满足发生保险合同约定的事故或合同约定的条件时，保险人对被保险人履行给付保险金的责任。人寿保险包括以下几种：

（1）定期人寿保险。定期人寿保险是指被保险人在保单规定的期间死亡，身故受益人有权领取保险金，如果在保险期间被保险人未死亡，保险人无须支付保险金，也不返还保险费，简称定期寿险。该保险大都是为被保险人在短期内从事较危险的工作提供保障。

（2）终身人寿保险。终身人寿保险是一种不定期的死亡保险，简称终身寿险。保险责任从保险合同生效后一直到被保险人死亡时为止。由于人的死亡是必然的，因而终身人寿保险的保险金最终要支付给被保险人。由于终身人寿保险的保险期长，因此其费率高于定期人寿保险，并有储蓄的功能。

（3）生存保险。生存保险是指被保险人必须生存到保单规定的保险期满时才能够领取保险金。若被保险人在保险期间死亡，则不能主张收回保险金，亦不能收回已交保险费。

（4）生死两全保险。这是定期人寿保险与生存保险两类保险的结合。生死两全保险是指被保险人若在保险合同约定的期间身故，身故受益人则领取保险合同约定的身故保险金；若被保险人继续生存至保险合同约定的保险期满，则投保人领取保险合同约定的保险金的人寿保险。这类保险是目前市场上最常见的商业人寿保险。

（5）养老保险。养老保险由生存保险和死亡保险结合而成，是生死两全保险的特殊形式。被保险人不论是在保险期内死亡还是生存到保险期满，均可领取保险金，既可以为家属减轻因被保险人死亡带来的经济压力，又可使被保险人在保险期结束时获得一笔资金以养老。

2. 人身意外伤害保险

人身意外伤害保险是指被保险人在保险有效期内，因遭受非本意的、外来的、突然发生的意外事故，致使身体蒙受伤害而残废或死亡时，保险公司按照保险合同的规定给付保险金的保险。人身意外伤害保险主要包括以下两种：

（1）个人意外伤害保险。个人意外伤害保险是指以被保险人在日常生活、工作中可能遇到的意外伤害为标的的保险，保险期限一般较短，以一年或一年以内的时间为期限，主要有航空人身意外伤害保险、机动车驾驶学员人身意外伤害保险、驾乘人员人身意外伤害保险、游客意外伤害保险、铁路和公路旅客意外伤害保险等险种。

（2）团体意外伤害保险。团体意外伤害保险是指社会组织为了防止本组织内的成员因遭受意外伤害致残或致死而受到巨大的损失，以本社会组织为投保人，以该社会组织的全体成员为被保险人，以被保险人因意外事故造成的人身重大伤害、残废、死亡为保险事故的保险。其主要有团体个人意外伤害保险、学生团体平安保险等险种。

（二）财产保险的主要业务

财产保险是指投保人根据合同的约定，向保险人交付保险费，保险人按保险合同的约定对所承保的财产及其有关利益因自然灾害或意外事故造成的损失承担赔偿责任的保险。财产保险包括家庭财产保险、农业保险、责任保险、保证保险、信用保险等以财产或利益为保险标的的各种保险。

我国财产保险的种类主要分为七大类。第一类是火灾及其他灾害事故保险，主要承保火灾以及其他自然灾害和意外事故引起的直接损失。第二类是货物运输保险，主要承保货物运输过程中因自然灾害和意外事故引起的财产损失。第三类是运输工具保险，主要承保运输工具因遭受自然灾害和意外事故造成的运输工具本身的损失及第三者责任。第四类是工程保险，主要承保国内外专业工程综合性危险所造成的损失。第五类是责任保险，主要承保被保险人的民事损害赔偿责任。第六类是信用、保证保险，主要承保各种信用风险。第七类是农业保险，主要承保种植业、养殖业、捕捞业的生产过程中因自然灾害或意外事故所致的损失。

任务二　走进证券机构

◆ 任务导入

作为股市的新手，我们一般不建议一开户就马上买股票，我们要做好功课，否则盲目地买入股票，大概率会亏损。那么我们应该做哪些功课呢？可以分为“学习—研究—实战”三步。第一步，学习股票知识，看一些股票投资书籍，学习股票投资理论和分析逻辑，吸取经验；与此同时，养成关注股市财经信息的习惯。第二步，至少熟悉一个股票分析软件，并进行实战演习，运用技术指标分析历史。第三步，先用少量资金投入股市进行初步实战，进而逐步形成一套属于自己的股票投资风格。本任务就是带领大家走进证券机构，了解证券。

◆ 任务分析

1. 查阅我国证券市场的发展历程。

2. 证券机构与证券公司是一回事吗？二者有什么区别？我们投资买股票应该找证券公司还是找证券机构？

3. 我国证券公司的类型有哪些？名单信息到哪里查询？

知识精讲

证券机构是指依法设立的、从事证券服务业务的法人机构。证券服务业务包括：证券投资咨询，证券发行及交易的咨询、策划、财务顾问、法律顾问及其他配套服务，证券资信评估服务，证券集中保管服务，证券清算交割服务，证券登记过户服务，证券融资，经证券管理部门认定的其他证券服务业务。

一、证券公司

（一）证券公司的概念

证券公司是指依照《中华人民共和国公司法》的规定并经国务院证券监督管理机构审查批准而成立的专门经营证券业务、具有独立法人地位的金融机构。证券公司是我国证券经营机构的主要表现形式。证券公司在金融市场上的功能是：为需要资金的单位包括企业和政府部门提供筹集资金的服务，充当投资者买卖证券的经纪人和交易商。

（二）证券公司的设立

设立证券公司，应当具备《中华人民共和国公司法》《中华人民共和国证券法》《证券公司监督管理条例》规定的条件，并经国务院证券监督管理机构批准。而且，假如证券公司需要设立或撤销分支机构，变更业务范围或者注册资本，变更公司章程，合并、分立、变更公司形式或解散，也必须经国务院证券监督管理机构批准。根据《中华人民共和国证券法》（2019 年修订）第一百一十八条规定：设立证券公司，应当具备下列条件，并经国务院证券监督管理机构批准：（1）有符合法律、行政法规规定的公司章程；（2）主要股东及公司的实际控制人具有良好的财务状况和诚信记录，最近三年无重大违法违规记录；（3）有符合本法规定的公司注册资本；（4）董事、监事、高级管理人员、从业人员符合本法规定的条件；（5）有完善的风险管理与内部控制制度；（6）有合格的经营场所、业务设施和信息技术系统；（7）法律、行政法规和经国务院批准的国务院证券监督管理机构规定的其他条件。

未经国务院证券监督管理机构批准，任何单位和个人不得以证券公司名义开展证券业务活动。

（三）证券公司的业务

《中华人民共和国证券法》第一百二十条规定，经国务院证券监督管理机构批准，取得经营证券业务许可证，证券公司可以经营下述部分或者全部证券业务。

1. 证券经纪

证券经纪业务是指证券公司通过其设立的证券营业部，接受客户委托，按照客户要求，代理客户买卖证券的业务。在证券经纪业务中，经纪委托关系的建立表现为开户和委托两个环节，证券公司不垫付资金，不赚差价，只收取一定比例的佣金作为业务收入。

在证券代理买卖业务中，证券公司作为券商，发挥着重要的作用。证券交易方式的特殊性和交易规则的严密性，决定了广大投资者不能直接进入证券交易所买卖证券，只能通过委托证券经纪商代理买卖来完成交易过程。

2. 证券投资咨询

证券投资咨询业务是指证券公司及其相关业务人员运用各种有效信息，对证券市场或个别证券的未来走势进行分析预测，对投资证券的可行性进行分析评判；为投资者的投资决策提供分析、预测、建议等服务，倡导投资理念、传授投资技巧，引导投资者理性投资的业务活动。根据服务对象的不同，证券投资咨询业务又可进一步细分为面向公众的投资咨询业务，以及为签订了咨询服务合同的特定对象提供的证券投资咨询业务，以及为本公司投资管理部门、投资银行部门提供的投资咨询服务。

3. 与证券交易、证券投资活动有关的财务顾问

财务顾问业务是指与证券交易、证券投资活动有关的咨询、建议、策划业务。具体包括：为企业申请证券发行和上市提供改制改组、资产重组、前期辅导等方面的咨询服务；为上市公司重大投资、收购兼并、关联交易等业务提供咨询服务；为法人、自然人及其他组织收购上市公司及相关的资产重组、债务重组等提供咨询服务；为上市公司完善法人治理结构、设计经理层股票期权、职工持股计划、投资者关系管理等提供咨询服务；为上市公司再融资、资产重组、债务重组等资本营运提供融资策划、方案设计等的咨询服务；为上市公司的债权人、债务人对上市公司进行债务重组、资产重组、相关的股权重组等提供咨询服务以及中国证监会认定的其他业务形式。

4. 证券承销与保荐

证券承销是证券经营机构代理证券发行人发行证券的行为。通过证券承销活动取得手续费或佣金收入，是证券公司最本源、最基础的业务活动。当一家发行人通过证券市场筹集资金时，要聘请证券经营机构来帮助它销售证券。证券经营机构借助自己在证券市场上的信誉和营业网点，在规定的发行有效期限内将证券销售出去，这一过程称为承销。它是证券经营机构的基本职能之一。根据证券经营机构在承销过程中承担的责任和风险的不同，承销又可分为包销、投标承购、代销、赞助推销四种方式。

包销是指发行人与承销机构签订合同，由承销机构买下全部或销售剩余部分的证券，承担全部销售风险。投标承购通常是在证券公司处于被动竞争较强的情况下进行的。采用这种形式发行的证券通常信用较高，受到投资者欢迎。采用代销方式，一般是由于证券公司认为该证券的信用等级较低，承销风险大。这时投资银行只接受发行者的委托，代理其销售证券。赞助推销是指当发行公司增资扩股时，其主要对象是现在的股东，但又不能确保现有股东均认购其证券，为防止不能及时筹集到所需资金，甚至引起本公司股票价格下跌，发行公司一般都要委托投资银行办理对现有股东发行新股的工作，从而将风险转嫁给证券公司的承销方式。

证券保荐是指发行人公开发行证券及证券上市时，必须由具有保荐机构资格的保荐人推荐；保荐人应当勤勉尽责，对发行人进行充分的尽职调查；保荐人应当督导其推荐的发行人或上市公司持续规范运作。

5. 证券融资融券

证券融资融券是指在证券交易所或国务院批准的其他证券交易场所进行的证券交易中，证券公司向客户出借资金供其买入证券或者出借证券供其卖出，并由客户交存相应担保物的经营活动。这种业务产生的证券交易被称为融资融券交易，它分为融资交易和融券交易两类。在融资交易中，客户向证券公司借入资金购买证券；而在融券交易中，客户则向证券公司借入证券进行卖出。这种业务模式允许投资者利用杠杆效应提高投资收益，但同时也伴随着相应的风险，包括市场风险、信用风险和操作风险等。

6. 证券做市交易

证券做市交易是指证券经纪商或者证券公司在交易所或者场外市场上，按照一定的规则和约定，通过承担证券买卖双方之间的风险，保证证券的流动性和价格的稳定性，从而促进证券市场的发展和交易的顺利进行。具体而言，做市商会在证券市场上为某种特定证券提供双向报价，即同时提供买入和卖出报价，同时承诺在一定的时限内买卖该证券。当投资者需要买入或卖出该证券时，可以根据做市商的报价进行交易，从而提高证券市场的流动性和交易效率。做市商在进行做市交易时，需要承担一定的风险。因为做市商必须保证对证券的买卖报价，并承诺在一定的时间内成交，即使证券的价格出现了不利波动，做市商也必须履行承诺，买入或卖出证券。因此，做市商需要有足够的资金和风险控制措施以应对可能的市场风险。

7. 证券自营

证券自营是指证券公司以自己的名义，以自有资金或者依法筹集的资金，为本公司买卖依法公开发行的股票、债券、权证、证券投资基金及中国证券会认可的其他证券，以获取盈利的行为。证券自营活动有利于活跃证券市场，维护交易的连续性。在自营活动中要防范操纵市场和内幕交易等不正当行为。

8. 其他证券业务

其他证券业务是指证券公司经批准在国家许可的范围内进行的除自营和代理业务以外的与证券业务有关的经济行为，旨在通过多样化的业务模式满足市场的不同需求，同时也为证券公司提供了更多的收入来源。这些业务主要包括买入返售证券业务、卖出回购证券业务、受托资产管理业务等。买入返售证券业务是指证券公司根据与客户的协议或合同规定，先买入客户的证券，在协议的期限到期后，再以协议规定的卖出价卖给原客户，以获取买入价和卖出价的差价收入。卖出回购证券业务则是指证券公司根据与客户的协议或合同规定，先向该客户卖出证券，在协议的期限到期后，再以规定的买入价将证券从该客户买回，证券公司以卖出价与买入价的价差支出获得资金的使用权。其他业务不仅丰富了证券市场的交易品种，也为投资者提供了更多的投资选择和风险管理工具。

随堂思考：什么是操纵市场和内幕交易？表现如何？危害如何？

二、证券交易所

（一）证券交易所的含义

证券交易所是为证券集中交易提供场所和设施，组织和监督证券交易，实行自律治理的法人。证券交易所有公司制和会员制之分。我国的证券交易所是不以营利为目的，仅为证券的集中和有组织的交易提供场所、设施，并履行国家有关法律、法规、规章、政策规定的职责，实行自律性治理的会员制的事业法人。

目前，我国（不含港澳台地区）有三家证券交易所，即 1990 年 11 月设立的上海证券交易所、1990 年 12 月设立的深圳证券交易所和 2021 年 9 月 3 日成立的北京证券交易所。证券交易所的设立和解散由国务院决定。

（二）证券交易所的功能

1. 提供证券交易场所

由于证券交易所的存在，证券买卖双方有集中的交易场所，可以随时把所持有的证券转移变现，保证证券流通的持续不断进行。

2. 形成与公告价格

在交易所内完成的证券交易形成了各种证券的价格。由于证券的买卖是集中、公开进行的，采用双边竞价的方式达成交易，因此该价格在理论水平上是近似公平与合理的，及时向社会公告这种价格，并将其作为各种相关经济活动的重要依据。

3. 集中各类社会资金参与投资

随着交易所上市股票的日趋增多，成交数量日益增大，可以将极为广泛的资金吸引到股票投资上来，为企业发展提供所需资金。

4. 引导投资的合理流向

证券交易所为资金的自由流动提供了方便，并通过每天公布的行情和上市公司信息，反映证券发行公司的获利能力与发展情况，引导社会资金向最需要和最有利的方向流动。

5. 制定交易规则

有规矩才能成方圆，只有遵循公平的交易规则，才能达成公平的交易结果。交易规则主要包括上市及退市规则、报价及竞价规则、信息披露规则和交割结算规则等。不同交易所的主要区别在于交易规则，同一交易所也可能采用多种交易规则，从而形成细分市场，如纳斯达克按照不同的上市条件细分为全球精选市场、全球市场和资本市场。

6. 维护交易秩序

任何交易规则都不可能十分完善，并且交易规则也不一定能得到有效执行，因此，交易所的一大核心功能便是监管各种违反公平原则及交易规则的行为，使交易公平有序地进行。

7. 提供交易信息

证券交易依靠的是信息，包括上市公司的信息和证券交易信息。交易所对上市公司信息的提供负有督促和适当审查的责任，对交易行情负有即时公布的义务。

8. 降低交易成本，促进股票的流动性

如果不存在任何正式的经济组织或者有组织的证券集中交易市场，投资者之间就必须相互接触以确定交易价格和交易数量，以完成证券交易。这样的交易方式由于需要寻找交易对象，并且由于存在信息不对称、交易违约等因素，会增加交易的成本，降低交易的速度。因此，集中交易市场的存在可以增加交易机会、提高交易速度、降低信息不对称的影响、增强交易信用，从而可以有效地降低交易成本。

三、证券登记结算机构

（一）证券登记结算机构的含义

证券登记结算机构是为证券交易提供集中登记、存管与结算服务，不以营利为目的的法人。设立证券登记结算机构必须经国务院证券监督管理机构批准。

（二）证券登记结算机构的设立条件

根据《中华人民共和国证券法》规定，设立证券登记结算机构，应当具备下列条件：

（1）自有资金不少于人民币二亿元。

（2）具有证券登记、存管和结算服务所必须的场所和设施。

（3）国务院证券监督管理机构规定的其他条件。证券登记结算机构的名称中应当标明证券登记结算字样。

四、证券业协会

（一）证券业协会的性质与机构设置

1991 年 8 月 28 日，我国成立了中国证券业协会。它是中国证券发展史上第一个全国性的证券行业自律性治理组织，是证券经营机构依法自行组织的自律性会员组织，具有独立的社团法人资格，接受中国证监会和国家民政部的业务指导和监督管理。按照《中华人民共和国证券法》的规定，证券业协会是证券业的自律性组织，是社会团体法人。证券公司应当加入证券业协会。

证券业协会的权力机构是由全体会员组成的会员大会。证券业协会设理事会，理事会成员依章程的规定由选举产生。证券业协会的章程由会员大会制定，并报国务院证券监督管理机构备案。

（二）证券业协会的职责

根据《中华人民共和国证券法》规定，证券业协会应履行下列职责：（1）教育和组织会员及其从业人员遵守证券法律、行政法规，组织开展证券行业诚信建设，督促证券行业履行社会责任；（2）依法维护会员的合法权益，向证券监督管理机构反映会员的建议和要求；（3）督促会员开展投资者教育和保护活动，维护投资者合法权益；（4）制定和实施证券行业自律规则，监督、检查会员及其从业人员行为，对违反法律、行政法规、自律规则或者协会章程的，按照规定给予纪律处分或者实施其他自律管理措施；（5）制定证券行业业务规范，组织从业人员的业务培训；（6）组织会员就证券行业的发展、运作及有关内容进行研究，收集整理、发布证券相关信息，提供会员服务，组织行业交流，引导行业创新发展；（7）对会员之间、会员与客户之间发生的证券业务纠纷进行调解；（8）证券业协会章程规定的其他职责。

随堂思考：证券行业专业人员水平评价（原证券业从业人员资格）的考试发证机构是哪里？

五、证券监督管理机构

（一）证券监督管理机构的含义

《中华人民共和国证券法》规定，国务院证券监督管理机构依法对我国证券市场实行监督管理，维护证券市场公开、公平、公正，防范系统性风险，维护投资者合法权益，促进证券市场健康发展。从目前国务院机构设置的情况来看，国务院证券监视治理机构即中国证券监督管理委员会。根据国务院 1998 年 9 月批准的《中国证券监督管理委员会职能配置、内设机构和人员编制规定》，中国证券监督管理委员会属于国务院正部级事业单位，是全国证券期货市场的主管部门，它根据国务院的授权履行其行政监管职能，依法对全国证券业和期货业进行集中统一监管。

（二）证券监督管理机构的职责

根据《中华人民共和国证券法》规定，国务院证券监督管理机构在对证券市场实施监督管理过程中履行下列职责：（1）依法制定有关证券市场监督管理的规章、规则，并依法进行审批、核准、注册，办理备案；（2）依法对证券的发行、上市、交易、登记、存管、结算等行为进行监督管理；（3）依法对证券发行人、证券公司、证券服务机构、证券交易场所、证券登记结算机构的证券业务活动，进行监督管理；（4）依法制定从事证券业务人员的行为准则，并监督实施；（5）依法监督检查证券发行、上市、交易的信息披露；（6）依法对证券业协会的自律管理活动进行指导和监督；（7）依法监测并防范、处置证券市场风险；（8）依法开展投资者教育；（9）依法对证券违法行为进行查处；（10）法律、行政法规规定的其他职责。

国务院证券监督管理机构可以和其他国家或者地区的证券监督管理机构建立监督管理合作机制，实施跨境监督管理。

任务三 走进信托机构

◆ 任务导入

自1979年中华人民共和国第一家信托公司成立，以及2001年《中华人民共和国信托法》出台以来，我国信托业已经走过四十多个春秋。与银行、证券、保险等金融机构相比，信托机构作为金融业的支柱之一，在资产管理、资产服务以及公益信托三类业务基础上，向养老信托领域开展业务，如养老地产、养老消费、养老理财及企业年金等。养老信托是指委托人将养老金交给信托机构（即受托人），信托机构对养老金进行经营管理，使其产生收益，等养老信托到期后，委托人就可以按期拿到养老金，这样既保障了委托人的养老问题，也是一项收益不错的理财方式。作为专业的理财部门，信托机构具有良好的管理经验，可确保养老基金的效益；与此同时，养老基金作为信托财产具有独立性，一旦交付信托，即不受信托公司和委托人财务状况恶化甚至破产的影响，从而确保养老基金的安全性。养老与年龄无关。我们每个人都要重视养老，做好规划。只有未雨绸缪、尽早规划，才会在年老之后无后顾之忧。

◆ 任务分析

1. 分组讨论养老信托是什么，及其与社保、商业养老保险的区别。
2. 查阅我国信托的发展现状。
3. 分组讨论为什么说信托与银行、保险、证券一起构成了现代金融体系，以及信托与银行、保险、证券的区别。
4. 我国信托公司的类型有哪些？名单信息到哪里查询？

知识精讲

一、信托概述

（一）信托的含义

《中华人民共和国信托法》第二条规定：本法所称信托，是指委托人基于对受托人的信任，将其财产权委托给受托人，由受托人按委托人的意愿以自己的名义，为受益人的利益或者特定目的，进行管理或者处分的行为。因此，信托主要包括以下几方面的含义：

第一，委托人信任受托人。委托人对受托人的信任是信托关系成立的基础。

第二，委托人将财产权委托给受托人。信托财产是信托成立的第一要素，委托人在信任受托人的基础上，必须将其财产权委托给受托人。

第三，受托人管理、处分信托财产必须按委托人的意愿进行，这种意愿是在信托合同中事先约定的，也是受托人管理、处置信托财产的依据。

第四，受托人以自己的名义管理、处置信托财产。委托人将信托财产委托给受托人后，对信托财产没有直接控制权，受托人完全以自己的名义对信托财产进行管理或者处置，不需要借助委托人、受益人的名义，这是信托的一个重要特征。

第五，受托人为受益人的最大利益管理信托事务。正是因为受托人受到委托人的信任，一旦受托人接受信托，就应当忠诚、谨慎、尽职地处理信托事务，管理、处置信托财产。对于违背这种信任的受托人，《中华人民共和国信托法》规定其要承担相应的责任。

随堂思考：《中华人民共和国信托法》是什么时候颁布的？其主要内容是什么？

（二）信托的要素

1. 信托行为

信托行为是指以信托为目的的法律行为。信托约定（信托关系文件）是信托行为的依据，即信托关系的成立必须有相应的信托关系文件作保证。信托行为的发生必须由委托人和受托人进行约定。信托行为一般要求具有四方面的条件：信托当事人的真实意思表示、特定的合法目的、以财产为中心、以信用为基础。

2. 信托主体

信托主体包括委托人、受托人以及受益人。

（1）委托人。委托人是信托的创设者，应当是具有完全民事行为能力的自然人、法人或者依法成立的其他组织。委托人提供信托财产，确定谁是受益人以及受益人享有的受益权，指定受托人，并有权监督受托人实施信托。

在信托期间，委托人享有以下权利：要求受托人按照订立的契约管理和处理信托财产的权利；对信托财产强制执行提出异议的权利；要求改变信托管理方式的权利；当受托人管理不当或违反信托契约时，要求受托人赔偿信托财产损失的权利；要求查阅与信托财产管理及处理有关的文件以及要求受托人对信托事务予以说明的权利；要求法院就信托事务进行检查的权利；当信托结束而无信托行为规定的财产归属者时，取得信托财产的权利；当委托人享受全部信托收益时，解除信托关系的权利。

（2）受托人。受托人承担着管理和处置信托财产的责任，应当是具有完全民事行为能力的自然人或者法人。受托人必须恪尽职守，履行诚实、信用、谨慎、有效管理的义务，必须为委托人的最大利益，依照信托文件和法律的规定管理和处置信托事务。法律限制或禁止无行为能力和限制行为能力的人作为个人受托人，对于法人受托人还有资本金和社会信誉等方面的要求。由于世界各国社会经济情况的差异，有的国家允许个人受托，有的国家不允许个人受托。在我国，一直没有个人受托的习惯。

受托人在管理和处置受托财产过程中有以下义务：一是受托人的权限仅限于信托成立时信托关系文件中约定的范围，不得越权和擅自更改；二是受托人应忠于职守，为委托人和受益人的利益服务，不能利用信托财产为自身谋利；三是当受托人在有重大过失行为或违背委托人意愿而使信托财产遭受损失时，必须进行赔偿；四是受托人应及时转交信托收益，应及时清偿信托财产上的一切债务；五是受托人必须将信托财产与自己的财产严格区分，分别管理，以保障信托财产的安全完整和受益人的权益，否则应负混同不清的法律责任。受托人的权利是根据信托合同的规定享有对受托财产进行独立管理、营运和处置的权利，以及有收取报酬、获得收益和收取费用的权利。

随堂思考：我国的信托公司归哪个部门监管？

（3）受益人。受益人是在信托中享有信托受益权的人，是在设定信托时由委托人指定的。受益人可以是自然人、法人或者依法成立的其他组织，也可以是未出生的胎儿。公益信托的受益人则是社会公众，或者一定范围内的社会公众。

受益人最主要的权利是享受信托利益，即享有信托受益权。此外，凡委托人持有的权利，受益人也同样持有，而且受益人还单独享有以下权利：受托人违反信托合同的规定处理信托财产时，受益人有权取消这种处理；当受托人发生变更时，受益人有权会同其他信托关系人办理信托事务的交接手续。

3. 信托目的

信托目的是委托人通过信托行为要达到的目标。它既是委托人设定信托的出发点，也是检验受托人是否完成信托事务的标志。受托人应按照委托人提出的信托目的去管理和运用信托财产。信托目的可以是各种各样的，但必须做到：一要合法，二要可能，三要为受益人所接受。信托目的三个方面的要求缺一不可。

（1）信托目的必须具备合法性。信托目的的合法性既包括信托目的本身的合法性，也包括为实施信托目的而采取的措施要合法。例如：委托人要求保管毒品或赃物、代为行骗等都不能作为信托目的。财产的管理或转移、财物的保存等实施信托目的的措施都不能违反法律，也不能妨碍社会公共秩序。

（2）委托人提出的信托目的必须可能达到或实现。例如：委托人要求受托人以限定的价格在证券市场上抛售一定数量的某种股票，卖出股票所得用以偿还委托人的债务。但是，若其所限价格是证券市场上不可能出现的或至少在委托人需偿还的债务到期前不可能出现的，那么虽然这项信托目的明确，但售出股票还债这一特定目的显然不能实现，所以不能设定信托。

（3）信托目的要为受益人所接受。信托目的具有特定性，受托人在履行信托合同过程中，不可随意改变。如果受益人拒绝委托人指定的信托目的，则不能设定信托。例如：委托人提出的信托目的是将一笔资金用于受益人购置住房，受益人不愿意购房，而要将这笔资金作为开店做买卖的本钱。由于受益人不接受将信托资金用于购置住房的目的，因此这一信托目的不能成立。

4. 信托财产

信托财产是信托行为的标的物，它是指由委托人通过信托行为转移给受托人，并由受托人按照一定的信托程序进行管理和处理的财产，同时包括通过财产的管理和运用而获得的收益。信托财产是信托关系得以设立的前提条件，如果不存在信托财产，信托的设立无从谈起。

按照财产的形式不同，信托财产可以分为两种：一种是有形财产，如现金、股票、债券等有价证券，机器设备、车辆、船舶、飞机等动产，土地、房屋等不动产；另一种是无形财产，包括著作权、商标权和专利权等。

信托财产必须具有财产价值，同时又可以转让。此外，信托财产还应该具有独立性，其独立性主要表现在：信托财产与受托人的固有财产相互独立，若受托机构（信托公司）解散、被撤销或破产，信托财产不属于其清算或破产的财产；委托人的信托财产与委托人的其他财产相互独立；不同委托人的信托财产或同一委托人的不同类别的信托财产相互独立。这是为了保障每个委托人的利益，保障同一委托人的不同类别的信托财产的利益，不因一种信托财产受损失而危及其他信托财产。

5. 信托期间

信托期间是指信托存续的时间，它包含信托的存续与消失两方面含义。信托的存续是指财产所有人设定信托时间的长短问题；信托的消失是指信托的终止与解除问题。一般情况下，以公益为目的的信托无时限规定，称为永久信托。

金融视界

信托业的发展

现代信托制度自19世纪初传入美国后得到了快速的发展。美国开办专业信托投资公司比英国还早。美国于1822年成立的纽约农业火险放款公司，后更名为农民放款信托投资公司，是世界上第一家信托投资公司。目前，美国是世界上信托制度最为健全，信托产品最为丰富、发展总量最大的国家。

我国的信托制度诞生于20世纪初，但在当时中国处于半殖民地半封建社会的情况下，信托业得以生存与发展的经济基础极其薄弱，信托业难以有所作为。

我国信托业的真正发展开始于改革开放，是改革开放的产物。1978年，改革开放初期，百废待兴，许多地区和部门对建设资金产生了极大的需求。为适应全社会对融资方式和资金需求多样化的需要，1979年10月，我国第一家信托机构——中国国际信托投资公司经国务院批准诞生了。它的诞生标志着我国现代信托制度进入了新的纪元，也极大促进了我国信托业的发展。

（三）信托的特点

1. 信托以受托为主，多面服务

一方面，信托行为包括委托、受托和受益三方面，其中受托人的经营活动是其主要方面，它贯穿于执行信托契约的全过程。另一方面，信托业务从多方面为社会提供服务。从业务种类来看，信托业务包括信托投资、贷款、租赁、各类代理业务、股票、债券发行、经济咨询等。从服务对象来看，信托业务既为企业服务，又为个人服务；既为公益服务，又为私益服务。

2. 信托方式灵活，适应性强

与传统的银行业相比，信托业可以灵活选择运用方式，以适应社会需要。信托业务既可以是投资，也可以是贷款；既可以采用直接融资的方式，也可以采用间接融资的方式；既可以同客户建立信托关系，又可以建立代理关系。信托业务方式的多样化，使其业务活动具有灵活性。随着经济形势的变化，新的信托业务方式不断被创立，以满足社会各方面的需要。

3. 信托具有融通资金的性质

信托与银行信用、商业信用一样，也是一种独立的信用方式。这种信用关系主要表现为长期的资金融通，而不是短期的资金周转。信托总是与投资联系在一起。因此，信托是一种融通长期资金的信用形式。

4. 受托人在管理信托财产时要履行谨慎义务

受托人应当遵照信托文件的规定，为受益人的最大利益处理信托事务。受托人管理信托财产，必须恪尽职守，履行诚实、信用、谨慎、有效管理的义务。受托人违反信托目的处理信托财产或者因违背管理职责、处理信托事务不当致使信托财产受到损失的，在未恢复信托财产的原状或者未予赔偿前，不得请求给付报酬。

5. 受托人不承担损失风险

受托人按照委托人的意图对其财产进行管理和处置，损益按实际的结果进行核算。若有收益，应归受益人享有；如有亏损，应由委托人或受益人承担。受托人在自身没有过失的情况下，对信托业务产生的损失不承担任何责任，并依据信托协议，向委托人或受益人收取处理该项信托业务所发生的费用。

6. 信托存续期限的连贯性

信托不因委托人或者受托人的死亡、丧失民事行为能力、依法解散、被依法撤销或者被宣告破产而终止，也不因受托人的辞任而终止。受托人辞任的，在新受托人选出前仍应履行管理信托事务的责任，这样可以使信托具有良好的稳定性。

（四）信托的分类

1. 民事信托和商事信托

按信托目的划分，信托可分为民事信托和商事信托。

民事信托也称为非营业信托，是指以民法为依据、不以营利为目的所承办的信托，属于民法范围内的信托，如财产遗产，执行遗嘱，代为买卖、抵押、保管贵重物品等。

商事信托也称为营业信托，是指以商法为依据、从事商业行为为目的而承办的信托。其目的就是通过经营信托业务获得盈利，如公司债券信托、投资信托、代收代付款项信托等。

随堂思考：盈利、营利和赢利有什么区别？三者分别在什么时候使用？

2. 个人信托和法人信托

按委托人的主体地位不同划分，信托可分为个人信托和法人信托。

个人信托即以个人身份委托受托人办理信托业务。个人信托是以个人为服务对象的信托业务，委托人是个人，受益人也是个人。个人信托又分为生前信托和身后信托。生前信托是个人在世时就以委托人身份与受托人建立了信托关系，其信托契约限于委托人在世时有效。身后信托则根据个人遗嘱办理身后的有关信托事项，如执行遗嘱、管理财产、为投保寿险者在身后代领赔款等。身后信托限于委托人去世后生效。

法人信托又称为公司信托、团体信托，它包括营利法人团体（如公司组织、合作社组织及其他营业机构）和公益法人团体（如学术、宗教和慈善团体等）。凡以一个组织团体为委托人的都是法人信托。

3. 私益信托和公益信托

按信托受益对象划分，信托可分为私益信托和公益信托。

私益信托即完全为委托人自己或其指定的受益人的利益而设定的信托。私益信托一般都可预先指定具体受益人，可以是自益信托，也可以是他益信托。私益信托是信托业务中的主要部分。

公益信托即为学校、慈善、宗教等事业以及其他社会公共利益而设立的信托。公益信托的设定，只能以社会公众或者一定范围内的社会公众为受益人，并且必须得到税务机关或者公益事业管理机构的批准或者许可。

随堂思考：在我国，信用公司的公益信托的特点、种类及业务有哪些？我们个人或组织要从事公益事业，有哪些组织形式？

4. 自益信托和他益信托

按照委托人与受托人的关系划分，信托可分为自益信托和他益信托。

自益信托即委托人以自己为唯一受益人而设立的信托。自益信托的委托人和受益人是同一人。自益信托只能是私益信托。

他益信托即委托人要求设定的信托，其目的是为第三者获取收益。被指定的第三者可以表示同意也可以拒绝接受，有时亦可采取默认方式。他益信托可以是私益信托，也可以是公益信托。

5. 资金信托和财产信托

按委托标的物的不同划分，信托可分为资金信托和财产信托。

资金信托又称为金钱信托，是指委托人基于对信托投资公司的信任，将自己合法拥有的资金委托给信托投资公司，由信托投资公司按委托人的意愿，以自己的名义为受益人的利益或特定目的管理、运用和处置资金的行为。

财产信托是指委托人将自己的动产、不动产（房产、地产）以及版权、知识产权等非货币形式的财产、财产权委托给信托投资公司，信托投资公司按照约定的条件和目的进行管理或者处置的行为。

6. 契约信托和遗嘱信托

按建立信托关系行为方式的不同，信托可分为契约信托和遗嘱信托。

契约信托是通过订立契约、合同、协议建立的信托，又称为合同信托和生前信托。契约信托体现了信托当事人之间的合意，或者说一致的意思表示。这种合意是由委托人与受托人之间通过签订合同等而成立的，与受益人并无直接关系。

遗嘱信托是通过遗嘱这种法律行为而设立的信托，又称为死后信托，在委托人死亡后契约才生效。委托人以立遗嘱的方式，将财产的规划内容，包括交付信托后遗产的管理、分配、运用及给付等，详细订立于遗嘱中。等到遗嘱生效时，再将信托财产转移给受托人，由受托人依据委托人遗嘱所交办的事项管理、处置信托财产。

（五）信托的职能

1. 财产管理职能

财产管理职能是指信托机构受委托人之托，为之经营管理或处理财产的功能，即“受人之托、为人管业、代人理财”，这是信托的基本职能。其他诸种职能，都是在这一职能的基础上衍生而来的。现代信托业所从事的无论是金钱信托还是实物信托，都属于财产管理职能的运用。在该职能下，信托机构作为受托人，必须按委托人的要求或其指定的具体项目发放贷款或进行投资，为委托人或受益人谋利。而且，利用信托财产所获收益全部归受益人享有，信托机构只能按契约规定收取相应的手续费。

2. 融通资金职能

在商品经济条件下，财产有相当一部分是以货币资金形态存在的，因此对信托财产的管理和运用就必然伴随着货币资金的融通。从表面上看，信托的这一职能与信贷相似，但实际上有质的区别：在融资对象上，信托既融资又融物；在信用关系上，信托体现了委托人、受托人和受益人的多边关系；在融资形式上，信托实现了直接融资与间接融资的结合；在信用形式上，信托成为银行信用与商业信用的结合点。因此，信托融资比信贷融资有显著优势。

3. 社会投资职能

社会投资职能是指信托业运用信托业务手段参与社会投资活动的功能。信托业务的开拓和延伸必然伴随着投资行为的出现，正因为信托机构享有投资权，其财产管理功能的发挥才具有了可靠的基础，因此，开办投资业务是世界上许多国家的信托机构的普遍做法。

4. 协调经济关系职能

协调经济关系职能是指信托机构处理和协调交易主体间经济关系并为之提供信任与咨询事务的功能。在现代经济生活中，固有的信息不完备和交易主体内存在的机会主义行为倾向，使得交易费用越来越高。因此，为降低交易费用，弱化交易对方的机会主义行为，交易主体通常都要了解与之经营有关的经济信息，如经济政策、技术可行性、交易对方资信等。信托机构通过其业务活动充当“担保人”“见证人”“咨询人”“中介人”，为交易主体提供经济信息和经济保障。

5. 为社会公益事业服务的职能

随着经济的发展和社会文明程度的提高，越来越多的人热心于学术、科研、教育、慈善、宗教等公益事业，纷纷捐款或者设立基金会，但他们一般对捐助或募集的资金缺乏管理经验，并且又希望所热心支持的公益事业能持续下去，于是就有了与信托机构合作办理公益事业的愿望。信托机构运用公益事业的资金时，一般采取稳妥且风险较小的投资方法，如选取政府债券作为投资对象。信托机构开展与公益事业有关的业务时，一般收费较低，有的甚至不收费，提供无偿服务。

二、信托机构的业务

（一）个人委托业务

个人委托业务是指以个人作为委托人的信托业务。个人作为委托人利用信托方式处理与财产有关的事项，是建立在个人拥有私有财产的基础上的。个人委托业务包括遗嘱信托、监护信托、退休赡养信托和人寿保险信托。

1. 遗嘱信托

遗嘱信托是信托机构受理的与个人遗嘱和遗产有关的业务。遗嘱信托又分为执行遗嘱和管理遗产两种业务。

2. 监护信托

监护信托是信托机构受托对未成年人或失去生活自理能力的人的财产进行管理和运用的信托。其委托人是受益人的亲属、法定监护人或司法机关等。对这类财产进行管理，首先要保证财产的安全，不能将其用于风险性投资，以保障受益人应享有的经济利益；同时应尽可能妥善管理信托财产，使其不断增值。

3. 退休赡养信托

退休赡养信托是委托人将退休金或财产移转给信托机构，由信托机构依契约内容投资稳健型商品，再将投资获利定期或不定期转给受益人。受益人可以为委托人本人，如此将可保障其年老后的生活。

4. 人寿保险信托

人寿保险信托是由投保寿险的被保险人作为委托人，信托机构作为受托人，保险受益人作为信托受益人的信托业务。委托人指定信托机构为保险金的受领人，保险事故发生时，由信托机构受领保险金，将之交付给委托人指定的受益人；或由信托机构受领保险金后，暂不将保险金交付受益人，而由其为受益人利益予以管理和运用。设立人寿保险信托的目的在于使受益人免受财务管理之累，并能获得更多利益。

（二）信托存款业务

信托存款业务是指委托人将拥有所有权的资金委托给信托机构，在双方约定的时间内由信托机构代委托人营运，其营运收益在扣除必要费用后全部归受益人所有的信托业务。

信托存款是信托机构经营业务的重要资金来源。信托存款与一般银行存款相比，具有存期较长、数额较大、利率较高、用途有一定限制、不能随意提取本金等特点。根据不同的目的，信托存款有委托贷款保证金、委托投资保证金、单位信托存款、公益基金信托存款、劳保基金信托存款、个人特约信托存款等品种。

（三）信托贷款业务

信托贷款业务是指信托机构运用吸收的信托存款、自有资金和筹集的其他资金对自行审定的单位和项目发放贷款的业务。信托贷款的用途主要是满足企业的某些正当的、合理的、限于现行制度投资者信贷无法支持的资金需要。由于信托机构吸收的资金是社会闲散的和机动的资金，而且系统内的机构都是独立核算、自负盈亏，在经营上自主性较强，因此信托贷款对象的选择比较灵活。

信托贷款按委托人是否提出特定要求为标准，可划分为甲类信托贷款和乙类信托贷款；以贷款的用途为标准，可划分为固定资产信托贷款、流动资金信托贷款和临时周转信托贷款。甲类信托贷款就是由委托人指定贷款项目，项目风险由委托人承担；乙类信托贷款则是由受托人选定项目，项目风险相应由受托人承担。

信托贷款业务主要有联营投资信托贷款、技术改造信托贷款、补偿贸易信托贷款、住房信托贷款等。

（四）信托投资业务

信托投资是信托机构运用自有资金、吸收的信托存款和其他自筹的资金，以投资者的身份直接参与项目投资，参与投资企业经营成果的分配的信托行为。信托投资的收益与投资企业的经营效果有密切关系。如果投资企业发生亏损，信托机构就要分担损失，所以信托投资具有责任重、风险大、收益高的特点。

（五）信托代理业务

信托代理业务是信托机构办理的一项传统业务，是指信托机构接受客户的委托，以代理人的身份，代为办理其指定事务的业务。信托代理业务一般不要求委托人转移其财产所有权，信托机构在办理代理业务过程中，不垫资，不承担风险。代理业务是代理人和被代理人之间产生的一种契约关系和法律行为，具有代客服务的性质，主要发挥财务管理的职能。

（六）咨询业务

咨询业务是信托机构接受委托人委托，以其专门的知识、技术、经验和广泛的联系，为委托人提供市场和客户状况、经济信息等，进行可行性研究以作为决策依据的一种服务性业务。

任务四　了解政策性金融机构

◆ 任务导入

中华人民共和国成立后，国家对银行进行了全面整顿。中国人民银行吸收合并了国内绝大部分银行，集中央银行、商业银行于一身，也兼营政策性业务。1993 年 12 月 25 日，国务院发布《国务院关于金融体制改革的决定》及其他文件，提出深化金融改革，从工农中建四大行中剥离出政策性业务，组建了专门承担政策性业务的专业银行，即政策性银行。政策性银行就是专门为贯彻、配合政府社会经济政策或意图，在特定领域开展金融业务的不以营利为目的的专业性金融机构。它充当政府发展经济、促进社会进步、进行宏观经济管理的工具。有时候，我们可以看到真正有担当的企业是勇于承担社会责任，并不是一味地以营利为目的的。我们个人也一样，我们可以为钱工作，但不能完全为了钱而工作。如果工作不为钱，那我们工作的意义是什么呢？你觉得未来需要具备什么条件，才能够不依靠工资生存呢？

◆ 任务分析

1. 了解我国政策性金融机构的成立背景，以及政策性金融机构归哪个部门监管。
2. 分组讨论政策性金融机构与一般商业银行提供的支持有哪些不同。
3. 分组讨论中国农业银行和中国农业发展银行在业务上的区别。

知识精讲

一、政策性金融机构概述

（一）政策性金融机构的含义

政策性金融机构是指那些由政府或政府机构发起、出资创立、参股或保证的，不以利润最大化为经营目的，在特定的业务领域内从事政策性融资活动，以贯彻和配合政府的社会经济政策或意图的金融机构。政策性金融机构主要满足一国政府提升经济发展水平和安排社会经济发展战略或产业结构调整的政策要求。

政策性金融机构的融资机制既不同于商业性金融机构，也不同于政府财政。它的资金除了国拨资本以外，主要通过发行债券、借款和吸收长期性存款获得，是高成本负债，而它的资金运用则主要是长期低息贷款，通常都是商业性金融机构所不愿或无法经营的，这样的负债和资产结构安排是通过国家进行利息补贴、承担部分不良债权或相关风险等来实现的。

（二）政策性金融机构的性质

1. 政策性金融机构是具有政策性和金融性特征的政府金融机构

政策性金融机构的政策性是指要服从和服务于政府的某种特殊的产业或社会政策目标。政策性金融机构的金融性是指要按金融运行的一般规则办事，即要遵循货币信用规律，保障其正常运转和社会金融秩序的稳定。政策性金融机构的资金不同于财政资金，因而不能采用无偿拨款方式、赈济方式或配给方式，政策性金融机构的资金使用是有偿的，是要支付利息的。

2. 政策性金融机构具有一定的财政职能

财政资金的分配具有无偿性和单项性，政策性金融机构虽然不是财政机构，但它是具有财政职能的特殊金融机构，是财政和金融的结合体。一是政策性金融机构的资金来源具有财政性，通常由政府直接出资或参股创办。二是政策性金融机构同政府有着密切的联系。由于多数政策性金融机构的资本金由政府出资形成，因此，其董事会、监事会及行长是由政府批准或任命的。三是政策性金融机构始终将政府的利益放在首位，其主要任务是贯彻执行国家的产业政策和区域发展政策，支持区域和部门经济的发展。

3. 政策性金融机构是特殊的金融企业

政策性金融机构虽然承担了贯彻执行国家社会经济政策的职能，但它的本质是金融企业，无论政府赋予它多大的政策性职能，都无法改变其金融企业的属性。

二、我国政策性金融机构

（一）国家开发银行

国家开发银行于 1994 年 3 月成立，是国家出资设立、直属国务院领导、支持中国经济重点领域和薄弱环节发展、具有独立法人地位的国有开发性金融机构。目前，国家开发银行在中国内地设有 37 家一级分行和 4 家二级分行，在境外设有香港分行和开罗、莫斯科、伦敦、悉尼等 11 家代表处。多年来，国家开发银行认真贯彻国家宏观经济政策，发挥宏观调控职能，支持经济发展和经济结构战略性调整，在关系国家经济发展命脉的基础设施、基础产业和支柱产业重大项目及配套工程建设中，发挥了长期融资领域主力银行的作用。2008 年 12 月 16 日，国家开发银行改制为国家开发银行股份有限公司，转型为商业银行，标志着我国政策性银行改革取得重大进展。2015 年 3 月，国务院明确国家开发银行定位为开发性金融机构。

金融视界

开发性金融机构

开发性金融机构是政策性金融机构的深化和发展，是以国家信用为基础，以市场业绩为支柱，通过融资贯彻国家政策，实现政府的发展目标。简单来说，开发性金融机构就是既开展政策性金融业务，又开展商业性金融业务的金融机构。开发性金融机构提供融资的领域为存在市场缺陷的领域，由于融资主体的信用缺失或者不足，商业性金融机构不愿提供资金支持；由此，开发性金融机构贷款工作的核心是信用建设，即用开发式、创造性的工作方法和手段来弥补融资主体的信用不足。

（二）中国进出口银行

中国进出口银行成立于 1994 年，是直属国务院领导的、政府全资拥有的国家政策性银行，其国际信用评级与国家主权评级一致。中国进出口银行总部设在北京。

中国进出口银行的主要职责是为扩大我国机电产品、成套设备和高新技术产品进出口，推动有比较优势的企业开展对外承包工程和境外投资，促进对外关系发展和国际经贸合作，提供政策性金融支持。

中国进出口银行的主要业务有办理出口信贷和进口信贷、办理对外承包工程和境外投资贷款、办理中国政府对外优惠贷款、提供对外担保、转贷外国政府和金融机构提供的贷款、办理本行贷款项下的国际国内结算业务和企业存款业务、在境内外资本市场和货币市场筹集资金、办理国际银行间的贷款等。

（三）中国农业发展银行

中国农业发展银行是直属国务院领导的我国唯一的一家农业政策性银行，1994 年 11 月挂牌成立，以国家信用为基础筹集资金，承担国家规定的农业政策性金融业务，全面贯彻落实国家粮棉购销政策和有关经济、金融政策，在国家实施宏观调控、确保国家粮食安全、保护广大农民利益、促进农业和农村经济发展等方面发挥了重要作用。

三、政策性金融机构与商业银行的区别

政策性金融机构的产生和发展是国家干预、协调经济的产物。政策性金融机构与商业银行和其他非银行金融机构相比，有共性的一面，如要对贷款进行严格审查，贷款要还本付息、周转使用等，但也有不同的方面。不同的方面主要体现在以下几点：

（一）经营方式不同

政策性金融机构多由政府出资建立，业务上由政府相应部门领导；商业银行多采取股份制的形式，业务上自主经营、独立核算。

（二）资金来源不同

政策性金融机构一般不接受存款，也不从民间借款；商业银行以存款作为其主要的资金来源。

（三）经营目的不同

政策性金融机构是为了支持某些部门的发展而专门成立的，不以营利为目的，与相应的产业部门关系密切；商业银行则以利润最大化为经营目的，业务范围广泛。

任务五　认识其他非银行金融机构

◆ 任务导入

我国的非银行金融机构，是经一行两会（中国人民银行、证监会、银保监会[①]）批准成立的，一般包括金融资产管理公司、企业集团财务公司、金融租赁公司、汽车金融公司、消费金融公司等机构，这类机构放贷灵活、手续便捷，符合中小企业快速融资的要求，是

① 2023 年，中共中央、国务院印发了《党和国家机构改革方案》。在中国银行保险监督管理委员会基础上组建国家金融监督管理总局，不再保留中国银行保险监督管理委员会。

金融体系的重要组成部分。非银行金融机构是随着金融资产多元化、金融业务专业化而产生的。我们常说“专业的事交给专业的人去做，事业才能做大做强”，放到个人身上，我们要对本职工作学深悟透、认真专研，认真实践，实现业务水平、业务能力、业务素质齐头并进。

◆ 任务分析

1. 列举你所知道的其他非银行金融机构及其业务。
2. 分组查阅并了解目前我国非银行金融机构的发展现状。

知识精讲

一、投资银行

（一）投资银行的含义

投资银行是指主要从事证券发行、承销、交易、企业重组、兼并与收购、投资分析、风险投资、项目融资等业务的非银行金融机构，是资本市场上的主要金融中介。

投资银行是证券和股份公司制度发展到特定阶段的产物，是发达证券市场和成熟金融体系的重要主体，在现代社会经济发展中发挥着沟通资金供求、构造证券市场、推动企业并购、促进产业集中和规模经济形成、优化资源配置等重要作用。

（二）投资银行的类型

当前，国际上的投资银行主要有以下四种类型：

（1）独立的专业性投资银行。这种形式的投资银行在全世界范围内广为存在，美国的高盛公司、美林公司、摩根士丹利公司，日本的野村证券、大和证券，英国的华宝公司、宝源公司等均属于此种类型。

（2）商业银行拥有的投资银行（商人银行）。这种形式的投资银行主要通过兼并、收购、参股或建立自己的附属公司等形式从事商业银行及投资银行业务。这种形式的投资银行在英、德等国非常典型。

（3）直接经营投资银行业务的全能性银行。这种类型的投资银行主要在欧洲大陆，它们在从事投资银行业务的同时也从事一般的商业银行业务。

（4）一些大型跨国公司兴办的财务公司。

（三）投资银行的业务

经过最近一百年的发展，现代投资银行已经突破了证券承销、证券经纪交易、证券私募发行等传统业务框架，兼并与收购、项目融资、风险投资、公司理财、投资咨询、资产及基金管理、资产证券化、金融创新等都已成为投资银行的核心业务。下面介绍几种投资银行的主要业务。

1. 证券承销

证券承销是投资银行最本源、最基础的业务活动。投资银行承销的职权范围很广，包括本国中央政府、地方政府、政府机构发行的债券，企业发行的股票和债券，外国政府和公司在本国和世界发行的证券，国际金融机构发行的证券等。

2. 证券经纪交易

投资银行在二级市场中扮演着做市商、经纪商和交易商三重角色。作为做市商，在证券承销结束之后，投资银行有义务为该证券创造一个流动性较强的二级市场，并维持市场价格的稳定。作为经纪商，投资银行代表买方或卖方，按照客户提出的价格代理交易。作为交易商，投资银行有自营买卖证券的需要，这是因为投资银行接受客户的委托，管理着大量的资产，必须要保证这些资产的保值与增值。

3. 证券私募发行

证券的发行方式分为公募和私募两种，前面所讲的证券承销实际上是公募发行。私募发行又称私下发行，就是发行者不把证券出售给社会公众，而是仅出售给数量有限的机构投资者，如保险公司、共同基金等。私募发行不受公开发行的规章限制，除能节约发行时间和发行成本外，与在公开市场上交易相同结构的证券相比，该方式能给投资银行和投资者带来更高的收益率，所以私募发行的规模有扩大趋势。

4. 兼并与收购

企业兼并与收购已经成为现代投资银行除证券承销与证券经纪交易之外最重要的业务组成部分。投资银行可以多种方式参与企业的并购活动，例如：寻找兼并与收购的对象；向猎手公司和猎物公司提供有关买卖价格或非价格条款的咨询；帮助猎手公司制订并购计划或帮助猎物公司针对恶意的收购制订反收购计划；帮助安排资金融通和过桥贷款等。

随堂思考：兼并与收购的区别是什么？

5. 项目融资

项目融资是对一个特定的经济单位或项目策划安排的一揽子融资的技术手段。投资银行在项目融资中起着非常关键的作用，它将与项目有关的政府机关、金融机构、投资者及项目发起人等紧密联系在一起，协调律师、会计师、工程师等一起进行项目可行性研究，进而通过发行债券、基金、股票或拆借、拍卖、抵押贷款等形式组织项目投资所需的资金融通。投资银行在项目融资中的主要工作是评估项目、设计融资方案、起草有关法律文件、评级有关的信用、确定证券价格等。

6. 公司理财

公司理财实际上是投资银行作为客户的金融顾问或经营管理顾问而提供咨询、策划或操作服务。它分为两类：第一类是根据企业、个人或政府的要求，对某个行业、某种市场、某种产品或证券进行深入的研究与分析，提供较为全面的、长期的决策分析资料；第二类是在企业经营遇到困难时，帮助企业出谋划策，提出应变措施，诸如制定发展战略、重建财务制度、出售转让子公司等。

7. 基金管理

基金是一种重要的投资工具，它由基金发起人组织，吸收大量投资者的零散资金，聘请有专门知识和投资经验的专家进行投资并取得收益。投资银行与基金有着密切的联系。首先，投资银行可以作为基金的发起人，发起和建立基金；其次，投资银行可作为基金管理者管理基金；最后，投资银行可以作为基金的承销人，帮助基金发行人向投资者发售受益凭证。

8. 资产证券化

资产证券化是指投资银行把某企业的一定资产作为担保而进行的证券发行，是一种与传统债券筹资十分不同的新型融资方式。进行资产转化的企业称为资产证券发起人。该发起人将持有的各种流动性较差的金融资产，如住房抵押贷款、信用卡应收款等，分类整理为一批资产组合，出售给特定的交易组织，即金融资产的买方（主要是投资银行），再由特定的交易组织以买下的金融资产为担保发行资产支持证券，用于收回购买资金。

9. 风险投资

风险投资又称创业投资，是指对新兴公司在创业期和拓展期进行的资金融通，表现为风险大、收益高。新兴公司一般是指运用新技术或新发明生产新产品，并具有很大的市场潜力，可以获得远高于平均利润水平的利润，但充满极大风险的公司。由于高风险，普通投资者往往都不愿涉足，但这类公司又最需要资金的支持，因而为投资银行提供了广阔的市场空间。投资银行涉足风险投资有不同的层次：第一，采用私募的方式为这些公司筹集资本；第二，对于某些潜力巨大的公司有时也进行直接投资，成为其股东；第三，更多的投资银行是通过设立“风险基金”或“创业基金”向这些公司提供资金来源的。

二、租赁公司

（一）租赁公司的含义

租赁公司是指专门经营融资租赁业务的机构。融资租赁是指当企业需要添置某些技术设备而又缺乏资金时，由出租人代其购进或租进所需设备，然后将它租给承租人在一定期限内有偿使用的一种租赁方式。

（二）融资租赁的特点

（1）融资租赁是一项至少涉及三方当事人——出租人、承租人和供货商，并且至少由两个合同——买卖合同和租赁合同构成的三边交易。这三方当事人相互关联，两个合同相互制约。

（2）拟租赁的设备由承租人自行选定，出租人只负责按用户的要求给予融资便利，购买设备，不负担设备缺陷、延迟交货等责任和设备维护的义务；承租人也不得以此为由拖欠或拒付租金。

（3）设备所有权与使用权长期分离。设备的所有权在法律上属于出租人，设备的使用权在经济上属于承租人。

（4）全额清偿，即出租人在基本租期内只将设备出租给一个特定的用户，出租人从该用户收取的租金总额应等于该项租赁交易的全部投资及利润，或根据出租人所在国关于融资租赁的标准，等于投资总额的一定比例，如 80%。换言之，出租人在一次交易中就能收回全部或大部分该项交易的投资。

（5）基本租期结束时，承租人一般对设备拥有留购、续租或退租三种选择权。

（6）不可解约性。对于承租人而言，租赁的设备是承租人根据自身需要而自行选定的，因此承租人不能以退还设备为条件而提前终止合同。对于出租人而言，因设备为已购进产品，也不能以市场涨价为由提高租金。总之，在一般情况下，租赁期内租赁双方无权终止合同。

三、典当公司

典当是指当户将其动产、财产权利作为当物质押或者将其房地产作为当物抵押给典当公司，交付一定比例的费用，取得当金并在约定期限内支付当金利息、偿还当金、赎回典当物的行为。典当公司是指依照《中华人民共和国公司法》和《典当管理办法》设立的专门从事典当活动的企业法人。典当迄今已有 1 700 多年的历史。在中国近代银行业诞生之前，典当是民间主要的融资渠道，在调剂余缺、促进流通、稳定社会等方面占据相当重要的地位。现在典当公司是以实物占有权转移形式为非国有中、小企业和个人提供临时性质押贷款的特殊金融企业。

典当公司是专门发放质押贷款的借贷融资性质的非银行金融机构，是以货币借贷为主和商品销售为辅的市场中介组织。

典当公司作为国家特许从事放款业务的特殊融资机构，与作为主流融资渠道的银行贷款相比，其市场定位在于：针对中小企业和个人，解决短期融资需要，发挥辅助作用。因为典当公司能在短时间内为融资者提供更多资金，所以目前正获得越来越多创业者的青睐。

随堂思考：如何查询本地的融资租赁公司、典当公司有哪些？

四、财务公司

财务公司又称金融公司，是为企业技术改造、新产品开发及产品销售提供金融服务，以中长期金融业务为主的非银行金融机构。各国对财务公司的命名不同，业务内容也有差异，但多数是商业银行的附属机构，主要吸收存款。我国的财务公司不是商业银行的附属机构，是隶属于大型集团的非银行金融机构。

我国的财务公司都是由企业集团内部集资组建的，其宗旨和任务是为本企业集团内部各企业筹资和融通资金，促进其技术改造和技术进步。

企业集团财务公司是中国企业体制改革和金融体制改革的产物。国家为了增强国有大中型企业的活力，盘活企业内部资金，增强企业集团的融资能力，支持企业集团的发展，促进产业结构和产品结构的调整，以及探索具有中国特色的产业资本与金融资本相结合的道路，于 1987 年批准成立了中国第一家企业集团财务公司，即东风汽车工业财务公司。此后，一些大型企业集团相继建立了财务公司。

五、担保公司

个人或企业在向银行借款的时候，银行为了降低风险，不直接放款给个人或企业，而是要求借款人找到第三方（担保公司或资质好的个人）为其做信用担保。担保公司会根据银行的要求，让借款人出具相关的资质证明进行审核，之后将审核好的资料交到银行，银行复核后放款，担保公司收取相应的服务费用。

银行小额贷款的营销成本较高，小企业向银行直接申请贷款较难，这就使得小企业有融资需求时往往会向担保机构等融资机构求助，担保机构选择客户的成本比较低，从中选择优质项目推荐给合作银行，提高融资的成功率，从而降低银行小额贷款的营销成本。在贷款的风险控制方面，银行不愿投放小额贷款，有一个重要的原因是银行对此类贷款的管理成本较高，而收益并不明显。对于这类贷款，担保机构可以通过优化贷中管理流程，形成对于小额贷后管理的个性化服务，分担银行的管理成本，免去银行的后顾之忧。此外，对于事后风险释放，担保机构的优势更是无可替代的，银行直贷的项目出现风险，处置抵押物往往周期长，诉讼成本高，变现性不佳。担保机构的现金代偿，大大解决了银行处置难的问题，有些担保机构做到 1 个月（投资担保甚至只有 3 天）贷款逾期即代偿，银行的不良贷款风险及时得到消除，之后再由担保机构通过其相比银行更加灵活的处理手段进行风险化解。

与此同时，担保公司时效性快。作为银行，其固有的贷款模式流程造成中小企业主浪费大量时间；而担保公司恰恰可为不同企业设计专用的融资方案，大大节省了企业主的时间与精力，能迎合企业主急用资金的需求。此外，担保公司在抵押基础上的授信，其额度大大超过抵押资产值，可为中小企业提供更多的需求资金。

目前，许多投资担保公司，在贷后管理和贷款风险化解方面的规范和高效运营，获得了银行的充分信任，一些合作银行把贷后催收、贷款资产处置外包给担保公司，双方都取得了比较好的合作效果。

担保公司现在属于非银行金融机构，而银行属于纯金融机构，两者在形式上类似，在功能上都能够为企业融资，但还是有本质的区别。担保公司不是以自有资金放贷，而是为企业信誉做担保，由银行放贷。也就是说，企业在银行资信度未达到贷款标准时，可以找担保公司担保，担保公司做的就是银行不愿意做的那部分业务，风险由担保公司来承担。担保公司的优势是门槛低，办事效率高，放款速度快，接受各种形式的抵、质押物作为反担保措施，比如房产、车辆、商标权、股权等。

随堂思考：担保方面的法律法规有哪些？

六、汽车金融公司

汽车金融公司是指经国家金融监督管理总局批准设立的，为中国境内的汽车购买者及销售者提供金融服务的非银行金融机构。

伴随消费者收入的提高和鼓励汽车消费的相关政策出台，家用汽车正以超常规的速度进入大众家庭。与之相伴的是，购车贷款产品不断推陈出新。就汽车贷款情况来看，在银行所提供的消费贷款产品中都有购车贷款服务，但汽车消费贷款所占据的市场份额始终不高。原因就在于汽车贷款的风险较高，不良贷款的比例远高于房贷业务。同时，汽车贷款相对标的金额低，银行需要投入的贷前、贷后成本却很高，这使得很多商业银行对此业务不感兴趣，而如通用汽车金融服务公司这种贷款较为优惠和方便的金融公司的出现，正好满足了市场的需要，一般来说，汽车金融公司贷款形式相对比较灵活，针对性强，汽车金融公司所提供的贷款利率一般视汽车贷款的年限而有所不同，还会根据购车人的首付比例情况，对利率进行一定的浮动操作。当然，通常的规律是：贷款期限越短，首付越高，贷款利率越低。

随堂思考：如何查询本地的财务公司、担保公司和汽车金融公司有哪些？

※项目小结

保险公司是依照《中华人民共和国保险法》和《中华人民共和国公司法》设立的经营商业保险业务的金融机构。保险的作用主要有转移风险、均摊损失、实施补偿、抵押贷款和投资收益等。保险的基本原则包括保险利益原则、最大诚信原则、近因原则、补偿原则、代位原则、分摊原则。保险业务主要涉及人身保险和财产保险。

证券公司是指依照《中华人民共和国公司法》的规定并经国务院证券监督管理机构审查批准而成立的专门经营证券业务、具有独立法人地位的金融机构。证券公司的业务主要有证券经纪、证券投资咨询、证券承销与保荐等。

信托的要素主要有信托行为、信托主体、信托目的、信托财产和信托期间。信托的职能主要有财产管理、融通资金、社会投资、协调经济关系、为社会公益事业服务等。

政策性金融机构是具有政策性和金融性特征的政府金融机构，其具有一定的财政职能。政策性金融机构是特殊的金融企业。

投资银行是主要从事证券发行、承销、交易、企业重组、兼并与收购等业务的非银行金融机构。租赁公司是指专门经营融资租赁业务的机构。此外，非银行金融机构还包括典当公司、担保公司、财务公司及汽车金融公司等。

※概念复习

转移风险　最大诚信原则　人寿保险　证券经纪业务　民事信托　私益信托　契约信托　融资租赁　投资银行　典当　担保公司　财务公司　汽车金融公司

※网站读物

中国证券业协会；国家金融监督管理总局；中国证券监督管理委员会；国家开发银行；中国进出口银行；中国农业发展银行；各省地方金融监督管理局；《中华人民共和国证券法》；《中华人民共和国保险法》；《中华人民共和国信托法》；《中华人民共和国民法典》中关于担保的内容。

※复习思考

一、单选题

1. 投保人或被保险人对于保险标的具有法律上认可的、经济上的利害关系，这是指（　　）。

A. 代位原则　B. 保险利益原则　C. 最大诚信原则　D. 近因原则

2. 在自愿的原则下，根据投保人与保险人订立的合同而构成的保险关系是（　　）。

A. 自愿保险　B. 强制保险　C. 原保险　D. 再保险

3. 在证券经纪业务中，证券公司（　　）。

A. 垫付资金　B. 收取一定比例的佣金作为业务收入

C. 赚差价　D. 不垫付资金

4. 以个人身份委托受托人办理信托业务是（　　）。

A. 个人信托　B. 民事信托　C. 商事信托　D. 法人信托

5. 委托人以自己为唯一受益人而设立的信托是（　　）。

A. 公益信托　B. 私益信托　C. 个人信托　D. 自益信托

6. 信托的基本职能是（　　）。

A. 融通资金职能　B. 财产管理职能

C. 社会投资职能　D. 协调经济关系职能

7. 遗嘱信托分为执行遗嘱和（　　）两种业务。

A. 管理遗产　B. 监护信托　C. 退休赡养信托　D. 人寿保险信托

8. 投资银行最本源、最基础的业务活动是（　　）。

A. 证券经纪交易　B. 证券私募发行　C. 证券承销　D. 兼并与收购

9. 租赁公司通过筹集资金，直接购回承租企业选定的租赁物品，并租给承租企业使用的租赁方式是（　　）。

A. 直接租赁　B. 转租赁　C. 回租租赁　D. 杠杆租赁

10. 下列关于融资租赁特点的说法中，错误的是（　　）。

A. 融资租赁是一项至少涉及三方当事人——出租人、承租人和供货商的交易

B. 设备所有权与使用权长期分离

C. 非全额清偿

D. 不可解约性

二、多选题

1. 保险的基本原则包括（　　）。

A. 保险利益原则　B. 最大诚信原则　C. 近因原则　D. 补偿原则

2. 保险的作用是（　　）。

A. 转移风险　B. 均摊损失

C. 实施补偿　D. 抵押贷款和投资收益

3. 依照保险的实施形式，保险可分为（　　）。

A. 财产保险　B. 自愿保险　C. 人身保险　D. 强制保险

4. 依照保险标的的不同，保险可分为（　　）。

A. 财产保险　B. 原保险　C. 再保险　D. 人身保险

5. 人身意外伤害保险分为（　　）。

A. 个人意外伤害保险　B. 团体意外伤害保险

C. 生存保险　D. 生死两全保险

6. 证券公司的类型有（　　）。

A. 证券经纪商　B. 证券自营商　C. 证券承销商　D. 投资银行

7. 证券公司的功能包括（　　）。

A. 优化资源配置　B. 调节市场　C. 协助筹集资金　D. 转投资

8. 信托的要素包括（　　）。

A. 信托关系　B. 信托行为　C. 信托主体　D. 信托客体

9. 信托的特点是（　　）。

A. 信托以受托为主，多面服务

B. 信托方式灵活，适应性强

C. 信托具有融通资金的性质

D. 受托人在管理信托财产时要履行谨慎义务

10. 按信托目的划分，信托可分为（　　）。

A. 个人信托　B. 民事信托　C. 商事信托　D. 私益信托

三、简答题

1. 一份人寿保险对于投保人的意义是什么？
2. 证券公司的优化资源配置职能是怎样起作用的？
3. 委托人办理信托业务的目的是什么？
4. 政策性金融机构和商业银行在业务上有什么区别？
5. 投资银行和证券公司在业务上有什么交叉？

四、案例分析题

某年1月2日，A公司向本市一家印刷厂租借了一间100多平方米的厂房做生产车间，双方在租赁合同中约定租赁期为一年，若有一方违约，违约方将支付违约金。同年3月6日，A公司向当地保险公司投保了企业财产险，期限为一年。当年A公司因订单不断，欲向印刷厂续租厂房一年，遭到印刷厂拒绝，因此A公司只好边维持生产边准备搬迁。次年1月2日至18日，印刷厂多次与A公司交涉，催促其尽快搬走，而A公司经理多次向印刷厂解释，并表示愿意支付违约金。最后，印刷厂法人代表只得要求A公司最迟在2月10日交还厂房，否则将向有关部门起诉。2月3日，A公司职员不慎将洒在地上的煤油引燃起火，造成厂房内设备损失215 000元，厂房屋顶烧毁，需修理费53 000元，A公司于是向保险公司索赔。

本案例中，厂房内设备属于企业财产险的保险责任范围，保险公司理应赔偿其损失，这一点不存在争议；但租赁合同已到期，保险公司对是否对厂房屋顶修理费进行赔偿产生了分歧。

第一种意见：租赁合同到期后，A公司对印刷厂厂房已不存在保险利益。

第二种意见：A公司继续违约使用印刷厂厂房期间，厂房屋顶烧毁，即A公司违约行为在先，在保险标的上的利益不合法，保险公司不应给予赔偿。

问题：保险公司是否应给予赔偿？你支持哪种意见？

※实践参与

1. 搜索资料分析：互联网金融发展下各个非银行金融机构的发展现状如何？所开展的互联网金融业务有哪些？

2. 试举例说明：各个非银行金融机构所开展的互联网金融业务与传统业务的区别是什么？

3. 画出我国金融机构体系结构图。

4. 分析我国非银行金融机构概况，完成下列任务：

（1）通过网络搜索，查找目前非银行金融机构数量以及典型机构。

（2）查看近几年央行发布的《货币政策执行报告》中涉及的非银行机构。

（3）各找3家非银行金融机构，并列举出主要业务，讨论银行金融机构与非银行机构的业务区别。

项目七 走进金融市场

学习目标

- 了解金融市场的含义及特征。
- 熟悉金融市场的基本要素。
- 掌握各种金融市场分类的标准及特点。
- 能够运用票据市场和同业拆借市场的相关知识进行分析。
- 能够运用证券发行与流通市场的相关知识进行分析。
- 培养金融市场开放与金融风险防范意识。
- 辨析金融市场违法及诈骗行为，学习辨明是非、构筑诚信之墙。

价值塑造

金融是现代经济的核心。经济形势复杂多变，金融市场瞬息万变，这对金融从业者的专业性提出了更高的要求。

金融从业者要崇尚专业精神，拥有充足的专业知识，保持较高的专业水准，把握全球经济金融格局，准确研判宏观经济形势，了解国际国内金融管理制度的最新变化。

任务一　认识金融市场

◆ 任务导入

金融市场瞬息万变，各种消息鱼龙混杂，如何在变动的国际国内环境中保持稳定？羊群效应、噪声交易、反应过度等理论，都在告诉我们作为投资者要树立正确的投资理念、拥有良好的投资心态、保持学习知识的状态，集中精力办好自己的事情。本任务就是带领大家认识金融市场，了解金融市场。

◆ 任务分析

1. 上网搜索观看“耶鲁大学公开课：金融市场”第一讲。

2. 了解我国当前的金融市场发展现状，并在此基础上分析金融市场对我们经济生活产生的影响。

知识精讲

一、金融市场的概念

（一）金融市场的含义

金融市场是融通各种资金的多功能、多层次市场的总称，有广义和狭义之分。广义的金融市场泛指资金供求双方运用各种金融工具，通过各种途径进行的全部金融交易活动，包括金融机构与客户之间、各金融机构之间、资金供求双方之间所有的以货币为交易对象的金融活动，如存款、贷款、信托、租赁、保险、票据抵押与贴现、股票和债券买卖、黄金外汇交易等；狭义的金融市场是指资金供求双方以票据和有价证券为金融工具的货币资金交易、黄金外汇买卖和金融机构间的同业拆借等活动的总称。

金融市场通常包括以下三层含义：（1）金融市场是进行金融资产交易的场所；（2）金融市场的状况反映了金融资产供应者和需求者之间的供求关系；（3）金融市场包含金融资产交易过程中所产生的各种运行机制。

（二）金融市场的特征

金融市场是商品经济发展导致信用形式多样化的必然产物。金融市场与一般商品市场比较，有以下几个明显的特征。

1. 金融市场上的商品具有单一性和价格的相对一致性

在金融市场上，交易对象不是具有各种各样使用价值的商品，而是单一的货币形态的资金商品。资金商品没有质的差别，只有单一的“使用价值”——获得收益的能力。利息以资本商品“价格”的面貌出现，而利息受市场利润率的制约，并由于竞争的结果，利率趋向一致。因此，商品的单一性和价格的相对一致性是金融市场的一个重要特征。

2. 金融市场具有可以非物质化的特征

在一般商品市场上，买方的目的在于消费，交易活动必定以标的商品在物质上转手作为终点。但在金融市场上，金融产品的交易可以非物质化。

3. 金融商品交易的非物质化使得交易可以完全凭空进行

没有金融商品的人可以在金融市场上卖出该商品，他们只需在金融市场上进行一次反向业务操作或以现金结算差价即可，不必提供或购入有关金融商品。这就是金融市场上的“买空卖空”行为，完全不同于一般商品市场。

4. 现代金融市场是信息市场

由于金融市场的核心内容——金融产品交易可以抽象掉其硬的物质方面的限制，因此金融市场“软”的方面，即信息方面就显得特别重要。金融市场事实上是一个信息市场。信息的发布、传递、收集、处理和运用是金融市场上所有参与者都不能回避的竞争焦点。信息在金融市场中的特殊地位，不仅表现在已经实际发生了的事实的信息上，而且体现在对于未来的、还没有发生甚至不知道会不会发生的事件的预期信息上。

5. 金融市场是一个自由竞争市场

各种各样的金融产品在本质上是完全一致的，它们都代表着一定量的价值或财富，它们之间存在相互替代性。因此，在金融市场上，各种不同的金融产品的供给与需求在很大程度上是相通的，它们之间具有很强的竞争性。相对于一般商品市场，金融市场为供求竞争规律提供了更全面、更完整的条件。

二、金融市场的基本要素

（一）投资人

金融市场的投资人是资金的供应者，也是金融工具的购买人。投资人将自己暂时不用的货币资金以购买金融商品的形式提供给资金短缺的人。投资人包括企业、家庭、政府部门及社会团体、金融机构等。

1. 企业

各类企业在生产经营活动中，或者是由于生产活动的季节性，或者是由于购进和销售的差异，或者是由于企业固定资产折旧费提取后暂未进行设备更新等，有了暂时闲置的货币资金。为了充分运用这部分闲置资金，企业可以将其存入银行收取利息，也可以用其购买有价证券获取投资收入。

2. 家庭

家庭在为社会从事生产经营活动后会得到一定数量的货币收入，这些货币收入除用于生活消费外会有一定的剩余。存入银行可以收取利息，购买股票、债券可以获得投资收入。这样，家庭也成为金融市场的投资人。

3. 政府部门及社会团体

政府部门及社会团体的预算收入或经费，在收入后未支付前会形成暂时多余的资金，可以存入银行获取利息。有些社会团体会有各种基金，可能在较长时间内闲置，可以购买证券、向金融市场提供资金，以取得货币收入。

4. 金融机构

金融机构包括银行和非银行金融机构，如信托投资公司、保险公司、租赁公司、财务公司、合作金融组织等。金融机构从社会上吸收资金，金融机构中的银行还可以创造信用。这形成了它们的资金来源，使它们成为资金的供给者。中央银行不直接向企业或个人提供资金，但它对金融机构提供贷款、再贴现，是最后的贷款人。

（二）筹资人

金融市场的筹资人是金融市场上资金的需求者，也就是金融工具的发行人或出卖者，它们通过发行金融工具或出售手中的证券筹集资金。在金融市场上进行筹资的有企业、家庭、政府部门、金融机构等。

1. 企业

企业既是资金的供应者，又是资金的需求者。为了扩大再生产等，企业需要补充资金，从而成为金融市场上资金的需求者。

2. 家庭

在现代生活中，家庭为了购买高档耐用消费品，如住宅、汽车等，或个体生产经营者为了得到必需的经营周转资金，都会向金融市场提出资金需求，如住宅贷款、个体工商户贷款等。

3. 政府部门

国家及其各有关部门或地方政府，在财政收支不能平衡、发生赤字时，或者为了扩大经济建设需要投入巨额资金时，都要在金融市场上筹集资金，如发行公债、国库券以及各种经济建设债券等，有时也向银行透支或向外国政府及金融机构借贷。

4. 金融机构

金融机构完全依靠自有资金去发放贷款是很难满足社会需要的，它们通过吸收客户存款、发行金融债券、向同业拆借或向中央银行再贴现、贷款取得资金，以求平衡，因而银行及其他金融机构也是金融市场的筹资人。

以上四种资金需求者，企业是最主要的，尤其是工商企业，是资金需求大户。其次才是政府部门和金融机构。家庭对资金的需求一般很小，在整个金融市场中不占重要地位。

（三）中介人

金融市场上的中介人是资金供给者与需求者之间融通资金的桥梁。中介人通常是银行和非银行金融机构与经纪人，包括商业银行、投资银行、储蓄银行、保险公司、信托投资公司、合作社、养老基金会以及经纪人和证券商等。它们通过吸收存款、发放贷款，或代客发行与买卖证券、代理证券投资等业务活动，充当金融交易中介。

（四）金融商品

金融商品是金融市场上交易的对象，是筹资人发行的一种金融工具，即债权凭证或所有权凭证。对于投资人来说，这些金融商品是一种金融资产。在金融市场上交易的金融商品有短期、长期两类，短期的是在一年之内收回本金和利息的凭证，如商业票据、银行票据、短期证券、大额定期存款单、短期存款凭证以及国库券等；长期的则是收回本金及利息要在一年以上的凭证，如企业债券、公债等，也包括没有收回的股票。

随堂思考：金融市场上交易的金融商品有哪些？请列举出来，并简单介绍其含义。

三、金融市场的分类

（一）货币市场和资本市场

按交易期限的不同，金融市场可分为短期资金市场和长期资金市场，或称货币市场和资本市场。

货币市场是指融资期限在一年以内的资金市场，其资金主要用于短期生产和周转需要。货币市场的主要特征是偿还期比较短，流动性比较高，风险比较小。这种资金与货币的差别不大，而且这些金融工具往往被当作货币的代用品。货币市场包括拆借市场、票据市场、存单市场、短期债务市场和短期放款市场。

资本市场又称长期资金市场，是指融资期限在一年以上的资金市场，其资金主要用于满足固定资产投资的需要。资本市场的主要特征是期限比较长、风险比较大，能给购买这些长期金融资产的投资者定期带来收入。资本市场包括股票市场、债券市场等。

（二）发行市场和流通市场

按照交易程序的不同，金融市场可分为发行市场和流通市场。

发行市场又称初级市场或一级市场，是票据或证券等金融工具最初发行的市场。流通市场又称二级市场、次级市场或交易市场，是已发行票据或证券等金融工具转让买卖的市场。

发行市场是基础，流通市场是保障。没有发行市场，就不能融通资金，社会资金就不能重新分配、高效运转。没有流通市场，代表资金的票据或证券就不能自由流通转让。人们担心自己急需现款时不能变现，就不敢购买这种金融资本，票据或证券的发行就不会顺利，甚至发行市场也很难存在。发行市场与流通市场二者相辅相成，共同构成了完整的金融市场，构成了金融商品发行、交易的整个过程。因此，在建设与完善金融市场的漫长过程中，发行市场与流通市场同等重要，在政策上不能偏颇。

（三）有形市场和无形市场

按交易的具体场所或空间不同，金融市场可分为有形市场和无形市场。

有形市场有具体的固定交易场地，被称为场内市场，如证券交易所。有形市场的管理严密，交易方式与程序固定。

无形市场是指观念上的市场，没有具体的固定场地，常发生场外交易、店头交易、柜台交易和电话交易，如资金拆借等。无形市场的管理较为松散，交易方式与程序也较为灵活。

（四）现货市场和期货市场

按商品交割时间的不同，金融市场可分为现货市场和期货市场。

现货市场又称现金市场，是指当天成交，当天就进行交割（交钱付货），或最迟在三天内交割的交易市场。期货市场是指交易双方达成协议后，不立即交割，而在一定时期（如一个月或者三个月）后交割的交易市场。

二者相比，期货市场风险大、收益高、投机性强，而现货市场风险小、收益低、投机性较弱。其主要原因在于交割期限有差别。在期货交易中，从协议成交日到交割日这段时间里，由于市场利率的变化及其他原因，交易对象的价格会有升有降，因而期货交易者就有可能利用未来行情变化进行投机买卖，意欲在未来价格的涨落中得到好处，获得利润。很多投资者为了避免行情变化可能带来的损失，经常将现货交易与期货交易相结合，进行套期保值，以便获得稳妥的收益。

（五）国内金融市场与国际金融市场

国内金融市场是一个国家内部以本国或地区货币表示的资金交易市场，其交易活动要受到本国法规和制度的管制。

国际金融市场是国际上各种金融业务活动的领域，其金融交易包括长期和短期资金借贷、外汇黄金的买卖，以及票据贴现、国际债权债务等。它的交易活动超过了一国国境，而且交易的金融商品也不限于一种货币。更重要的是，国际金融市场的活动，一般所在国政府干预较少，不受所在国法令控制，交易比较自由。国际金融市场没有固定的具体场地，基本上是一种无形市场。

四、金融市场的地位和功能

（一）金融市场的地位

在市场经济中，金融市场是统一市场体系的重要组成部分，它与生产资料市场和劳动力市场，以及由此派生出的消费资料市场、劳务市场、技术市场、产权市场、文化市场等各类市场相互联系、相互依存，共同形成了统一的有机整体。在整个市场体系中，金融市场是最基本的组成部分之一，是联系其他市场的纽带。因为在现代市场经济中，各种市场的交易活动都要通过货币流通和资金的运动来实现，都离不开金融市场的密切配合。

（二）金融市场的功能

1. 聚敛功能

金融市场的聚敛功能是指金融市场引导众多分散的小额资金汇聚成可以投入社会再生产的资金集合功能。金融市场之所以具有资金的聚敛功能，一是由于金融市场创造了金融资产的流动性。现代金融市场正发展成为功能齐全、法规完善的资金融通场所，资金需求者可以很方便地通过直接或间接的融资方式获取资金，而资金供应者也可通过金融市场为资金找到满意的投资渠道。二是由于金融市场多样化的融资工具为资金供应者寻求合适的投资手段提供了出路。资金供应者可以依据自己的收益风险偏好和流动性要求选择让其满意的投资工具，实现资金效益的最大化。

2. 配置功能

金融市场的配置功能表现在以下三个方面：

（1）资源的配置。在金融市场中，证券价格的波动实际上反映着证券背后所隐含的相关信息。投资者可以通过证券交易中所公开的信息及证券价格波动所反映出的信息来判断整体经济运行情况以及相关企业、行业的发展前景，从而决定其资金和其他经济资源的投向。一般来说，资金总是流向最有发展潜力、能够为投资者带来最大利益的部门和企业。这样，通过金融市场的作用，有限的资源就能够得到合理的利用。

（2）财富的再分配。财富是各经济单位持有的全部资产的总价值。政府、企业及个人通过持有金融资产的方式持有财富，当金融市场上的金融资产价格发生波动时，其财富量也会发生变化。一部分人的财富量随金融资产价格的升高而增加，而另一部分人的财富量则由于金融资产价格的下跌而相应减少。这样，社会财富就通过金融市场价格的波动实现了再分配。

（3）风险的再分配。金融市场也是风险再分配的场所。在现代经济活动中，风险无时不在、无处不在。不同的主体对风险的厌恶程度是不同的，利用各种金融工具，风险厌恶程度较高的人可以把风险转嫁给风险厌恶程度较低的人，从而实现风险的再分配。

3. 调节功能

调节功能是指金融市场对宏观经济的调节作用。金融市场一边连着储蓄者，另一边连着投资者，金融市场的运行机制通过对储蓄者和投资者的影响而发挥作用。

金融市场具有直接调节作用。金融市场通过其特有的引导资本形成及合理配置的机制，首先对微观经济部门产生影响，进而影响宏观经济活动。金融市场的存在及发展，为政府实施宏观经济的间接调控创造了条件。

4. 反映功能

金融市场历来被称为国民经济的“晴雨表”和“气象台”，是公认的国民经济信号系统。这实际上就是金融市场反映功能的写照。金融市场的反映功能表现在如下几个方面：

（1）由于证券买卖大部分都在证券交易所进行，人们可以随时通过这个有形的市场了解各种上市证券的交易行情，并据此判断投资机会。证券价格的涨跌在一个有效的市场中实际上反映着其背后企业的经营管理情况及发展前景。此外，一个有组织的市场，一般也要求上市公司定期或不定期地公布其经营信息和财务报表，这也有助于人们了解及推断上市公司及相关企业、行业的发展前景。所以，金融市场是反映微观经济运行状况的指示器。

（2）金融市场交易直接和间接地反映了国家货币供应量的变动。货币的紧缩和放松均是通过金融市场进行的，货币政策实施时，金融市场会出现波动，表示出紧缩和放松的程度。因此，金融市场所反馈的宏观经济运行方面的信息，有利于政府部门及时制定和调整宏观经济政策。

（3）由于证券交易的需要，金融市场有大量专门人员长期从事商情研究和分析，并且他们每日与各类工商企业直接接触，能了解企业的发展动态。

（4）金融市场有着广泛且及时收集和传播信息的通信网络，整个世界金融市场已连成一体，四通八达，人们可以更方便地了解世界经济的发展变化情况。

任务二　走进货币市场

◆ 任务导入

货币市场是一年内的短期资金交易的市场。从资金的供给方来说，货币市场是给暂时闲置的资金寻找出路的市场；从资金的需求方来说，货币市场是满足短期资金需求的市场。当我们急需用钱的时候，除了可以向亲友借款，其实我们还有一些短期资金周转的渠道，如信用卡透支、典当行贷款等。但我们一定要注意的是短期资金借贷一定要以安全为重，不要轻易通过网络进行借贷。

◆ 任务分析

上网搜索回答以下问题：

1. 什么是货币市场？
2. 货币市场的特征是什么？
3. 我国货币市场的发展现状如何？

知识精讲

一、货币市场概述

（一）货币市场的含义

货币市场是短期资金市场，是指融资期限在 1 年以下的金融市场，是金融市场的重要组成部分。货币市场是进行短期资金融通的市场，其交易主体和交易对象十分广泛，既有直接融资如短期国库券交易、票据交易等活动，又有间接融资如银行短期信贷、短期回购等交易；既有银行内的交易，也有银行外的交易。由于早期商业银行的业务主要局限于短期商业性贷款业务，因此货币市场是最早和最基本的金融市场。

（二）货币市场的特征

（1）期限较短。货币市场融资期限最长为1年，最短为1天、半天，以3～6个月者居多。

（2）满足短期资金周转的需要。交易的目的主要是满足短期资金周转的需要，一般的去向是弥补流动资本的临时不足。

（3）交易工具的流动性强，可以在市场上随时兑现。从这个意义上说，它们近似于货币，故将融通短期资金的市场称为货币市场。

（三）货币市场的形式

货币市场的参与者主要是机构，而以机构为主要参与者的市场具有交易规模大、客户数量较少、交易频繁的特点。这些特点使得货币市场交易完全可以借助现代通信手段进行，因此，形成了一个庞大的无形市场，如短期国库券交易、外汇交易、可转让大额定期存单交易、同业拆借等都是通过无形市场进行的。当然，也不能绝对肯定没有场所固定的交易。货币市场以无形市场为主，既有无形市场，又有有形市场。

（四）货币市场的功能

1. 短期资金融通的媒介

货币市场的最基本功能就是短期资金融通，促进资金流动，对社会资源进行再分配。货币市场的存在使得工商企业、银行和政府可以从那里借取短缺资金，也可将它们暂时多余的、闲置的资金投放在那里进行短期投资，生息获利，从而促进资金合理流动，解决短期性资金融通问题。

2. 联络银行和其他金融机构，协调资金的供需

各家银行和金融机构的资金，通过货币市场交易，从分散到集中，从集中到分散，从而使整个金融机构体系的融资活动有机地联结起来。

3. 显示资金形势，有助于进行宏观调控

货币市场在一定时期的资金供求及其流动情况，反映了该时期金融市场银根的松紧程度，它在很大程度上是金融当局进一步贯彻货币政策、宏观调控货币供应量的帮手。

二、货币市场细分

（一）同业拆借市场

1. 同业拆借市场的含义

同业拆借市场又称同业拆放市场，是指各类金融机构之间因进行短期资金拆借活动而形成的市场，其交易对象为各金融机构的多余头寸。一般来说，资金多余者向资金不足者贷出款项称为资金拆出；反之，则为拆入。作为国内和国际市场中最活跃、交易量最大的

市场，同业拆借市场中的资金主要用于弥补金融机构在日常经营活动中经常发生的存款准备不足、票据清算差额和解决临时性资金周转问题等。

金融视界

头寸和票据清算

1. 头寸

头寸是指投资者拥有或借用的资金数量。头寸是一种市场约定，买进外汇合约者是多头，处于盼涨部位；卖出外汇合约者为空头，处于盼跌部位。

2. 票据清算

票据清算是指在同一个城市（或区域），不同分行把相互代收代付的结算凭证，按照规定的时间，集中到某一固定地点相互交换，轧计差额，并清算应收应付资金的一种方法。

2. 同业拆借市场的类型

（1）银行同业拆借市场。银行同业拆借市场是指银行业同业之间短期资金的拆借市场。各银行在日常经营活动中经常会发生头寸不足或盈余的情况，为了互相支持对方业务的正常开展，并使多余资金产生短期收益，就自然产生了银行同业之间的资金拆借交易。这种交易活动一般没有固定的场所，主要通过电信手段成交。期限按日计算，有 1 日、2 日、5 日不等，一般不超过 1 个月，最长期限为 120 天，期限最短的甚至只有半日。拆借的利息叫作拆息，其利率由交易双方自定，通常高于银行的筹资成本。拆息变动频繁，灵敏地反映了资金供求状况。同业拆借每笔交易的数额较大，以满足银行经营活动的需要。日拆一般无抵押品，单凭银行间的信誉。期限较长的拆借常以信用度较高的金融工具为抵押品。

随堂思考：我国银行同业拆借在拆借市场交易的主要是哪些资金？拆借利率是中央银行规定的吗？

（2）短期拆借市场。短期拆借市场又叫作通知放款，主要是指商业银行与非银行金融机构（如券商）之间的一种短期资金拆借形式。其特点是利率多变，拆借期限不固定，随时可以拆出，随时偿还。交易所经纪人大多采用这种方式向银行借款。具体做法是，银行与借款人订立短期拆借协议，规定拆借幅度和担保方式，在幅度内随用随借，担保品多是股票、债券等有价证券。借款人在接到银行还款通知的次日即须偿还，如到期不能偿还，银行有权出售其担保品。

3. 同业拆借市场的特点

与其他货币市场相比，同业拆借市场具有自己的特点：

（1）同业拆借市场对进入市场的主体有严格限制，必须是金融机构或指定的某类金融机构才允许进场交易。如我国在 2007 年 7 月颁布的《同业拆借管理办法》中就规定了具有同业拆借主体资格的金融机构，包括政策性银行、中资商业银行、外商独资银行、中外合资银行、城市信用合作社、农村信用合作社县级联合社、信托公司、金融资产管理公司、融资租赁公司、证券公司、保险公司、外国银行分行等 16 类，涵盖了所有的银行类金融机构和部分非银行金融机构，而工商企业、政府部门或家庭个人等非金融机构均不得进入市场。

（2）融资期限较短，拆借资金的期限多为 1 日或几日，最长不超过 1 年。由于资金在极短的时间内可以在不同的金融机构之间进行转移与调动，因此拆借市场成为各金融机构弥补短期资金不足和运用短期资金的主要市场，也成为解决或平衡资金流动性与营利性矛盾的市场。

（3）交易手段先进，手续简便，成交时间迅捷。同业拆借市场的交易双方并不聚集在某一固定的场所，而是使用现代化通信设施进行拆借，所以，虽然各参与者分散在市场的不同角落，但都可以通过电话、电脑等现代化的通信手段进行信息传递、价格咨询和交易。一旦成交，资金的交割划账都可以在当天完成。

（4）交易的无担保性。由于在同业拆借市场进行的资金借贷与融通是金融机构之间的交易，它们实力较强、信誉较高，双方基本知己知彼，且交易额较大，因此一般不需要担保或抵押，完全是一种信用交易。

（5）市场的拆借利率由供求双方协商议定，随行就市。同业拆借市场的利率是根据市场的供求情况，由双方讨价还价后成交的，因此是市场化程度较高的利率；反过来，利率的变动频繁，又能迅速、准确、及时地反馈货币市场资金供求的状况与变化。

（6）免交存款准备金。按照规定，各金融机构从同业拆借市场拆入的资金视同各自的借款而非存款，因此可以免交存款准备金。这就使同业拆借相对于一般客户存款的成本更低，对于各银行等金融机构也就更具有吸引力。

（二）商业票据市场

1. 商业票据市场的含义

商业票据是大公司为了筹措资金，以贴现方式出售给投资者的一种短期无担保承诺凭证。由于商业票据没有担保，仅以信用作保证，因此能够发行商业票据的一般都是规模巨大、信誉卓著的公司。商业票据市场则是这些公司所发行的商业票据交易的市场。

2. 商业票据市场的要素

（1）主体。商业票据的发行者和投资者是商业票据市场的两大主体，它们构成了商业票据市场的供求双方。商业票据的主要发行者是金融公司、非金融公司（如大企业、事业单位等）及银行控股公司等。从西方一些国家的实际情况来看，能在商业票据市场上享有经常大量发行商业票据、筹措巨额资金权利的只有那些资金雄厚、信誉卓著、评级优良的公司。

商业票据的主要投资者是大型商业银行、非金融公司、保险公司、养老金、互助基金会、地方政府和投资公司等，个人投资者通常很少，这主要是由于商业票据面值较大，个人一般无力购买。不过近年来在某些市场上，商业票据的最小面值已经降低，个人投资者开始活跃。

（2）发行方式与发行成本。商业票据的发行方式有直接发行和间接发行两种。采取何种方式，主要取决于发行人使用这两种方式的成本高低以及发行人自身实力的大小。直接发行是指商业票据的发行人直接将票据出售给投资者。一般在采取这种方式前，要对商业票据进行评级，公告票据的数量、价格、期限等。间接发行是指商业票据的发行者通过交易商发行票据。

商业票据的发行成本大小在很大程度上决定企业采取何种发行方式筹集资金，所以，各企业都会进行详细的计算和比较。一般来说，影响商业票据发行成本的因素有五个：一是按规定利率所支付的利息；二是承销费（一般根据金额大小及时间长短计付）；三是签订费，即为证明商业票据所载事项的真实性而付给权威中介机构的签订手续费和工本费；四是保证费，即金融机构为发行商业票据的企业提供信用保证而收取的费用；五是评级费，是指信用评级机构对发行者进行信用评级而收取的费用。

随堂思考：商业票据采用间接发行时，为什么采用的是承销，而不是代销、包销？承销、代销和包销有什么区别？

总之，商业票据的发行视经济及市场状况的变化而变化。一般来说，高利率时期，发行数量较少；资金来源稳定时期、市场利率较低时，发行数量较多。

（3）面额与期限。商业票据的面额大、期限短，发行者利用这种信用工具可以在短期内迅速以低成本吸收大量的资金。如在美国的商业票据市场上，大多数商业票据的发行面额都在 10 万美元以上，只有少量的商业票据发行面额是 2.5 万美元或 5 万美元；美国的二级市场则规定商业票据的最低交易规模为 10 万美元。商业票据的期限一般不超过 270 天，市场上未到期的商业票据平均期限在 30 天以内，大多数商业票据的期限在 20～40 天。

（4）利率及价格。商业票据均为贴现发行，故商业票据的利率也就是贴现率。影响商业票据利率的主要因素有商业票据的发行成本、发行者的资信等级、发行时有无担保以及担保人的资信等级等。一般来说，发行成本越高，就越需要较高的发行利率予以弥补；发行者资信等级高，发行利率便较低；若再有高等级银行予以担保，发行利率可更低一些。此外，商业票据利率还同货币市场内的资金供求状况、银行信贷利率紧密相关，若资金供给紧张，发行利率就要高一些，反之则低。

商业票据的价格主要是指它的发行价格。

3. 商业票据市场的类型

商业票据市场包括票据承兑市场和票据贴现市场。

（1）票据承兑市场。承兑是指汇票到期前，汇票付款人或指定银行确认票据记明事项，在票面上做出承诺付款并签章的一种行为。汇票之所以需要承兑，是因为债权人作为出票人单方面将付款人、金额、期限等内容记载于票面，从法律上讲，付款人在没有承诺前不是真正的票据债务人。经过承兑，承兑者就成了汇票的主债务人，因此，只有承兑后的汇票才具有法律效力，才能作为市场上合格的金融工具转让流通。由于承兑者以自己的信用作保证，负责到期付款，故若委托他人或银行办理承兑，须支付承兑手续费。在国外，票据承兑一般由商业银行办理，也有专门办理承兑的金融机构，如英国的票据承兑所。

金融视界

票据承兑所

票据承兑所又称融通银行，是为需求者融通资金的专门金融机构。票据承兑所起源于商人事务所，其主要业务是为顾客办理票据承兑。

（2）票据贴现市场。票据贴现是指票据持有者为取得现金，以贴付利息为条件向银行或贴现公司转让未到期票据的融资行为。票据贴现可以使工商企业的资本从票据债权形式转化为现金形式，从而有利于资金周转，使资金循环顺利进行。贴现交易的工具是经过背书的汇票和本票以及政府国库券与短期债券。商业银行为票据贴现，目的在于获取利润。一般情况下，商业银行会将购入票据保存到期，向承兑人收取票款，还本付息。如在实际经营中急需资金，商业银行可用贴入票据向中央银行再贴现，中央银行运用再贴现率来调节或控制商业银行的信贷规模，以保持适当的市场货币供给量。

随堂思考：到哪里购买商业票据？商业票据市场信息是由哪个部门发布的？

（三）可转让大额定期存单市场

可转让大额定期存单英文简称为CD，是有固定面额的、由银行发给存款人按一定期限和约定利率计息，到期前可以流通转让的证券化存款凭证。可转让大额定期存单首创于美国，是20世纪60年代美国银行界为逃避一些法律监管条例而推出的一项金融创新工具，目的是吸收大额定期存款。

1. 可转让大额定期存单的特点

可转让大额定期存单不能提前支取，到期一次还本付清，期限多为3～6个月，一般不超过1年，其利率水平一般高于同期定期存款利率。

与一般定期存款相比较，可转让大额定期存单具有以下特点：

（1）可转让大额定期存单通常不记名、可以流通转让；而一般定期存款记名、不可以流通转让。

（2）可转让大额定期存单的金额较大，如在美国最少为10万美元；定期存款的金额一般不固定。

（3）可转让大额定期存单的利率一般比同期定期存款利率要高。

（4）可转让大额定期存单不可以提前支取，但可以在二级市场流通转让；定期存款可以提前支取，但要损失部分利息。

2. 可转让大额定期存单的种类

（1）按照利率计算方法不同，可转让大额定期存单可分为固定利率存单和浮动利率存单。前者利率固定不变；后者利率则是以货币市场某一放款或证券的利率为基础，另加差额。

（2）按发行人不同，可转让大额定期存单可分为国内银行发行的存单和外国银行发行的存单。

（3）按发行地点不同，可转让大额定期存单可分为欧洲美元存单、日元存单、亚洲美元存单等。

随堂思考：美国发行的可转让大额定期存单有哪些类型？

3. 可转让大额定期存单的发行与流通

从可转让大额定期存单的产生可知，存单的发行者主要为商业银行或类似可以吸储的非银行金融机构。在西方国家，可转让大额定期存单的发行方式主要有批发发行和零售发行两种。批发发行是发行银行集中发行一批存单，发行时把发行总额、利率、期限等予以公布，供投资者认购。零售发行是发行银行为适应客户需要随时发行，发行条件由发行银行和客户协商议定。

可转让大额定期存单的流通市场是对已发行但尚未到期的存单进行买卖的市场，一般由存单买卖者和经纪商组成。在一级市场购买存单的投资者，如果急需资金，可以在二级市场上将存单出售给经纪商，以维持存单的流通性。经纪商买入这些存单后可一直持有到期，既可兑取本息，也可在二级市场上再出售。

随堂思考：了解我国的可转让大额定期存单市场的发展历程。

（四）国库券市场

1. 国库券市场的含义

国库券是中央政府为了弥补国家金库资金不足而发行的期限不超过一年的短期债券，是政府债券的重要组成部分。发行国库券的主要目的在于筹措短期资金，解决财政困难。当中央政府的年度预算在执行过程中发生赤字时，国库券筹资是一种经常性的弥补手段。国库券具有期限短、风险低、流动性强，以及免税等特征，深受市场欢迎。国库券市场的交易十分活跃，它不仅是投资者理想的短期投资场所，也是商业银行调节流动性和中央银行通过公开市场业务操作进行金融调控的重要场所。

2. 国库券市场的特点

（1）市场风险小。国库券是由政府发行的国家债券，有国家信用作担保，一般被认为是没有违约风险的，因此对投资者具有很大的吸引力，特别是对风险厌恶者更是一种理想的投资工具。同时，商业银行等金融与非金融机构为了满足其流动性与营利性的需要，也会保留相当数量的国库券资产。

（2）流动性强。由于市场参与者众多，因此国库券的流动性强，能够在交易成本较低及价格风险较小的情况下迅速变现，满足了投资者对流动性的需求。

（3）税收优惠。国库券的利率一般虽低于银行存款或其他债券，但许多国家的法律都规定，对来自国库券交易的收入免交所得税或资本利得税，所以投资国库券仍可获得较高的收益。

3. 国库券市场的作用

（1）满足国家经济发展中的临时性资金需求。在市场经济国家，当政府财政因一些不可预测的支出而出现赤字或急需短期资金时，为充分发挥国家在经济建设中的主导作用，通过发行国库券来筹集巨额资金已成为市场经济运行的基本规则。

（2）中央银行贯彻货币政策的重要场所。作为货币政策的“三大法宝”之一，公开市场操作业务是各国中央银行货币政策最重要的工具，随着国库券发行规模的不断加大，国库券的无信用风险、期限短、流动性强等特点，使其成为中央银行公开市场操作业务的最佳选择对象。作为国库券市场上的重要参与者，中央银行通过公开市场业务买进或卖出国库券，来调节货币供应量，以实现稳定通货的货币政策目标。

（3）为广大投资者提供短期资金投资的重要场所。国库券因其本身所具有的特征，成为机构与个人投资者短期主要的投资工具。对个人投资者来说，国库券市场在其交易中有降低风险、增强流动性、提高收益的作用。而对商业银行等机构投资者来说，利用国库券可以解决一些其他形式的货币市场金融工具所无法解决的问题，如在很多金融机构中，国库券被作为仅次于现金的二级储备。

（五）证券回购协议市场

证券回购协议是指证券的持有人在卖出一笔证券的同时，与买方签订协议约定在一定的时间内，按规定的价格买回原证券的融资行为。证券回购协议实质上是一种以证券作为质押担保的短期融资方式。作为质押品的证券主要是国库券、政府债券或其他有担保债券，也可以是商业票据、可转让大额定期存单等其他货币市场工具。我国证券回购协议市场上回购协议的标的物是经中国人民银行批准的，可用于在证券回购协议市场进行交易的政府债券、中央银行债券及金融债券。

证券回购协议市场又称为回购协议市场，是指通过回购协议进行短期资金融通交易的场所，市场活动由回购与逆回购组成。同一项交易，从证券提供者的角度看是回购；从资金提供者的角度看是逆回购。

证券回购协议市场的交易特点：流动性强，协议多以短期为主；安全性高，交易场所是规范性的场内交易，双方的权益都有法律保护；收益稳定并高于银行同期存款收益；融资资金免交存款准备金，是银行扩大筹资规模的重要方式。证券回购协议具有一定的信用风险，就是当所质押的证券价格下跌时，卖方可能到期不购回证券；或当所质押证券价格上涨时，买方可能不愿意将证券回售给卖方。

随堂思考：如何查看证券回购数据？

任务三　走进资本市场

◆ 任务导入

在证监会、国家金融监督管理总局的不少官方发言中，我们常常能看到一些这样的表述——“进一步优化完善资本市场互联互通机制”“要促进资本市场长期稳定健康发展”“将引导更多长期资金入市，强化资本市场韧性”等。

“资本市场”这四个字，是一个绕不开的词语。很多人把资本市场等同于A股市场，这是错误的认知。要看懂政策，得先了解什么是资本市场。作为与货币市场相对应的理论概念，资本市场是进行中长期资金借贷融通的市场。从萌芽、初创到不断发展壮大，我国的资本市场把自身发展融入中华民族伟大复兴的历史进程，稳步推进我国经济发展改革，走出了一条中国特色资本市场发展之路。同样，作为个人，我们现在要做的就是做好本职工作，将个人成长融入时代洪流之中，将个人理想奋斗融入祖国建设中，只有这样才能为中华民族伟大复兴和国家富强贡献智慧和力量。

◆ 任务分析

1. 分组查阅并讨论中国资本市场投资发展现状。

2. 分组讨论：资本市场有哪几种类型？在资本市场中，股份有限公司是通过什么方式筹集资金的？

知识精讲

一、资本市场概述

（一）资本市场的概念

资本市场亦称长期金融市场、长期资金市场，是指证券融资和经营一年以上的资金借贷及证券交易的场所。其主要职能是为企业及政府筹集所需要的中长期资金，以及为私人的中长期投资提供场所及便利的机会。资本市场除了银行长期放贷外，就是证券交易（包括债券和股票）。

（二）资本市场的特点

（1）交易期限长，至少在一年以上。

（2）交易目的主要是解决长期投资性资金的供需矛盾。

（3）资金借贷量大，以满足大规模长期项目的需要。

（4）作为交易工具的有价证券与短期金融工具相比，收益率高，但流动性差，风险也较大。

二、证券市场

证券市场是证券发行和交易的场所。从广义上讲，证券市场是指一切以证券为对象的交易关系的总和。从经济学的角度看，证券市场可以定义为：通过自由竞争的方式，根据供需关系来决定有价证券价格的一种交易机制。在发达的市场经济中，证券市场是完整的市场体系的重要组成部分，它不仅反映和调节货币资金的运动，而且对整个经济的运行具有重要影响。证券市场分为证券发行市场和证券流通市场。

（一）证券发行市场

证券发行市场是证券从发行人手中转移到认购人手中的场所，又称为初级市场或一级市场。证券发行市场实际上包括各个经济主体和政府部门从筹划发行证券、证券承销商承销证券到认购人购买证券的全过程。证券发行市场使股票、债券等证券数量和种类不断增加，把众多的社会闲散资金聚集起来转变成资本，集中体现了证券市场筹集资金的功能。

1. 证券发行市场的特点

证券发行市场是整个证券市场的基础，它的内容和发展决定着证券交易市场的内容和发展方向。证券发行市场具有以下特点：

第一，证券发行是直接融资的实现形式。证券发行市场的功能就是联结资金需求者和资金供给者，证券发行人通过销售证券向社会招募资金，而认购人通过购买发行的证券提供资金，将社会闲散资金转化为生产建设资金，实现直接融资的目标。

第二，证券发行市场是个无形市场。证券发行市场通常不存在具体的市场形式和固定场所，新发行证券的认购和销售主要不是在有组织的固定场所内进行的，而是由众多证券承销商分散进行的，因而证券发行市场是个抽象的、观念上的市场。

第三，证券发行市场中的证券具有不可逆转性。在证券发行市场上，证券只能由发行人流向认购人，资金只能由认购人流向发行人，而不能相反，这是证券发行市场与证券交易市场的一个重要区别。

2. 证券发行市场的结构

证券发行市场由证券发行人、证券认购人、证券承销商和专业服务机构构成。

（1）证券发行人。证券发行人又称发行主体，就是为筹措资金而发行股票或债券的企业单位、政府机构、金融机构或其他团体等，也包括在本国发行证券的外国政府和公司。证券发行人是证券发行市场得以存在与发展的首要因素。

（2）证券认购人。证券认购人就是以取得利息、股息或资本收益为目的而根据发行人的招募要约，将要认购或已经认购证券的个人或机构。它是构成证券发行市场的另一个基本要素。在证券发行实践中，证券认购人的构成较为复杂，可以是个人，也可以是团体，后者主要包括证券公司、信托投资公司、共同基金等金融机构和企业、事业单位以及社会团体等。在证券发行市场上，认购人人数的多少、购买能力的强弱、资产数量的多少、收益要求的高低，以及承担风险能力的大小等，直接影响和制约证券发行的消化量。当证券进入认购人手中，证券发行市场的职能也就实现了。

（3）证券承销商。证券承销商主要就是证券发行人与证券认购人交易的证券中介机构。证券承销商接受发行人的委托，通过一定的发行方式和发行渠道，向认购人销售发行人的证券。我国目前从事证券承销业务的机构是经批准有承销资格的证券公司、金融资产管理公司和金融公司。

（4）专业服务机构。专业服务机构包括证券服务性机构、经济鉴证类机构以及其他服务机构。证券服务性机构包括证券登记结算公司和证券信用评级机构等，其主要作用是对发行人和认购人进行股权或债权注册登记以及评估发行人的信用级别；会计师事务所的主要作用是对发行人进行财务状况审计，为认购人提供客观的财务信息；资产评估机构的作用是运用合理的评估方法确定发行人和某些认购人的资产质量；律师事务所的作用是以合法的手段排除发行过程中的法律障碍，并就发行人申请证券发行时所处的法律状态出具法律意见书。

金融视界

信托投资和共同基金

1. 信托投资

信托投资是金融信托投资机构用自有资金及组织的资金进行的投资。以投资者身份直接参与对企业的投资是目前中国信托投资公司的一项主要业务，这种信托投资业务与委托投资业务有两点不同：第一，信托投资的资金来源是信托投资公司的自有资金及稳定的长期信托资金，而委托投资的资金来源是与之相对应的委托人提供的投资保证金；第二，信托投资过程中，信托投资公司直接参与投资企业经营成果的分配，并承担相应的风险，而对委托投资，信托投资公司则不参与投资企业的收益分配，只收取手续费，对投资效益也不承担经济责任。

2. 共同基金

共同基金是一种利益共享、风险共担的集合投资方式，即通过发行基金单位，集中投资者的资金，从事股票、债券、外汇、货币等投资，以获得投资收益和资本增值。

3. 证券发行市场的功能

（1）证券发行市场是资金需求者融资的场所。资金需求者可以通过在一级市场上发行股票、债券等筹集资金。

（2）证券发行市场为资金供应者提供投资机会，谋求证券投资收益。

4. 证券的发行方式

证券的发行方式是指证券发行人采用什么方法、通过何种渠道或途径将证券投入市场，为广大投资者所接受。证券发行方式的选择对于能否顺利地发售证券、筹足资金是非常关键的。依照不同的分类标准，证券发行方式可以划分出以下几类：

（1）公募发行和私募发行。

按照发行对象的不同，证券发行方式可以划分为公募发行和私募发行两大类。

公募发行又称公开发行，是指以不特定的广大投资者为证券发行的对象，按统一的条件公开发行证券的方式。公募发行一般数额较大，发行人通常委托证券承销商代理发行，因而发行成本较高；公募发行须经过严格的审查，发行过程比较复杂，但信用度较高且流通性较好。如果公募发行的证券是债券，其发行利率一般低于私募发行的利率。

私募发行又称不公开发行，是指以特定的投资者为对象发行证券的方式。私募发行的数额一般较小，发行程序也比较简单，所以发行人不必委托中介机构办理推销，可以节省手续费开支，降低成本。但由于私募发行未经过严格的审查和批准，因此一般不能公开上市，流动性较差。

随堂思考：如何区分一只股票是公募发行还是私募发行？作为一名用几万元炒股的个人投资者，我们所能购买的股票是公募发行的，还是私募发行的？

（2）直接发行和间接发行。

按照是否有发行中介的参与，证券发行方式可以划分为直接发行和间接发行。

直接发行又称自营发行，是指发行人不委托其他机构，自己直接面向投资者发行证券的方式。这种发行方式的特点是：发行量小，社会影响面不大；内部发行，无须向社会公众提供发行人的有关资料；发行成本较低；投资者大多是与发行人有业务往来的机构。直接发行方式由于没有证券承销商的参与，一旦发行失败，则风险全部由发行人承担。

间接发行又称委托代理发行，是指发行人委托证券承销商代其向投资者发售证券的方式。发行人为此须向证券承销商支付代理费用，而证券承销商则须承担相应的发行责任和风险。

（二）证券流通市场

证券流通市场也称二级市场或次级市场，是指通过一级市场已经发行的证券的交易市场。这一市场上的交易活动并不增加社会投资金额，但可以使证券具有流动性和变现能力，从而对新证券的发行起到推动作用。证券发行市场和证券流通市场是相互依赖和相互补充的。只有两个市场有机结合、协调发展，才能促进证券市场在长期资金融通中发挥巨大作用。

1. 证券流通市场的功能

证券流通市场在各国的经济发展过程中发挥着重要的作用，具体表现在以下几个方面：

（1）证券流通市场是证券能够顺利发行的前提条件。如果没有证券流通市场，投资者购买证券后只能坐等分配的收益及到期收回本金。这样既不能在急需资金时迅速变现，又不能赚取买卖差价，必然导致发行市场的萎缩。另外，证券流通市场规模的大小、结构是否合理、交易是否规范直接影响证券发行的状况。

（2）证券流通市场是广大投资者进行投资和变现的最主要场所。投资者通过在证券流通市场买卖证券可以实现各种投资活动。投资者既可以进行长线投资，又可以进行短线投资与投机，还可以进行动态的投资组合。这种多样化的投资方式是以证券流通市场的繁荣为前提的，投资者手中的证券要在证券流通市场进行变现。

（3）证券流通市场是一国经济市场化程度最主要的表现。证券流通市场是金融市场的一个重要组成部分，证券流通市场是否繁荣与完善对一国的经济市场化有很大的影响，它体现了投资与融资方式的市场化程度和商品交易的市场化程度。如果证券流通市场能高效运行，则说明一国的经济市场化程度很高；如果证券流通市场不发达，则说明一国经济的市场化建设必须加强。

（4）证券流通市场是政府进行宏观调控最主要的载体。政府可以通过各种政策来调整宏观经济的状况，其中，对证券流通市场是采取各种鼓励措施还是采取限制措施对经济运行影响颇大。当经济陷入低谷时，可以通过激活证券流通市场来带动经济的增长；当经济高涨时，可以通过各种措施打压股市来避免过度的通货膨胀。此外，中央银行实施公开市场业务的调节手段也是在证券流通市场完成的。

2. 证券流通市场的构成

证券流通市场按其是否在一个有形的场所内进行，可分为场内证券交易市场及场外证券交易市场。世界各个经济发达的国家及新兴的发展中国家都具有一个较发达的场内证券交易市场，而美国、日本及英国等少数国家具有较为完善的场外证券交易市场。

（1）场内证券交易市场。

场内证券交易市场又称证券交易所市场，是指在一个固定的场所（证券交易所）内，按照一定的规则进行证券流通交易。场内证券交易市场具有下列特点：

第一，集中交易。场内证券交易市场集中在一个固定的地点（证券交易所），所有的买卖双方必须在证券交易所的管理之下进行证券买卖。

第二，公开竞价。场内证券交易市场中，证券的买卖是通过公开竞价的方式完成的，即多个买者对多个卖者，以拍卖的方式进行讨价还价。

第三，经纪制度。在场内证券交易市场中，买卖证券活动必须通过专业的经纪人，这是多年形成的规矩。

第四，市场监管严密。在场内交易过程中，证券监督管理部门及证券交易所对从事证券交易的各种活动进行严密监管，以保证场内证券交易市场高效有序运行。

（2）场外证券交易市场。

场外证券交易市场是在证券交易所之外，由券商组织，按协议定价进行证券转让买卖的市场。场外证券交易市场最早出现在欧洲，是以店头市场的形式出现的。最初，人们买卖证券的场所就像卖食品的小商店一样，可以在该场所买到自己所需的证券，人们形象地把这些场所称为“店头市场”或“店头交易”。由于证券交易的兴旺，许多非上市公司的股票也备受欢迎，这些非上市公司的股票不在证券交易所内进行交易，投资者想要股票就直接到这些公司的资金部去，通过带有栅栏的窗口，从柜台上交款购买股票，因此场外证券交易市场也被称为柜台市场。

随堂思考：你听说过第三市场、第四市场吗？请解释一下。

现代场外证券交易市场与场内证券交易市场相比具有下列特点：

第一，没有统一的交易场所。随着电子计算机的迅猛发展以及通信技术的提高，人们只需安装一个终端，随时可以在任何地方从事证券买卖。

第二，交易方式灵活。现代场外证券交易的价格、时间及费用等都非常灵活，投资者可以灵活掌握。

第三，交易证券品种繁多。交易的证券品种可以是已在证券交易所上市的证券，也可以是其他未上市的证券，证券的品种丰富多样。

第四，做市商制度。为了提高场外市场投资者资金的流动性，现代场外证券交易市场一般推行做市商制度。做市商制度也称为庄家制度，即在具体的买卖过程中，为确保交易的活跃性，每位做市商都应备付所需资金，以随时应对任何买卖，而且证券的价格主要由做市商确定。

金融视界

做市商

做市商是指在证券市场上，由具备一定实力和信誉的独立证券经营法人作为特许交易商，不断向公众投资者报出某些特定证券的买卖价格（即双向报价），并在该价位上接受公众投资者的买卖要求，以其自有资金和证券与投资者进行交易。买卖双方不需要等待交易对手出现，只要有做市商出面作为交易对手即可达成交易。

※项目小结

金融市场是一个非常庞大的市场体系，是融通各种资金的多功能、多层次市场的总称，有广义和狭义之分。广义的金融市场泛指资金供求双方运用各种金融工具，通过各种途径进行的全部金融交易活动，包括金融机构与客户之间、各金融机构之间、资金供求双方之间所有的以货币为交易对象的金融活动。狭义的金融市场是指资金供求双方以票据和有价证券为金融工具的货币资金交易、黄金外汇买卖和金融机构间的同业拆借等活动的总称。按照交易期限的不同，金融市场可以分为货币市场和资本市场。货币市场是一年以内的短期金融工具交易所形成的市场。从市场细分来看，货币主要有同业拆借市场、商业票据市场和可转让大额定期存单市场。资本市场是期限在一年以上的中长期资金融通的市场。资本市场除了银行长期放贷外，就是证券交易（包括债券和股票）。证券市场分为发行市场和流通市场。

※概念复习

同业拆借市场　商业票据　公募发行　私募发行　证券交易所　资本市场　货币市场

※网站读物

全国银行间同业拆借中心；中国债券信息网；中央国债等级结算有限责任公司；中国人民银行的大额可转让定期存单市场、票据市场；上海证券交易所、深圳证券交易所、北京证券交易所。

※复习思考

一、单选题

1. 企业是经济活动的中心，因此也是金融市场运行的（　　）。

A. 中心　　B. 基础　　C. 枢纽　　D. 核心

2. 作为营利性的法人企业，(　　) 是证券市场的重要参加者和中介机构。

A. 证券交易所　　B. 投资银行　　C. 商业银行　　D. 证券公司

3. 股份公司在发行股票时，以票面金额为发行价格，这种发行是 (　　)。

A. 平价发行　　B. 折价发行　　C. 中间价发行　　D. 溢价发行

4. 从理论上讲，债券的转让价格主要取决于债券的 (　　)。

A. 内在价值　　B. 发行价格　　C. 流通价格　　D. 市场收益率

5. 金融市场的客体是指金融市场的 (　　)。

A. 交易对象　　B. 交易者　　C. 交易工具　　D. 交易价格

6. 在金融市场发达的国家，许多未上市的证券或不足一个成交批量的证券，也可以在金融市场上进行交易，人们习惯把这种市场称为 (　　)。

A. 店头市场　　B. 议价市场　　C. 公开市场　　D. 第四市场

7. 金融市场中最早形成的市场是 (　　)。

A. 公债市场　　B. 股票市场　　C. 票据市场　　D. 外汇市场

二、多选题

1. 金融市场的特征有 (　　)。

A. 商品具有单一性和价格的相对一致性

B. 可以非物质化

C. 交易可以完全凭空进行

D. 自由竞争市场

2. 按金融交易的交割时间，可以把金融市场划分为 (　　)。

A. 现货市场　　B. 货币市场　　C. 资本市场　　D. 期货市场

3. 金融市场的基本要素有 (　　)。

A. 投资人　　B. 筹资人　　C. 中介人　　D. 金融商品

4. 下列金融工具中，没有偿还期的有 (　　)。

A. 永久性债券　　B. 银行定期存款　　C. 股票　　D. 商业票据

5. 下列属于货币市场的有 (　　)。

A. 同业拆借市场　　B. 商业票据市场

C. 可转让大额定期存单市场　　D. 股票市场

6. 金融市场的功能有 (　　)。

A. 聚敛功能　　B. 配置功能　　C. 调节功能　　D. 反映功能

三、简答题

1. 什么是金融市场？金融市场有哪些特征？

2. 简述金融市场的基本功能。

3. 同业拆借市场的类型有哪些？

4. 简述可转让大额定期存单的特点。

5. 简述资本市场的概念和特点。

6. 证券发行方式有哪些？

7. 场内交易的特点有哪些？

四、案例分析题

2003 年 10 月，十六届三中全会首次明确提出“建立多层次资本市场体系”，此后中央也一直在反复强调多层次资本市场的重要性。构建多层次资本市场一直是资本市场建设的目标，也是资本市场服务实体经济的重要方向。

2023 年 2 月 1 日，证监会就全面实行股票发行注册制主要制度规则向社会公开征求意见，这标志着经过 4 年的试点后，股票发行注册制将正式在全市场推广。本次改革呈现的亮点众多，其中之一便是完善多层次资本市场体系。

问题：什么是注册制改革？建立多层次资本市场体系的意义何在？

※实践参与

1. 搜索相关资料，分析我国目前金融市场的发展现状，并撰写报告。

2. 根据本项目学习内容，画出我国金融市场结构图。

项目八

解读货币供求关系

学习目标

- 了解货币供给和货币需求的基本概念。
- 理解货币供给的不同层次和货币的创造过程。
- 了解货币需求理论及其发展。
- 理解货币均衡与货币失衡的概念及影响因素。
- 能够运用货币需求和货币供给的理论解释生活中的经济现象。
- 培养从经济视角分析货币问题的能力。
- 通过理解货币供给机制，树立拥护国家货币政策的行动自觉。
- 科学认识货币供求均衡，增强对我国货币制度的自信。

价值塑造

移动支付的普及不仅潜移默化地影响我们的日常生活和社会发展，还影响货币供给和货币需求。移动支付通过改变货币流通速度和货币乘数影响货币供给，通过改变交易动机和投机动机影响货币需求，进而对货币均衡产生影响。我们要明确货币供求均衡和金融的稳定对国家经济安全至关重要。

时代在变，支付方式在变，货币供求在变，不变的是我们党和国家不断实现人民对美好生活的向往这个奋斗目标。

任务一　认识货币供给

◆ 任务导入

王茂荫是马克思《资本论》中提及的唯一的中国人。王茂荫任职的时期是第一次鸦片战争失败后和太平天国起义后的货币危机时期。为了挽救清政府的财政危机，王茂荫提出了发行钞币、反对铸大钱、政府应兑现钱钞等货币主张。清政府为了挽救经济困境，采用了发行官票、宝钞和铸大钱的方法，但官票、大钱的泛滥造成币制混乱，还出现了伪造大钱和拒收钱钞的现象，严重扰乱了社会经济发展和百姓生活。通过了解王茂荫的货币主张和清政府的货币发行政策，我们要认识到货币供给必须遵循有约束、可兑换的经济规律。

◆ 任务分析

1. 到中国人民银行官网查找最近一年（一季度）的货币供应量M0、M1、M2，回答以下问题：

（1）这些数据是如何得出的？划分的依据是什么？

（2）哪个是狭义货币？

（3）哪个代表了一国经济中的现实购买力？

（4）准货币是指M1还是M2？

（5）有M3、M4吗？如果有，又包括什么？

（6）有M5、M6吗？如果有，又包括什么？

2. 最近你通过报纸了解到，目前国家收紧银根，货币供应量减少了100亿元左右。以小组为单位，分析下列案例资料并思考：

（1）如果你现在刚好采用商业银行贷款的形式购置了一辆汽车，你的贷款利率将受到什么样的影响？

（2）你承受住房支出的能力在今后会提高吗？

（3）如果你现在要找工作，是容易了还是更困难了？

（4）现实生活中，你是如何认识现金发行与货币供给的关系的？

知识精讲

一、货币供给的含义

货币供给是指某一国或银行系统向经济体中投入、创造、扩张（或收缩）货币的过程，是一国在某一时点上为社会经济运转服务的货币量，它由包括中央银行在内的金融机构供应的存款货币和现金货币两部分构成。货币供给分为名义货币供给与实际货币供给。

名义货币供给是指一国的货币当局（即中央银行）根据货币政策提供的货币量。这个货币量既包括以真实商品和劳务表示的货币量，也包括由供给量引起价格变动的因素，也就是不考虑物价因素影响的货币存量。

实际货币供给是指与一般物价指数平减后所得到的货币供给量，也就是剔除物价上涨因素后表现出来的货币所能购买到的商品和劳务总额。

研究货币供给主要是研究由谁来提供货币、提供什么货币、怎样提供货币和提供多少货币等问题，从而引出货币供给的主体、货币的口径与层次、货币供给机制、货币供给的控制等诸多理论与实际问题。

二、货币供给的来源与层次

（一）货币供给的来源

1. 银行是全社会货币供给的总闸门

全社会的货币都是由银行供给的。银行一般可分为中央银行和商业银行。流通中的货币是由中央银行和商业银行共同供给形成的。

2. 扩大货币供给的资金来源

商业银行扩大货币供给的资金来源有：（1）吸收各项存款；（2）增加向其他金融机构的融资；（3）减少自己在中央银行的超额准备金；（4）发行金融债券等。

中央银行扩大货币供给的资金来源有：（1）吸收金融机构和财政部门的存款；（2）通过公开市场业务卖出有价证券以增加持有货币量；（3）扩大货币发行量。

3. 货币供给的真实源泉是国民收入及其增量

劳动者创造出来的国民收入经过分配和再分配，形成财政收入、企业收入和个人家庭货币收入，这些货币收入的一部分以现金形式被个人和单位持有，大部分存入银行，形成各项存款。现金货币成为中央银行的负债，存款货币构成商业银行的负债，这些构成了一定时期银行货币供给的来源。

（二）货币供给的层次

目前，世界上流行两种货币供给模式：一种由国家发行，另一种由银行发行。在我国，货币是由国家的银行、银行的银行——中国人民银行发行的。货币的供应量实际上就是银行发行的货币量，也就是实际流通中正在被使用的货币量。那么，银行每年在发行货币的时候，确定发行量的标准是什么呢？

1. 划分货币层次的依据

任何事物只有在平衡中才能稳定，货币也是一样。如果想保持币值的稳定，那就一定要保持货币供给的平衡。也就是说，货币的供应量一定要和货币的需求量持平。因此，确定货币的供应量的关键就是确定货币的需求量。

现金货币、存款货币和各种有价证券均属于货币范畴，随时都可以转化为现实的购买力，但这些货币形式不等于现金。比如现金和活期存款是直接的购买手段和支付手段，随时可以形成现实的购买力，货币性或流动性最强。而储蓄存款一般须转化为现金才能用于购买，定期存款要到期时方能用于支付，如要提前支付，存款人就要蒙受一定损失，因而流动性较差。票据、债券、股票等有价证券，要转化为现实购买力，必须在金融市场出售之后还原为现金或活期存款。由于上述各种货币转化为现实购买力的能力不同，从而对商品流通和经济活动的影响有别，这就给测量货币的供应量带来了一定的难度。因此，有必要把这些货币形式进行科学的分类，以便中央银行分层次区别对待，提高宏观调控的计划性和科学性。

为了能够准确地衡量货币供应量，经济学家们提出了“货币层次”的概念。划分货币层次主要遵循的标准就是货币的流动性。

（1）货币存量。货币层次的划分，即货币存量的划分。货币存量即货币供应量，是一国在某一时点流通手段和支付手段的总和，一般表现为金融机构的存款、流通中的现金等负债，亦即金融机构和政府之外，企业、居民、机关团体等经济主体的金融资产。货币供应的数量、流动性状况是社会总需求变化的货币表现，是各国的主要经济统计指标之一，也是中央银行执行货币政策的重要依据。在统计上，它们构成中央银行和金融机构负债的一部分。

随堂思考：货币存量与货币流量的区别与联系是什么？

（2）流动性。划分货币存量的依据主要是不同资产的流动性。流动性是指资产能够以一个合理的价格顺利变现的能力，它表现的是一种投资的时间尺度（变现的难易程度）和价格尺度（与公平市场价格相比的折扣）之间的关系。部分常见资产的流动性大小一般有这样的关系：现金 > 活期存款 > 短期国债 > 蓝筹股 > 一般股票 > 城市中心小型物业 > 城市外围大型物业。现金和活期存款具有完全流动性，购买能力是最强的，可以直接变成支付手段而不需要付出任何代价；其次就是定期存款和储蓄存款，它们的流动性弱，虽然迟早会形成一定的购买力，但对市场的影响不如现金和活期存款那么迅速（当然我们也可以立即将其变现，但那样就会付出一定的代价）。而我们所说的一些证券，比如国库券和票据，如果需要变现，就必须具备一定的条件，比如要有二级市场或者买家。

随堂思考：把“商业票据、货币市场基金、定期存款、大额可转让定期存单、证券回购协议、长期国债”按流动性大小插入前面“部分常见资产的流动性大小的关系”中去。

（3）流动性大小的决定因素。资产的流动性是指资产转换为现实购买力的能力。流动性大小取决于几个方面：第一，将其转换为现实购买力所需要的时间或难易程度。第二，买卖资产的交易成本及转换成现实购买力的机会成本（指购买这项资产而不购买其他资产所牺牲的预期报酬的数量）。交易成本与机会成本差额越大，资产的流动性就越小。第三，资产价格的稳定性或可预见性。价格越不可预见，流动性就越小。

2. 我国的货币层次划分

目前，中国人民银行公布的货币层次划分口径是：

M0：流通中的现金。M0 又叫现钞，是指流通于银行体系以外的现钞，也就是居民和企业手中的现钞。M0 的流动性最强，具有最强的购买力。

M1：M0+ 企业活期存款。M1 又叫狭义货币，由流通于银行体系以外的现钞（M0）和企业的活期存款构成。其中，企业活期存款由于随时可以变现（提取），因此流动性和购买力不亚于现钞。M1 代表了一国经济中的现实购买力，对社会经济生活有着最广泛和最直接的影响。许多国家都把 M1 作为调控货币供应量的主要对象。我们一般所说的货币主要是指 M1。

M2：M1+ 准货币（定期存款 + 居民储蓄存款 + 其他存款）。M2 又叫广义货币，由流通于银行体系之外的现钞加上企业活期存款（M1），再加上定期存款、居民储蓄存款等构成。M2 包括一切可能成为现实购买力的货币形式。定期存款、居民储蓄存款等不能直接变现，所以不能立即转变成现实购买力，但经过一定时间和手续后，其也能够转变为购买力，因此，它们又被叫作准货币。M2 对研究货币流通的整体状况有重要意义，近年来，很多国家开始把货币供应量的调控目标转向 M2。

随堂思考：各国的 M0、M1、M2 所代表的含义是一样的吗？

3. 货币层次划分的现实意义

迄今，关于货币层次的划分并无定论，但根据资产的流动性来划分货币层次已为大多数国家所接受，狭义货币供应量 M1 的基本内容已被各国普遍接受。

货币层次的划分具有重要的意义：通过对货币供应量指标的分析，可以观察并分析国民经济的变动情况；考察各种具有不同货币性的资产对经济的影响，并选定一组与经济变动关系最密切的货币资产作为中央银行控制的重点，有利于中央银行调控货币供应，并及时观察货币政策的执行效果。

按流动性标准划分货币层次，对中央银行而言，有两个方面的意义：一方面，这种货币层次的划分有利于为中央银行的宏观金融决策提供一个清晰的货币供应结构图，有助于其掌握不同的货币运行态势，并据此采取不同的措施进行调控。另一方面，这种货币层次划分方法，有助于中央银行分析整个经济的动态变化。每个层次的货币供应量，都有特定的经济活动和商品运动与之对应。通过对各层次货币供应量变动的观察，中央银行可以掌握经济活动的状况，并分析预测其变化的趋势。

三、货币供给的创造与计算

（一）货币供给创造的条件

货币供给的创造是指存款货币的创造。存款货币是指存在商业银行中，使用支票可以随时提取的活期存款。一定量的货币通过银行体系的转账结算能够变成数倍的存款，这样，流通中的货币就被创造出来了。

存款货币的创造必须具备一定的条件：首先，发达的信用制度主要体现在发达的现代银行体系上。其次，非现金结算的普遍开展和票据的广泛使用。最后，有法定存款准备金。为了有效控制货币供给创造量，一般来说，中央银行均规定商业银行的存款中必须有一定比例上缴中央银行作为法定存款准备金，商业银行不得动用存款准备金。

金融视界

存款货币创造的假设

（1）商业银行只保留法定存款准备金，超额存款准备金全部用于放款或投资。

（2）商业银行的客户（包括存款人和借款人）将其一切收入均存入银行，并使用支票结算方式，不提取现金。

（3）银行体系由中央银行及至少两家以上的商业银行组成。

（4）商业银行只经营支票存款（活期存款），不经营定期存款，即存款形式没有转化的渠道。

一笔原始存款，在整个银行体系存款扩张原理的作用下，可以产生大于原始存款若干倍的派生存款。这个派生存款数额的大小主要取决于两个因素：原始存款数额的大小、法定存款准备金率的高低。派生存款与原始存款数额成正比，与法定存款准备金率成反比。用公式表示为：

派生存款 = 存款总额 – 原始存款额 = 原始存款 ÷ 法定存款准备金率

（二）基础货币

基础货币亦称高能货币、强力货币或货币基数，是指商业银行存入中央银行的准备金与社会公众所持有的现金之和。它是中央银行直接控制的变量，也是银行体系存款扩张、货币供给的基础。

基础货币通常以下式表示：

$$B=R+C$$

式中：B 为基础货币；R 为商业银行保有的存款准备金（含法定存款准备金和超额准备金）；C 为流通于银行体系之外的现金。R 与 C 都是中央银行的负债项目，因此，基础货币也表现为中央银行的负债。

一国的中央银行供应和调节社会货币供给量是通过变动基础货币进行的。如果社会公众现金持有量不变，中央银行不增加基础货币的供给量，则商业银行的准备金便难以增加，从而也不会扩大贷款和创造存款。当中央银行利用政策手段降低存款准备金率并向商业银行扩大供应基础货币时，商业银行的派生存款创造能力就加强，通过乘数效应增加货币供应量。当中央银行提高存款准备金率并收缩基础货币供给时，商业银行的信用创造能力就会减弱，通过乘数效应减少货币供应量。

如果中央银行供给的基础货币是一定的，商业银行要想通过国内渠道来增加自己的准备金数量，从商业银行体系来讲，唯一的办法就是吸收更多的现金存款。具体到某家商业银行，除多吸收现金存款外，增加客户交来的他行支票存款也能增加准备金。

（三）货币乘数及乘数效应

作为货币供给之源的基础货币，可以引出多倍于自身的货币供应量，即中央银行的基础货币提供量与社会货币最终形成量之间存在数倍扩张（或收缩）效应。

1. 货币乘数

货币乘数是指货币供给的扩张倍数，是由于基础货币变化而引起的货币供应量增减的幅度，即中央银行创造或缩减一单位的基础货币，货币供应量增加或减少的倍数。基础货币乘以货币乘数即货币供应量，有关计算公式为：

$$M_s=B\cdot m \text{ 或 } m=M_s/B$$

式中：M_s 为货币供给量；B 为基础货币；m 为货币乘数。此式可以表示经济中货币供给的基本模式。

2. 乘数效应

乘数效应是指货币供给的倍数效应。在实际经济生活中，银行通过贷款提供的货币并不是一笔贷款只增加一笔存款，而是通过存款、贷款和再贷款的活动，一笔贷款增加数倍存款，即派生存款。这种一笔贷款增加数倍存款的效应就是乘数效应。乘数效应的实质是揭示基础货币与货币供给量之间的倍数扩张关系。

先假设最低法定存款准备金率是 20%，也就是说，当银行得到 100 元的存款时，它必须留存 20 元，只能贷出 80 元。再假设银行会放足 80 元。

现在 A 往银行里存了 100 元，银行再将其中的 80 元放贷给 B，如果 B 把贷来的 80 元又全部存入银行，银行再将其中的 64 元贷给 C，C 又把 64 元存入银行，银行再向 D 贷出 51.2 元……以此类推，中央银行最先向市场投放了 100 元，市场上最后多出的货币会是 100+80+64+51.2+……

计算这个式子的和：100×（1/0.2）=500（元）。

这就是实际的货币投放量。这里的 1/0.2 就是货币乘数，也就是 1 除以法定存款准备金率。这样，中央银行的初始货币提供量与社会货币最终形成量之间存在数倍扩张（或收缩）的效果或反应，即乘数效应。

任务二　认识货币需求

◆ 任务导入

小张和小欣是一对感情不错的情侣，今年同时从一所大学毕业，小张进了 A 公司工作，待遇很不错，每个月可以拿 6 500 元左右工资。而小欣进了 B 公司，做对外贸易工作，工资和奖金加在一起，每个月大概有 8 000 元。

前几天，他们为了存钱的问题大吵了一架。小张认为现在他们刚刚大学毕业，虽然单位都不错，工资也不低，但将来用钱的地方有很多，所以要从毕业开始，除了留下平常必需的花费以及预防发生意外事件的钱外，剩下的钱要定期存入银行，不能动用。这样既可以获得稳定的利息收入，又没有损失的风险。而小欣大概是受在外企工作环境的影响，她认为，上学一直过着很节俭的生活，现在自己终于挣钱了，不用考虑那么多，更何况银行利息那么低。她说拿到工资以后，先要买几件名牌服装，再美美地吃上几顿，然后留下一部分钱用来炒股。小张认为中国股市行情太不稳定，运行不规范，所以最好不进入股市，如果一定要做，那也只能投入很少的钱。

请你根据上面两个人的争论，说说他们都有哪些货币需求动机。

对于金钱，我们既要取之有道，又要用之有益、用之有度，把钱用到最需要的地方，做最有意义的事。

◆ 任务分析

1. 以小组为单位，讨论货币需求与经济活动之间的关系。
2. 讨论我们为什么需要货币。

知识精讲

研究货币需求问题主要是了解人们为什么要持有货币。货币从其形式上看，既不能吃也不能穿，更不能像股票、债券那样给人们带来收益。那么，为什么人们还宁愿放弃购买物品以满足消费需求，或放弃获得利息的机会不将货币存入银行，而要保留一定的货币在手中呢？本任务就介绍货币需求的相关内容。

一、货币需求的含义

（一）货币需求的几种表述

货币需求是指流通或商品交换对货币的需求。商品通过市场实现其价值（或贮存价值）时，需要货币充当流通手段、支付手段、价值贮藏手段。货币需求也指个人、企业和单位对货币执行流通手段、支付手段或价值贮藏手段的需求，或购买股票、债券，或以货币形式把价值保存起来以备将来需要时使用的需求等。

随堂思考：货币需求是由货币需求能力决定的需求，还是由货币需求愿望决定的需求，抑或是两者共同决定的需求？

由于出发点不同，人们对货币需求的含义有着各种各样的解释。主要有以下几种：

1. 经济运行对货币的客观需求

经济运行对货币的客观需求是指经济运行中按货币流通规律要求的货币和货币量。货币流通规律是指货币所代表的价值与商品对比前提下的量的比例关系，也可以理解为商品流通和货币流通相互依存、相互制约的比例关系。根据这一比例关系，货币发行量必须与需要量相适应。

2. 经济主体对货币的需求

经济主体对货币的需求，是指企业、单位、个人和政府对货币的需求，如企业购买原材料、支付工资和其他生产费用等对货币的需求。个人用货币购买商品、支付劳务费、购买股票和债券等有价证券或以货币形式保存财富，以及预防不时之需等也表现为货币需求。

3. 名义货币需求

名义货币需求是实际货币需求的对称，是指在物价上涨的情况下，同一货币单位所能购买的商品和劳务的数量。名义货币需求理论的依据是：（1）货币的价值纯粹是交换价值，交换价值也就是货币的购买力；（2）名义货币需求与价格的涨跌是按同比例变动的；（3）名义货币需求取决于货币供应量。

4. 实际货币需求

实际货币需求是指剔除物价变动的影响，以货币实际对应的商品和劳务表示的货币需求，也就是指用国民生产总值平减指数平减后所表示的货币需求量。

5. 宏观货币需求和微观货币需求

宏观货币需求和微观货币需求是从经济总体和个体角度研究并阐明货币需求问题的。宏观货币需求是指国民经济运行总体对货币的需求，也就是指国家在一定时期、一定经济发展规模下国民生产总值的增长对货币的需求，一定时期物价总水平的变化引起的货币需求的变化，或一定时期社会总供给对货币的总需求及需求量。微观货币需求是指个人、企业、单位和政府所拥有的货币和货币量，以及需求者使自己的资产配置更为有利的需求，即通常所说的各个主体有支付能力的货币需求及需求的变化。

（二）货币需求与市场经济的关系

市场经济是商品经济发展的深化和具体化。商品离不开货币，商品经济就是在商品和货币的对立统一中发展的，并通过市场来实现，从而形成对货币的需求。具体表现为：

（1）货币需求的实质是市场需求。统一形态的货币需求对应各种各样的商品和劳务供给，没有货币需求，就不存在市场和市场需求的问题。

（2）货币需求是市场体系的重要构成要素。货币市场和资本市场的逐步形成和完善，是市场经济发育和逐步完善的重要标志。无论是货币市场还是资本市场，其本身都包括货币需求与货币供给两个方面。货币需求原理与市场经济运行的原理相适应。

（3）货币需求受市场规律制约。货币需求作为市场体系的构成要素，其数量的变化以市场规律为准则。具体表现在以下几个方面：首先，受价值规律的制约；其次，受市场供求规律的制约；最后，受比例发展规律的制约。

（4）货币需求对市场经济发展的影响。货币需求形成对市场供给的需求，而供需双方共同形成市场经济运行的对立统一体，统一是矛盾的主要方面。在统一的情况下，货币需求对市场经济发展产生积极的促进作用；在对立的情况下，货币需求对市场经济发展产生消极影响。

二、货币需求理论的发展

（一）马克思的货币需求理论

马克思的货币需求理论是以劳动价值论为基础建立起来的货币需求理论。它不但研究了流通中对金属货币的需要量，也研究了纸币流通中对纸币的需要量。

流通中对金属货币的需要量的计算是以金币价值与商品价值的对比关系为前提的。其论据是：（1）商品进入交换前已有价格，其是由货币发挥价值尺度职能加以衡量并以价格形式表现出来的；（2）商品进入流通后，根据价格的高低以一定的货币量实现其流通；（3）商品与货币交换后，商品退出流通，货币则始终在流通渠道中为新进入流通的商品价值的实现而不停流转。

流通中究竟需要多少货币受多种因素的影响，其中决定性的因素有三个：（1）商品数量；（2）商品价格；（3）货币流通速度。

执行流通手段职能和支付手段职能的货币需要量，构成流通中的货币总量。执行贮藏手段职能的货币量是个不确定因素，只能通过影响流通速度的变化来体现。

从历史上看，流通中的货币有金属货币、信用货币和纸币（包括不兑现的信用货币）等形式，它们既受相同的货币流通基本规律的制约，又受不同规律的支配。

在纸币流通中，货币需要量具有较大的弹性，不管发行多少纸币，均可被流通界吸收，但是要以通货膨胀为代价。纸币主要是不兑现的信用货币，它属于价值符号。需要注意的是：（1）货币需要量规律要求投入流通的纸币总量必须限定在金属货币需要量的范围之内；（2）纸币是国家干预发行的，但价值符号或纸币一经为流通界所掌握，就受它的内在规律所支配；（3）纸币尽管可以多发行，但价值符号的数量增加到几倍，它以贬值的形式使之代表的含金量就减少到几分之一。故纸币流通规律可以表述如下：

$$\text{流通中全部纸币代表的金属货币量}=\frac{\text{流通中对金属货币的需要量}}{\text{纸币发行总量}}$$

（二）凯恩斯的货币需求理论

凯恩斯认为，货币需求就是特定时期公众能够而且愿意持有的货币量。人们的货币流动性偏好，取决于预防动机、交易动机和投机动机。预防动机和交易动机需要的货币量取决于收入的多少，因而是收入的增函数。投机动机需要的货币量是人们在风险决策中所需保持的货币量，人们持有的货币如何使用，可有几种选择：一是保存货币，但保存货币就会失去得到利息的机会。二是购进债券取得利息，但债券收益与利率呈反向变化，即利率上升，债券价格就要下跌；利率下降，债券价格就会上升。因而，投机使货币需求同利率存在负相关关系，也就是说，投机性货币需求是利率的递减函数。若以 M 表示总的货币需求，M_1 表示交易性货币需求，M_2 表示投机性货币需求，Y 表示收入，r 表示利率，L_1 表示 M_1 与 Y 的函数关系，L_2 表示 M_1 与 r 的函数关系，则这两类货币需求可以用下列模型表示：

$$M=M_1+M_2=L_1(Y)+L_2(r)$$

凯恩斯货币需求理论的思路至少在两个方面可以启发我们：一是对货币需求要进行分层次分析；二是计算货币需求时要考虑证券交易这一因素。

金融视界

凯恩斯货币需求理论中的“流动性陷阱”

“流动性陷阱”是凯恩斯分析的货币需求发生不规则变动的一种状态。凯恩斯认为，一般情况下，由流动偏好决定的货币需求在数量上主要受收入和利率的影响。其中交易性货币需求是收入的递增函数；投机性货币需求是利率的递减函数，所以，货币需求是有限的。但是当利率降到一定低点之后，由于利率太低，人们不再愿意持有没有什么收益的生息资产，而宁愿以持有货币的形式来持有其全部财富。这时，货币需求便不再是有限的，而是无限大了。如果利率稍微下降，不论中央银行增加多少货币供应量，都将被货币需求吸收。也就是说，利率在一定低点以下对货币需求是不起任何作用的。这就像存在一个大陷阱，中央银行的货币供给都落入其中，在这种情况下，中央银行试图通过增加货币供应量来降低利率的意图就会落空。如图 8–1 所示，当利率降到 i_1 低点时，货币需求曲线 L 就会变成与横轴平行的直线，后人把这一直线称作“流动性陷阱”。

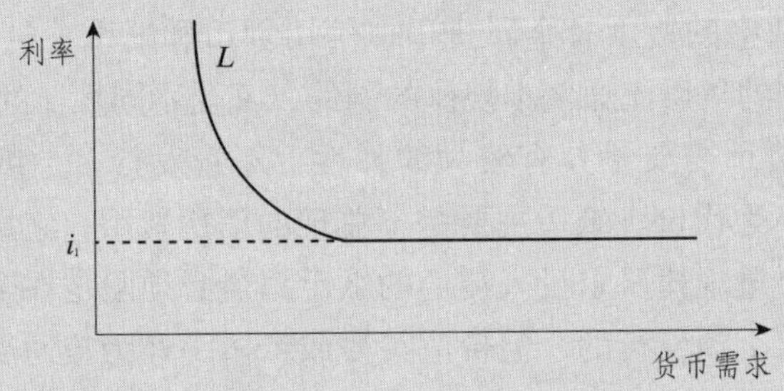

图 8–1　凯恩斯货币需求理论中的“流动性陷阱”

（三）弗里德曼的货币需求理论

1956 年，弗里德曼发表了题为《货币数量论——一种重新表述》的论文，这标志着货币数量论的复活。弗里德曼认为，现代货币数量论并不像传统货币数量论那样，假定充分就业条件下的产量不变，并把货币流通速度也作为固定的常数，然后研究货币数量同物价的关系。他认为，物价水平或名义收入是货币需求与货币供应共同作用的结果，决定货币供应的是货币制度，即法律和货币当局的政策，而货币需求的决定因素则是货币数量论所要研究的问题。这样，弗里德曼就认为，货币数量论并不是关于产量、货币收入或物价水平的理论，而是关于货币需求的理论，即货币需求是由何种因素决定的理论。因此，弗里德曼对货币数量论的重新表述是从货币需求入手的。

弗里德曼将货币看成资产（财富）的一种形式，货币既然是一种资产，那么最终财富所有者对它的需求，也就是以货币这种资产形式持有财富的愿望，受以下因素的影响：

第一，总财富（Y）。总财富中包括各种形式的资产。在实际生活中，对总财富很难加以估计，而收入可以发挥财富指标的作用。但是，可以表示财富状况的当期收入又常常发生增减变动，无一定的规律，故不适宜代表总财富，这样，弗里德曼就将较稳定的持久性收入作为总财富的代表。持久性收入指的是过去、现在和将来收入的平均数，即长期收入的平均数。利用这一变量可以排除一些暂时性的干扰因素。弗里德曼认为，货币需求与持

久性收入 Y 呈正相关关系。

第二，非人力财富份额。财富是由人力财富和非人力财富组成的。由于人力财富向非人力财富的转化不能通过买卖行为来实现，而且只是在有限的程度上才通过以谋生能力为抵押的借款方式来实现，因此，非人力财富是决定货币需求的一个重要因素。在财富总额一定的情况下，非人力财富越多，则需要持有的货币就越少，因而货币需求就越少。

第三，货币与其他资产的预期收益率。货币能否产生收益，取决于货币类型。货币的名义收益率可以为零（现金），也可以为正（定期存款）或为负（支票存款的各项手续费）。而其他资产如股票和债券的名义收益率则由两部分构成：一是用现金支付的收益，如利息、股息；二是这些资产的名义价格变动所导致的资本利得或资本损失。实物资产的名义收益率是物价水平的变动率，因为物价水平变动会使实物资产的名义收益率发生变动。这些资产（除货币外）的名义收益率就是人们持有货币的机会成本，因此，它们自然会影响人们的货币需求。

第四，预期的商品价格变动率（$\frac{1}{P}\cdot\frac{\mathrm{d}p}{\mathrm{d}t}$），以及除收入以外的一些影响货币服务效用的变量（$u$）。

通过以上分析，弗里德曼得出了下面的货币需求函数：

$$M_d/P=f\left(Y,\ W,\ r_m,\ r_b,\ r_e,\ \frac{1}{P}\cdot\frac{\mathrm{d}p}{\mathrm{d}t},\ u\right)$$

式中：M_d/P 表示实际货币需求；Y 表示实际持久性收入，用来代表财富总额；W 表示非人力财富占总财富的比率；r_m 表示货币的预期名义收益率；r_b 表示债券的预期名义收益率，包括债券的资本利得；r_e 表示股票的预期名义收益率，包括股票的资本利得；$\frac{1}{P}\cdot\frac{\mathrm{d}p}{\mathrm{d}t}$ 表示商品价格的预期变化率，也就是实物资产的预期名义收益率；u 表示其他影响货币需求的因素。

在上述影响货币需求的因素中，Y、r_m 与货币需求呈正向关系，W、r_b、r_e、$\frac{1}{P}\cdot\frac{\mathrm{d}p}{\mathrm{d}t}$ 与货币需求呈反向关系。

弗里德曼的货币需求函数最主要的特点是强调持久性收入对货币需求的主导作用。他认为，一个人的消费支出不是取决于他现在的收入水平，而是取决于他一生中较长时间的平均收入水平，由此提出了反映长期因素影响的持久性收入概念。货币需求也同消费需求一样，主要由持久性收入决定。由于持久性收入具有高度的稳定性，因此受持久性收入支配的货币需求是稳定的，货币流通速度的变化也是不大的。既然如此，就必须以稳定的货币需求函数为基础，从货币供应的变动来研究对产量和物价的影响。可见，持久性收入概念的引入是弗里德曼货币需求函数的关键。

随堂思考：我国的货币需求量是如何计算出来的？

任务三　分析货币均衡

◆ 任务导入

货币需求与货币供给在一定时期经济运行中动态上保持一致的状态，我们称为货币均衡。当货币供给偏离货币需求达到一定程度的时候，货币运行便会影响经济发展。在短期内，我们看到货币供求可能不一致，但在长期内货币供求是大体一致的。只有这样，我们的经济才能平稳增长，我们的国家才能稳定。因此，货币均衡和金融的稳定对国家经济安全至关重要。我们自身的均衡是：既要很好地面对自我内心变化，又要很好地应对外在世界的变化，达到个人的内外均衡。

◆ 任务分析

1. 请用货币均衡理论解释金融危机产生的原因。
2. 哪些因素导致一国货币的超发？什么是货币均衡？如何调节货币失衡？
3. 网络搜索并观看纪录片《货币战争》。
4. 在现实生活中，如何判断货币供求是否均衡？能否根据物价与利率判断均衡存在与否？试举几个我国经济中的实例来说明这个问题。

知识精讲

一、货币均衡与货币失衡

（一）货币均衡

货币均衡是指货币供给与货币需求大致相等的一种状态。货币均衡有两个层次的含义：一是简单货币均衡，即货币市场中货币供给与货币需求对等；二是总需求均衡下的货币均衡，即社会总供给与总需求大致相当时的货币供求均衡。前者是浅层次的货币均衡，后者是深层次的货币均衡。

> 随堂思考：货币供求与市场供求之间的关系是怎样的？为什么货币供求均衡意味着市场供求均衡？

（二）货币失衡

货币失衡是同货币均衡相对应的概念，又称货币供求的非均衡，是指在货币流通过程中，货币供给偏离货币需求，从而使二者之间不相适应的货币流通状态。

货币失衡往往是经济不稳定的重要因素，尤其是在经济过热或过冷条件下，中央银行货币供给面临两种不同方向的货币信贷压力。通过价格运动判断，总供求失衡与货币失衡一般表现为显著的通货膨胀和陡然下跌的通货膨胀甚至出现通货紧缩。

货币失衡大致可以划分为三种类型：一是货币供给量小于货币需求量；二是货币供给量大于货币需求量；三是货币供求的结构性失衡。

金融视界

解决货币失衡的政策

（1）加强汇率弹性，进一步完善汇率形成的市场机制。扩大汇率浮动区间，利用市场机制调节外汇市场供求，摆脱为了维持汇率稳定而被动地大量增发基础货币，避免人民币升值压力的货币化。加快强制结售汇制向自愿结售汇制的转变，放宽对企业和个人外汇交易需求的限制，支持国内企业走出去，逐步缓解人民币升值压力。

（2）加强对外资流入资产市场的监测和管理。继续加强对房地产市场的调控，切实贯彻执行规范外资流入房地产的各项政策措施，加大打击房地产投机和炒作的力度，防止房地产价格的反弹和“泡沫”的滋长。同时，在加大证券市场对外开放力度的同时，加强对外资投资中国证券市场的管理和监测，建立相应的预警机制和体系。严格限制短期投机性资金的流入，对投机性资金进入房地产、证券等行业的投机行为课以高额交易税，以挤压投机获利空间。

（3）高度关注潜在的通货膨胀压力。中央银行要高度关注我国经济不断积累通货膨胀的压力，采取有效措施回收商业银行的流动性。在科学分析 CPI 指数的同时，更多地关注房地产价格、股票价格、大宗生产资料价格的上涨情况，跟踪监测资产价格向消费价格的传递，在货币调控中处理好商品价格和资产价格之间的关系，避免通货膨胀对经济造成不良影响。

（4）合理估计资本外流可能产生的金融风险。随着人民币升值压力的逐步消除，国外资金可能获利撤出国内市场，给我国的房地产市场和证券市场带来较大的冲击。因此，我们要在加强对国外投机性资金流入资产市场管理的同时，逐步增强外汇储备的稳定性，适当控制债务性外汇储备，提高债权性外汇储备的比重，避免未来资本外流可能产生的金融风险。

随堂思考：货币失衡、贸易失衡与金融失衡的区别与联系是什么？

二、货币均衡的实现条件

（一）均衡的利率水平

均衡的利率水平是指在货币供给既定的条件下，货币需求正好等于货币供给时的利率。均衡的利率是货币均衡的重要条件。

均衡的利率水平的形成是由货币供求的条件决定的。货币供不应求，利率上升；货币供过于求，利率下降。同样的道理，适当调节利率水平可以有效地调节货币供求状况，使其处于均衡状态。

（二）均衡的国民收支

一定时期内的国民收入经过企业的初次分配之后，还要经过财政和银行的再分配，最终形成积累基金和消费基金。只要这两部分基金形成的国民支出与同期国民收入均衡，货币供求就处于均衡状态。

三、影响货币均衡实现的主要因素

（一）中央银行的市场干预和有效调控

货币供求均衡虽然可以通过利率机制来实现，但是也离不开中央银行对市场的干预和宏观调控，中央银行货币政策的操作有助于实现货币均衡。

> 随堂思考：当货币需求大于货币供给时，中央银行如何通过法定存款准备金、再贴现和公开市场业务来调整实现货币均衡？例如：是调高还是调低法定存款准备金率？是调高还是调低再贴现率？在公开市场上买有价证券还是卖有价证券？

（二）国家财政收支状况

国家财政收支要保持基本平衡。如果以向中央银行借款的方式来弥补大量财政赤字，则会引起货币投放增加，就难以实现货币均衡。

（三）生产部门结构合理与否

当生产部门比例严重失调时，必然引起商品供求结构不合理，最终会引起货币供求失衡。

（四）国际收支平衡状况

国际收支如果不平衡，就可能出现大量顺差或者大量逆差，引起汇率波动，直接影响国内市场价格的稳定，使货币供求关系发生变化。

※项目小结

货币供给是指某一国政府或银行系统向经济体中投入、创造、扩张（或收缩）货币的过程，是一国在某一时点上为社会经济运转服务的货币量，它由包括中央银行在内的金融机构供应的存款货币和现金货币两部分构成。货币需求是指流通或商品交换对货币的需求。货币均衡是指货币供给与货币需求大致相等的一种状态。货币失衡是同货币均衡相对应的概念，又称货币供求的非均衡，是指在货币流通过程中，货币供给偏离货币需求，从而使二者之间不相适应的货币流通状态。

※概念复习

货币供给　货币需求　货币层次　货币均衡　货币失衡

※网站读物

中国人民银行货币供应量统计；中国人民银行调查统计司的统计数据。

※复习思考

一、单选题

1. 在货币层次中，货币具有（　　）的性质。
A. 流动性越强，现实购买力越强　B. 流动性越强，现实购买力越弱
C. 流动性越弱，现实购买力越弱　D.A 和 C
2. 凯恩斯货币需求函数 M 与收入和利率的关系分别是（　　）。
A. 正相关，正相关　B. 负相关，负相关
C. 正相关，负相关　D. 负相关，正相关
3. 弗里德曼货币需求理论与凯恩斯货币需求理论的最大区别是，弗里德曼认为（　　）。
A. 持久性收入对货币需求有影响　B. 持久性收入对货币需求没有影响
C. 利率对货币需求有影响　D. 利率对货币需求没有影响
4. 货币供应量一般是指（　　）。
A. 流通中的现金量　B. 流通中的存款量
C. 流通中的现金量与存款量之和　D. 流通中的现金量与存款量之差
5. 货币供给的根本来源是（　　）。
A. 银行贷款　B. 财政支出　C. 企业收入　D. 个人收入

二、多选题

1. 弗里德曼的货币需求函数包括的变量有（　　）。
A. 持久性收入　B. 货币的预期名义收益率
C. 债券的预期名义收益率　D. 股票的预期名义收益率
E. 通货膨胀率
2. 弗里德曼的货币需求理论的政策含义有（　　）。
A. 不能把限定利率作为货币政策目标
B. 不能把限制失业率作为货币政策目标
C. 主张实行“单一规则”的货币政策

D. 主张扩大财政支出来刺激经济增长

E. 主张扩大货币供给来刺激经济增长

三、简答题

1. 简述货币层次的意义。
2. 简述货币需求理论。
3. 简述货币均衡和货币失衡的关系。

四、案例分析题

登录中国人民银行网站查找最近半年的货币供应量数据并回答下面的问题：

1. 我国货币层次划分的依据是什么？
2. 中央银行应该重点关注哪个货币层次？

※实践参与

观察、分析身边有哪些行为或活动可能影响货币供求关系的变化并撰写报告。

项目九

解读通货膨胀与通货紧缩

学习目标

- 了解通货膨胀与通货紧缩的一般经济现象。
- 了解通货膨胀与通货紧缩的含义。
- 能对通货膨胀进行分类。
- 能对通货膨胀产生的原因、影响和对策进行分析。
- 能对通货紧缩产生的原因、影响和对策进行分析。
- 正确认识通货膨胀和通货紧缩，树立遏制通货膨胀的信心，拥有制度自信和商业自信。

价值塑造

“通货膨胀”经常登上各大财经媒体的头条，我们经常能看到各种破纪录的数据。那么，通货膨胀究竟意味着什么？是“蒜你狠”“姜你军”这些商品超高价格的出现吗？作为一名普通消费者，通货膨胀可能是你连续几个月的账单上多出来的几十块钱，但你却找不到钱多花在哪里了；可能是你权衡着购买蔬菜与肉品……通货膨胀会对我们实际收入水平、购买力水平等产生影响。

实际上，改革开放以来，我国国内物价总体稳定，没有值得被历史铭记的通货膨胀事件发生。我们要铭记的是，我们在这样相对稳定的物价环境下安居乐业，更要珍惜当下的幸福生活。

任务一　认识通货膨胀

◆ 任务导入

在煤厂工作的母亲失业，无钱买煤，只能与女儿抱在一起取暖。女儿问："市场上没有煤了吗？"母亲说："市场上的煤根本卖不出去。"女儿又问："那我们为什么不买煤？"母亲回答说："煤太贵了，我们买不起。"结果是，母女俩只好挨着冻熬过冬季，同时，大批生产、销售煤的企业也破产了。这就是通货膨胀，这就是经济危机。这是中华人民共和国成立前通货膨胀表现的一个缩影。那个时期，国民党政府滥发金圆券，导致国内经济千疮百孔，伪币、外币及金银等多种货币混乱流通，物价上涨，通货膨胀严重。老百姓需要花费更多的钱才能买到生活物资，经济负担沉重。在那个时期，国家处于积贫动荡阶段，与我们现在的繁荣稳定形成了鲜明对比。我们现在的幸福生活离不开政府强有力的治理措施。

◆ 任务分析

1. 列举你身边常见的价格上涨现象，并讨论这种现象是否为通货膨胀。
2. 什么是通货膨胀？用一些简单的经济现象描述通货膨胀。
3. 讨论居民消费价格指数与通货膨胀率的对应关系。

知识精讲

一、通货膨胀的概念

在现代经济社会中，通货膨胀和货币、利率、汇率等词汇一样都是人们司空见惯的经济术语。经济学家认为，通货膨胀通常是指在一定时间内一般物价水平持续和较明显地上涨。通货膨胀这一定义包含了以下三个要点：

（1）通货膨胀是一般物价水平的上涨。

一般物价水平是指全社会所有商品和劳务的平均价格水平。局部性的或个别的商品和劳务的价格上涨不能被视为通货膨胀。

（2）通货膨胀反映了商品和劳务的货币价格的变化。

通货膨胀以商品和劳务的价格为考察对象，关注商品和劳务的价格水平的变化趋势，其目的是将商品和劳务的价格与股票、债券和其他金融资产的价格区别开来。

（3）通货膨胀是物价的持续上涨。

季节性、暂时性或偶然性的物价上涨并不能称为通货膨胀，只有持续的价格水平上涨才能被称为通货膨胀。通货膨胀是价格的变动过程。在这个过程中，价格具有上涨的基本趋势，并将持续一定的时间。

二、通货膨胀的计量

通货膨胀程度通常以物价上涨幅度来表示，而物价上涨幅度，即物价总水平的变动则是通过物价指数来反映的。世界上较为通行的物价指数有以下三个。

（一）居民消费价格指数

居民消费价格指数（Consumer Price Index，CPI）又称零售物价指数，是衡量用于家庭和个人消费的商品和劳务的价格变化的指标。居民消费价格指数是根据居民所消费的食品、衣物、居住、交通、医疗保健、教育、娱乐等消费品和劳务的价格指数加权平均计算而来的。

CPI 与社会公众生活密切相关，因而在许多国家都深受关注，并被广泛使用。该指标的优点是：资料比较容易收集，便于及时公布，能够较为迅速地反映公众生活费用的变化。我国一般就用 CPI 来反映通货膨胀的程度。但是，它所包括的范围较窄，消费品仅仅是社会最终产品中的一部分，因而不能反映用于生产的资本品以及进出口商品和劳务的价格变动趋势。所以，仅用居民消费价格指数来度量通货膨胀具有一定的局限性，需要结合其他指标一起使用。例如：反映生产资料价格变化的生产者价格指数（Producer Price Index，PPI）与居民消费价格指数一起反映通货膨胀变化情况。

（二）批发物价指数

批发物价指数（Wholesale Price Index，WPI）又称生产者价格指数，是根据大宗商品包括最终商品、中间产品及进口商品的加权平均批发价格编制的物价指数。

由于大宗商品的交易主要是指原材料、零部件等工业品的交易，因此该指数反映了企业经营成本的变动。同时，由于企业经营成本的上升最终要在消费品的零售价格中反映出来，因此生产者价格指数在一定程度上预示着居民消费价格指数的变化。但该指数没有反映出劳务价格的变化，因而不能用以反映整个物价的变动情况。

（三）国民生产总值价格平减指数

国民生产总值价格平减指数（Gross National Product Deflator，GNP Deflator）是一个涵盖面更广的价格水平指标，反映了一国生产的各种最终产品（包括消费品、资本品以及劳务）的价格变化状况。

该指标是按当年价格计算的国民生产总值（即名义 GNP）与按基期价格计算的国民生产总值（即实际 GNP）的比率。例如：某国 2024 年按当年价格计算的国民生产总值为 10 000 亿美元，按 2017 年（基期）价格计算的国民生产总值为 4 000 亿美元，令 2017 年价格指数为 100，则 2024 年的 GNP 价格平减指数为：10 000/4 000 × 100=250，说明与 2017 年相比，2024 年的物价水平上涨了 150%。

国民生产总值价格平减指数的优点在于其涵盖的范围广，包括消费品和劳务、资本品以及进出口商品等，可以较全面地反映一般物价水平的变动趋势。但是编制国民生产总值价格平减指数所需资料的收集比较困难，一般一年只统计一次国民生产总值价格平减指数，因而不能迅速地反映通货膨胀的程度和趋势。

随堂思考：CPI、WPI、GNP 价格平减指数这三个数据到哪里能查询到？

任务二　分析通货膨胀的成因

◆ 任务导入

社会上流动货币增加，超过实际社会对货币的需求，会导致货币过剩，引发货币贬值、物价上涨。简单来说，就是市场上流通的货币超过所有商品售出所需的货币时，导致过多的货币追求过少的商品，造成物价上涨，货币贬值。这是引发通货膨胀的最主要的原因。当然，引发通货膨胀的原因还有很多，比如生产成本增加、供给能力降低等。按照经济学家弗里德曼说的："通货膨胀无论何时何地都是一种货币现象。"因为货币流通速度在长期是稳定的，所以货币供应量的增速超过实际经济增速只能导致物价水平的全面上升。第二次世界大战后，各国政府普遍接受的是凯恩斯的"有效需求不足理论"，认为当经济陷入衰退时，政府可以通过超发货币和财政刺激的手段来提高社会总需求，使经济重回扩张区间。货币被当成一种宏观调控的手段，而通货膨胀是政府治理措施的一个副作用。我们要学会抓住复杂现象背后单纯的本质。

◆ 任务分析

活动：查阅我国近三年通货膨胀率的走势，并讨论哪些因素影响了其走势。

知识精讲

一、通货膨胀的分类

（一）通货膨胀的成因分类法

按照通货膨胀产生的原因，通货膨胀可分为需求拉动型通货膨胀、成本推动型通货膨胀、供求混合型通货膨胀、结构性通货膨胀。

（二）通货膨胀的速度分类法

按照通货膨胀期间物价上涨的速度不同，通货膨胀可分为爬行式的通货膨胀、快步或小跑式的通货膨胀、奔驰式的通货膨胀。

（1）爬行式的通货膨胀又称温和的通货膨胀，是指年物价上涨率在 10% 以下的通货膨胀。其特点是：通货膨胀发展缓慢，短期内不易被察觉，但持续的时间很长。

（2）快步或小跑式的通货膨胀，是指年物价上涨率在 10%～20% 的通货膨胀。其特点为：物价上涨速度较快，幅度较大，货币流通速度的提高和货币购买力下降的速度都比较快。

（3）奔驰式的通货膨胀又称恶性通货膨胀，是指年物价上涨率在 20%～100%，甚至超过 100% 的通货膨胀。在这个阶段，物价急剧上涨，货币购买力猛降，人们都急于将货币脱手，货币流通速度大大加快，由此形成恶性循环，致使经济生活秩序紊乱，甚至最终导致货币制度的崩溃。

随堂思考：一般认为通货膨胀率控制在什么范围内对经济是有利的？为什么？

（三）通货膨胀的表现形式分类法

按照通货膨胀的表现形式，通货膨胀可分为公开性的通货膨胀和隐蔽性的通货膨胀。

（1）公开性的通货膨胀是指政府不采取物价管制措施，对物价的上涨不进行任何干预和控制，在市场机制充分有效运行的条件下，物价具有明显的上涨趋势。

（2）隐蔽性的通货膨胀是指政府采取严格的价格管制措施，通过各种手段控制物价，使一般价格水平没有明显的上涨，却因此而出现供应不足、物资短缺、有价无市、黑市猖獗等情况。这种情况一般发生在计划机制占主导地位的国家或地区，20 世纪 50 年代至 70 年代的中国就发生过这种物价上涨率非常低的通货膨胀。

二、通货膨胀的成因

（一）需求拉动型通货膨胀

一般认为，需求拉动型通货膨胀是指社会总需求超过社会总供给，从而导致物价上涨，这是从货币需求角度寻求通货膨胀的成因。该理论认为，通货膨胀是社会总需求增长过快引起的。在产量和生产成本不变的情况下，经济生活中之所以产生一般性物价上涨，是因为政府采取了扩张性财政与货币政策，使社会消费支出和投资支出激增，刺激了有效需求。过多的需求拉动了物价水平的上涨，较多的货币追逐相对较少的商品，从而引起物价上涨，诱发通货膨胀。

（二）成本推动型通货膨胀

这是一种侧重从供给或成本方面分析通货膨胀形成机理的假说。

关于成本推动型通货膨胀的成因，分析者们认为，由供给因素变动形成的通货膨胀可以归结为两个原因：一是工会力量对工资的提高要求；二是垄断行业中企业为追求利润制定的垄断价格。因此，成本推动型通货膨胀可以分别从工资推进和利润推进两方面来考察。

1. 工资推进型通货膨胀

这种理论是以存在强大的工会组织，从而存在不完全竞争的劳动市场为假定前提的。在完全竞争的劳动市场条件下，工资率取决于劳动的供求，而当工资是由工会和雇主集体议定时，这种工资就会高于竞争的工资，并且由于工资的增长率超过劳动生产率，企业就会因人力成本的加大而提高产品价格，以维持盈利水平。这就是从工资提高开始而引发的物价上涨。工资提高引起物价上涨，物价上涨又引起工资提高，在西方经济学中，这种情况被称为工资－价格螺旋。需要指出的是，尽管货币工资率的提高有可能成为物价水平上涨的原因，但绝不能由此认为，任何货币工资率的提高都会导致工资推进通货膨胀。如果货币工资率的增长没有超过边际劳动生产率的增长，那么，工资推进通货膨胀就不会发生。而且，即使货币工资率的增长超过了劳动生产率的增长，如果这种结果不是由于工会发挥作用，而是由于市场对劳动力的过度需求，那么，工资也不是通货膨胀的推进原因，原因是需求的拉动。

2. 利润推进型通货膨胀

该理论是以存在物品和服务销售的不完全竞争市场为假定前提的。在完全竞争市场中，商品价格由供求双方共同决定，没有哪一方能任意操纵价格。但在垄断存在的条件下，卖主就有可能操纵价格，使价格上涨速度超过成本支出的增加速度，以赚取垄断利润。如果这种行为的作用大到一定程度，就会形成利润推进通货膨胀。

（三）供求混合型通货膨胀

供求混合型通货膨胀的论点是将供和求两个方面的因素结合起来，认为通货膨胀是由需求拉动和成本推进共同起作用而引发的。这种观点认为，在现实经济社会中，通货膨胀的原因究竟是需求拉动还是成本推进很难分清，既有来自需求方面的因素，又有来自供给方面的因素，即所谓“拉中有推，推中有拉”。例如：通货膨胀可能从需求过度开始，但由于需求过度所引起的物价上涨会促使工会要求提高工资，因而转化为成本（工资）推进的因素。通货膨胀也可能从需求过度开始，如迫于工会的压力而提高工资等，但如果不存在需求和货币收入的增加，这种通货膨胀过程是不可能持续下去的。因为工资上升会使失业人数增加或产量减少，结果会使成本推动型通货膨胀过程终止。可见，“成本推进”只有加上“需求拉动”才有可能产生一个持续性的通货膨胀。在现实经济中，这样的论点得到了论证：当非充分就业均衡严重存在时，往往会引出政府的需求扩张政策，以期缓解矛盾。这样，成本推进与需求拉动并存的混合型通货膨胀就会成为经济生活的现实。

随堂思考：工资刚性是什么意思？产生工资刚性的原因是什么？工资刚性对通货膨胀有什么影响？

（四）结构性通货膨胀

结构性通货膨胀理论是从经济结构、部门结构分析物价总水平持续上涨的原因。这个模型是由北欧学派提出的，它是以实行开放经济的小国为探讨背景的。

该理论的基本思路是：（1）把一国的经济分为开放部门和非开放部门；（2）开放部门产品接受世界市场价格，它的通货膨胀率取决于世界的通货膨胀率；（3）开放部门的通货膨胀率和劳动生产增长率决定该部门的工资增长率；（4）开放部门的工资增长率影响非开放部门的工资增长率；（5）非开放部门的产品按成本加稳定的利润定价，从而它的工资增长率和该部门的劳动生产增长率之差，决定了这个部门的通货膨胀率。

对结构性通货膨胀极其简略的介绍只是说明对通货膨胀研究的思路日益深入和多样化，这是客观经济生活中经济联系和经济运行机制日益复杂的反映和要求。拘泥于某一熟悉的思路，往往是不能解释不断发展变化的实际问题的。

以上介绍了几种类型通货膨胀的形成原因。在现实生活中，一国经济发展中如出现通货膨胀，其原因通常是非常复杂的，既有直接的、表层的原因，又有间接的、深层的原因，还有混合的各种原因。

任务三　分析通货膨胀的经济效应及治理方法

◆ 任务导入

通货膨胀对我们普通人有好处吗？大部分人可能想都不想就会说没好处。这也反映出很多人对通货膨胀没有好感。实际上，任何事情都要一分为二来看，通货膨胀也是如此。温和的通货膨胀是经济发展的标志，但过度通货膨胀就会产生经济过热现象。

通货膨胀影响的主体分为两类：一类是受益者，一类是受损者。通常情况下，借债双方是债务确定的，不管是否发生通货膨胀，债权人和债务人之间的债务是恒定的。当发生通货膨胀时，货币贬值，相当于恒定的债务缩水。债权人表面上收到的债务面值不变，但实际上价值减少，换句话说购买力降低了。

举个例子，甲欠乙 100 万元，约定 5 年后还清。到第 5 年的时候，甲如期还给乙 100 万元，但这时候发生通货膨胀，5 年前 100 万元能买的东西，现在要 110 万元了。换算回去，现在乙收到的 100 万元欠款，相当于借钱时候的 90 万元了，乙亏损了 10 万元。当然，这是假定没有利息的情况下的计算。现实生活中，借款通常会有利息，如何计算是否亏损呢？利息和通胀率相比较就可以了。利息低于或等于通胀率时，债权人则亏损。当利息高于通胀率的时候，债权人基本不亏。因此，我们要正确地认识事物，就必须坚持两分法、两点论，既要看到事物积极的一面，又要看到其消极的一面。只有这样才能做到兴利除弊。

◆ 任务分析

1. 讨论通货膨胀对我们的经济生活有哪些影响。

2. 通货膨胀有利于债权人还是有利于债务人？通货膨胀的受益者都有谁？通货膨胀的受损者都有谁？说明通货膨胀与国民收入再分配的关系。

知识精讲

一、通货膨胀引起的经济效应

（一）通货膨胀对储蓄的影响

储蓄的主要来源有三方面：一是家庭，二是企业，三是政府。在正常情况下，上述三个部分的储蓄有各自的形成规律：家庭储蓄由收入剔除消费支出构成；企业储蓄由用于扩张生产的利润和折旧基金构成；政府储蓄的来源则比较特殊。如果政府用增加税收的办法来筹资进行生产性投资，那么这部分储蓄是从其他部门的储蓄中挤出的，全社会的储蓄总量并未增加。如果政府向中央银行借债，从而造成直接或间接增发货币，这种筹措资金的办法会增加全社会的储蓄总量，将导致物价上涨。在公众名义收入不变的条件下，按原来的模式和数量进行的消费和储蓄，两者的实际额均减少，而减少部分大体相当于政府运用通货膨胀强制储蓄的部分。

（二）通货膨胀对收入和财富分配的影响

社会各阶层的收入来源不同，物价水平上涨对收入水平的影响也不同。有些人的收入水平会下降，有些人的收入水平反而会上升。这种由物价上涨造成的收入再分配，称为通货膨胀的收入分配效应。

在通货膨胀期间，通常固定收入者的收入调整滞后于物价水平，实际收入会因通货膨胀而减少；而非固定收入者能够及时调整其收入，从而可能从物价上涨中获益。比如，依赖工资收入的工薪阶层，工资调整总是落后于物价上涨，所以该阶层是通货膨胀的受损者。再如，依赖退休金生活的退休人员，退休金不易随通货膨胀的发生而增长或增长滞后，所以也会深受通货膨胀之苦。对于非固定收入的企业主而言，在通货膨胀初期，企业主会因产品价格上涨、利润增加而获益。但当通货膨胀持续发生时，随着工资和原材料价格的调整，企业利润的相对收益就会消失。因此，通货膨胀最大的受益者是政府。在累进所得税制度下，名义收入的增长使纳税人所适用的边际税率提高，应纳税额的增长高于名义收入的增长。而且，政府往往是一个巨大的债务人，向公众发行了巨额的国债，价格水平的上涨使政府还本付息的负担相对减轻。正是从这个角度出发，有人认为政府具有诱发通货膨胀的利益动机。

（三）通货膨胀对资产结构调整的影响

在现实生活中，人们的财富不仅仅由货币资产组成，还包括实物资产和负债，其财产净值为资产价值与债务价值之差。在通货膨胀环境下，实物资产的货币价值大体随着通货膨胀率的变动而相应升降，金融资产的价值变化则比较复杂。在通货膨胀中，股票的行市可能会上升，但影响股票价格的因素是多样化的，所以股票绝非抵御通货膨胀的理想保值资产形式。至于以货币表示的债券债务，其特征是有确定的货币金额。其名义货币金额不会随着通货膨胀而变化，但物价上涨会使货币的实际余额减少。

（四）恶性通货膨胀引起的危机效应

恶性通货膨胀会使正常的生产经营难以进行。当物价飞涨时，产品销售收入往往不足以补进必要的原材料；在物价迅速上涨的过程中，地区之间上涨幅度不均衡是必然现象，这会造成原有商路的破坏，流通秩序的紊乱。物价的迅速上涨，使债务的实际价值下降，它所造成的收入再分配和人民生活水准的急剧下降则会导致阶级冲突的加剧。这一切的后果往往是政治的动荡。

最严重的恶性通货膨胀会危及货币流通自身：纸币流通制度无法维持；金银贵金属会重新成为流通、支付的手段；经济不发达地区则会迅速向经济的实物化倒退。

二、通货膨胀的对策

（一）传统的政策调节手段

各个国家为治理或抑制通货膨胀都积累了丰富的实践经验，其中，运用得最多的是宏观紧缩政策。宏观紧缩政策的基本内容由紧缩性货币政策、紧缩性财政政策和紧缩性收入政策构成。

1. 紧缩性货币政策

紧缩性货币政策在我国又称抽紧银根。货币当局可以采取的手段有：

（1）通过公开市场业务出售政府债券，从而相应地减少经济体系中的货币存量。

（2）提高再贴现率，用以影响商业银行的借款成本，进而影响市场利率。直接控制市场利率体制的国家，也会采取直接提高利率以紧缩信贷的措施。

（3）提高商业银行的法定准备金率，用以缩小货币扩张乘数。

2. 紧缩性财政政策

紧缩性财政政策的基本内容是削减政府支出和增加税收。

3. 紧缩性收入政策

紧缩性收入政策可作为治理通货膨胀的重要手段之一，具体措施包括：

（1）确定工资－物价指导线。指导线是指政府当局在一定年份内允许货币总收入增长的目标数值线，并据此相应地采取控制每个部门工资增长率的措施。

（2）管制或冻结工资。这是一种强行将职工工资总额或增长率固定在一定水平上的措施。

（3）运用税收手段。这是指通过对过多增加工资的企业按工资超额增长比率征收特别税等办法来抑制收入增长速度。

（二）治理通货膨胀的其他政策

治理通货膨胀的其他政策有指数化方案、价格政策、增加有效供给政策等。

指数化方案是按物价变动情况自动调整收入的一种分配方案。指数化的范围包括工资、政府债券和其他货币性收入。实施的办法是使各种收入按物价指数滑动或根据物价指数对各种收入进行调整。指数化方案主要有两个功效：一是能借此剥夺政府从通货膨胀中所获得的收益，杜绝其制造通货膨胀的动机；二是可以借此抵消或缓解物价波动对个人收入水平的影响，克服由通货膨胀造成的分配不公。此外，指数化方案还可以稳定通货膨胀环境下的微观主体行为，避免出现抢购商品、储物保值等使通货膨胀加剧的行为。

价格政策主要包括限制价格上涨与调整价格结构。限制价格上涨又包括直接价格管制和反垄断监管。直接价格管制是指政府可以对一些关键商品和服务制定价格上限，如在能源领域对居民用电、用气等价格进行管制，规定其价格涨幅范围。这种方式可以在短期内快速稳定物价，保护消费者尤其是低收入群体的利益。而反垄断监管则表现为加强对市场垄断行为的监管力度，打击市场垄断行为，防止企业利用垄断地位操纵价格，促进市场良性竞争。另外，调整价格结构也包括两个部分，即差别定价和阶梯价格。差别定价是指依据不同消费群体以及不同消费时段等因素来实施有差异的定价策略。而阶梯价格则是在资源类产品的消费中实行阶梯价格机制。以居民用水为例，设置多种用水阶梯，当用水量处于较低阶梯时，水价相对较低，超过特定额度后价格逐步提高。这种方式既可以保障居民的基本生活需求，又可以凭借价格杠杆引导居民节约用水，减少资源浪费，从供给侧层面缓解因资源紧张带来的价格上涨压力。

增加有效供给政策则是通过增加商品和服务的供应量来满足需求，从而减缓物价上涨。具体措施包括减税、削减社会福利开支、适当增加货币供给发展生产、精简规章制度等。

随堂思考：我国每年的通货膨胀数据到哪个网站查询？

任务四　认识通货紧缩

◆ 任务导入

与通货膨胀相对的通货紧缩，简单来说就是货币供应量不足，物价趋于下行。量变会引起质变，凡事都有个度，超过了自然就不行了。与温和的通货膨胀一样，温和的通货紧缩在一定程度上是有利的，一方面能够挤掉资产泡沫，推动经济结构调整，同时通货紧缩期间平均利润的下滑也会倒逼企业加强技术创新，改善产品质量；另一方面能正确引导市场预期，很好地推动去杠杆，当货币、资产价格、固定资产投资、企业利润等各方面增速均开始下滑时，经济各部门对于未来的杠杆预期自然就没那么强烈了。但恶性的通货紧缩则会让市场“过度”，也就是长期的物价、资产价格下滑，导致市场需求萎靡，企业亏损，被迫降薪裁员，经济增速下滑……这些对于国家长远发展都是不利的。所以，万事有度，过犹不及。我们通过学习本任务认识通货紧缩，了解和掌握通货紧缩的“度”。

◆ 任务分析

分组讨论：持续走低的通货膨胀率是否是通货紧缩的先兆？

知识精讲

一、通货紧缩的定义

对于通货紧缩，中西方的经济学家曾做出不同的定义，主要体现在以下三个方面：

第一，物价下降。这又可认为是价格总水平较长时间持续下降。

第二，货币供应量下降。这其中有两种说法：一种认为货币供应量持续下降，指绝对值下降；另一种认为货币供应量增长率持续下降。

第三，经济衰退。有人认为是经济增长率的持续下降；有人认为是经济萧条或经济全面衰退。

以上表述还有欠缺，通货紧缩的定义还应考虑以下几个方面的内容：

首先，应说明通货紧缩是指货币供应量低于货币需求量，不是指货币供应量的绝对值下降，也不是指货币供应量的增长率下降。当一个国家的通货膨胀开始得到抑制时，其货币供应量的增长率必然是逐步下降的，此时尚未出现通货紧缩，故不能说是通货紧缩。当一个国家的货币供应量增长率不变，但货币流通速度减慢，导致货币需求量增加，仍然会出现货币供应量低于货币需求量的情况，也就是说，仍然会出现通货紧缩。因此，货币供应量不足应是相对于货币需求量而言的。无论是货币供应量的绝对值下降或维持原数量不变，还是增长率下降或维持原水平，都不一定与物价持续下跌同时出现。只有当货币供应量低于货币需求量（并且超过货币容纳量弹性的界限）时，物价下跌才是必然的。

其次，应说明通货紧缩表现为商品流通阻滞，也就是说，商品不能顺利转化为货币。

最后，还应说明通货紧缩必然是物价总水平持续下降，而不是局部的、短时期的物价下降。这一点在各种不同观点和不同表述中都是一致的。

金融视界

通货紧缩与通货膨胀的关系

两者之间的区别有：

（1）含义和本质不同。通货膨胀是指纸币的发行量超过流通中所需要的数量，从而引起纸币贬值、物价上涨的经济现象。其实质是社会总需求大于社会总供给。通货紧缩是一种与通货膨胀相反的经济现象，是指在经济相对萎缩时期，物价总水平较长时间内持续下降，货币不断升值的经济现象，其实质是社会总需求持续小于社会总供给。

（2）表现不同。通货膨胀最直接的表现是纸币贬值，物价上涨，购买力降低。通货紧缩往往伴随着生产力下降，市场萎缩，企业利润率降低，生产投资减少，以及失业增加、收入下降，经济增长乏力等现象。其主要表现为物价低迷，大多数商品和劳务价格下跌。

（3）成因不同。通货膨胀的成因主要是社会总需求大于社会总供给，货币的发行量超过了流通中实际需要的货币量。通货紧缩的成因主要是社会总需求小于社会总供给，长期的产业结构不合理，形成买方市场及出口困难。

（4）危害性不同。通货膨胀直接使纸币贬值，如果居民的收入没有变化，生活水平就会下降，造成社会经济生活秩序混乱，不利于经济的发展。不过在一定时期内，适度的通货膨胀又可以刺激消费，扩大内需，推动经济发展。通货紧缩导致物价下降，在一定程度上对居民生活有好处，但从长远看会严重影响投资者的信心和居民的消费心理，导致恶性的价格竞争，对经济的长远发展和人民的长远利益不利。

（5）治理措施不同。治理通货膨胀最根本的措施是发展生产，增加有效供给，同时要采取控制货币供应量，实行适度从紧的货币政策和量入为出的财政政策等措施。治理通货紧缩要调整优化产业结构，综合运用投资、消费、出口等措施拉动经济增长，实行积极的财政政策、稳健的货币政策、正确的消费政策，坚持扩大内需的方针。

两者之间的联系有：

（1）二者都是由社会总需求与社会总供给不平衡造成的，亦即流通中实际需要的货币量与发行量不平衡造成的。

（2）二者都会使价格信号失真，影响正常的经济生活和社会经济秩序，因此都必须采取有效的措施予以抑制。

二、通货紧缩产生的原因

（一）紧缩性的货币、财政政策

如果一国采取紧缩性的货币、财政政策，降低货币供应量，削减公共开支，减少转移支付，就会使商品市场和货币市场出现失衡，出现“过多的商品追求过少的货币”，从而引起政策紧缩型通货紧缩。

（二）经济周期的变化

当经济到达繁荣的高峰阶段，会由于生产能力大量过剩、商品供过于求，出现物价的持续下降，引发周期性的通货紧缩。

（三）投资和消费的有效需求不足

当人们预期实际利率进一步下降，经济形势继续不佳时，投资和消费需求都会减少，而总需求的减少会使物价下跌，形成需求拉动型通货紧缩。

（四）新技术的采用和劳动生产率的提高

技术进步以及新技术在生产上的广泛应用，会大幅度地提高劳动生产率，降低生产成本，导致商品价格下降，从而出现成本压低型通货紧缩。

（五）金融体系效率的降低

如果在经济过热时，银行信贷盲目扩张，造成大量坏账，形成大量不良资产，金融机构自然会“惜贷”和“慎贷”，加上企业和居民不良预期形成的不想贷、不愿贷行为，必然导致信贷萎缩，同样减少社会总需求，导致通货紧缩。

（六）体制和制度因素

体制变化（企业体制、保障体制等）一般会打乱人们的稳定预期，如果人们预期将来收入会减少，支出将增加，那么人们就会“少花钱，多储蓄”，引起有效需求不足，物价下降，从而出现体制变化型的通货紧缩。

（七）汇率制度的缺陷

如果一国实行钉住强币的联系汇率制度，本国货币又被高估，那么就会导致出口下降，国内商品过剩，企业经营困难，社会需求减少，则物价就会持续下跌，从而形成外部冲击型通货紧缩。

三、通货紧缩的影响

第一，通货紧缩最直接的后果或者说最典型的表现是商品销售困难、库存积压、工厂开工不足、失业率上升、物价下降。

第二，通货紧缩可以引起收入的再分配。通货紧缩有利于固定工资收入者而不利于生产者，有利于债权人而不利于债务人。

第三，通货紧缩时期，为了促进生产、投资和消费，中央银行会降低利率，将大量资金投向股票市场和债券市场，会促进股票市场和债券市场的活跃。

第四，随着通货紧缩程度的加深，投资需求和消费需求会下降，这进一步加深了通货紧缩的程度，形成恶性循环。

第五，严重的通货紧缩会导致商品销售困难和企业亏损，银行贷款难以归还，银行不良债权增加。一旦银行资不抵债，引起存款人的恐慌心理，就会挤兑存款，最终将导致银行倒闭。

四、通货紧缩的对策

通货紧缩表现为货币流通阻滞，因此，治理通货紧缩主要应从增加需求入手，包括增加投资需求、消费需求和出口需求。中外国家具体的对策主要有以下几点：

第一，实施适度宽松的财政政策。主要是扩大财政开支、兴办公共工程、增加财政赤字、减免税收等。

第二，实施适度宽松的货币政策。主要是下调法定存款准备金率，甚至实行零准备金率，下调利率，增加贷款。与此同时，中央银行增加再贴现和再贷款，以增加商业银行提供贷款的能力，增加货币供应量。

第三，降低本国货币汇率，以有利于出口，促进出口的增加。

第四，推动产业结构调整。利用经济紧缩时期生产力过剩、价格下跌的时机，促进企业重组，以产业结构和产品结构调整资源配置，消化过剩的生产能力。淘汰一批低生产率、低效益、生产能力过剩的企业。

第五，提高居民收入水平。在经济力量允许的情况下，要做到居民收入能够稳定增加，增强居民对未来收入的预期和信心，以增加居民的消费需求。

※ 项目小结

通货膨胀是指商品和服务的货币价格总水平的持续上涨现象。计量通货膨胀的程度主要采取三个标准：居民消费价格指数、批发物价指数和国民生产总值价格平减指数。按通货膨胀的速度分类，通货膨胀可分为爬行式的通货膨胀、快步或小跑式的通货膨胀、奔驰式的通货膨胀；按通货膨胀的表现形式分类，通货膨胀可以分为公开性的通货膨胀和隐蔽性的通货膨胀；按通货膨胀的成因分类，通货膨胀可分为需求拉动型通货膨胀、成本推动型通货膨胀、供求混合型通货膨胀、结构性通货膨胀。通货膨胀对经济的影响主要表现为强制储蓄效应、收入分配效应、资产结构调整效应、恶性通货膨胀效应。为了抑制或治理通货膨胀，许多国家都积累了相当丰富的实践经验，主要包括一些传统的政策调节手段、治理通货膨胀的其他政策等，其中运用得最多的手段是宏观紧缩政策。

※ 概念复习

通货膨胀　居民消费价格指数　批发物价指数　需求拉动型通货膨胀　成本推动型通货膨胀　供求混合型通货膨胀　指数化方案　通货紧缩

※ 网站读物

在国家统计局的数据查询栏目搜索 CPI、PPI、GNP 价格平减指数。

※ 复习思考

一、单选题

1. 通货膨胀是指（　　）。
A. 粮食类产品物价上涨
B. 季节性物价上涨
C. 在一定时间内一般物价水平持续和较明显上涨
D. 股市的股票不断升值

2. 下列上涨速度中，属于爬行式通货膨胀的是（　　）。

A.2%～3%　　B.12%～13%　　C.23%～33%　　D.100%

3. 工资推进型通货膨胀产生的前提是（　　）。

A. 存在强大的工会组织

B. 存在不完全竞争的劳动市场

C. 存在强大的工会组织，从而存在不完全竞争的劳动市场

D. 没有任何前提条件

4. 通货膨胀中物价的上涨是指（　　）。

A. 季节性的价格水平上涨　　B. 持续性的价格水平上涨

C. 偶然性的价格水平上涨　　D. 暂时性的价格水平上涨

5. 指数化方案是指（　　）。

A. 按物价变动情况自动调整收入的一种分配方案

B. 按收入变动情况自动调整物价的一种分配方案

C. 按收入变动情况自动调整消费的一种分配方案

D. 按物价变动情况自动调整消费的一种分配方案

二、多选题

1. 衡量通货膨胀常用的三个指数有（　　）。

A. 居民消费价格指数　　B. 批发物价指数

C. 国民生产总值价格平减指数　　D. 货币供给量

2. 通货膨胀根据表现形式分类，有（　　）。

A. 公开性的通货膨胀　　B. 隐蔽性的通货膨胀

C. 需求拉动型通货膨胀　　D. 成本推动型通货膨胀

3. 通货膨胀发生时，受损者是（　　）。

A. 债权人　　B. 债务人　　C. 固定收入者　D. 非固定收入者

4. 恶性通货膨胀带来的危机有（　　）。

A. 使正常的生产经营难以进行

B. 引起突发性的商品抢购和挤兑银行的风潮

C. 危及货币流通自身

D. 经济不发达地区会迅速向经济的实物化倒退

5. 宏观紧缩性政策包括（　　）。

A. 紧缩性货币政策　　B. 紧缩性财政政策

C. 紧缩性收入政策　　D. 指数化方案

三、简答题

1. 如何理解通货膨胀的概念？

2. 衡量通货膨胀的居民消费价格指数、批发物价指数、国民生产总值价格平减指数各有何优缺点？

3. 试论通货膨胀的经济效应。

4. 治理通货膨胀的宏观紧缩性货币政策、紧缩性财政政策有哪些？

四、案例分析题

物价是度量民生冷暖的温度计，物价稳则民心安。稳定物价是政府维护社会稳定的重要措施，也是维护国民经济健康发展的重要手段。

很多人都觉得，生活幸福就是赚很多的钱，而物价又很低廉，这样一来，大家都能积攒很多钱，做很多想做的事情，货币的价值也就非常高昂了。但事实上是我们的钱越来越不值钱，这让很多人非常苦恼。其实这就涉及通货膨胀还是通货紧缩的问题。有人觉得国家和商人喜欢通货膨胀，这样就可以获得廉价劳动力，但寻常百姓都喜欢通货紧缩，真的是这样吗？

问题：通货膨胀与通货紧缩对经济的影响分别是什么？通货膨胀与通货紧缩对贫富差距的影响如何？

※实践参与

1. 搜索资料并分析：为什么政府的权力应该受到限制？如果不限制，会有什么社会现象发生？分析完后撰写报告。

2. 试分析经济衰退与通货紧缩的关系。

3. 了解我国消费指数的统计范围，并结合近半年来的消费物价指数变化趋势予以简单评价。

项目十 解读货币政策

学习目标

- 了解货币政策的含义。
- 了解货币政策的最终目标。
- 能理解货币政策各目标之间的联系。
- 能列举货币政策工具的种类。
- 能描述货币政策工具在我国宏观经济调控中的使用情况。
- 能理解货币政策和财政政策配合的必要性。
- 科学理解货币政策及其相互关系，培养严谨求真精神。
- 能够利用所学知识解读国家重大货币政策，树立爱国情怀。

价值塑造

作为国家调节经济的手段，货币政策是中国人民银行从宏观经济的角度运用各种工具调节货币供应量和信用量的政策措施。我们学习货币政策的时候，要站在货币政策制定者（即中国人民银行）的角度来看待问题，分析我们为什么要制定这样的货币政策、目标是什么、想要达到什么效果、影响因素有哪些，然后找哪些工具和方法实施，以及谁去实施、如何达成最终目标、如何反馈和评价货币政策的实施效果。只有掌握了这条分析思路，才能更好地理解中国人民银行制定货币政策的核心要义，以及坚定不移走中国特色社会主义金融改革发展之路。

由此，我们才能更深刻领会我国走中国特色社会主义道路的必要性，以及坚持“四个自信”的重要意义。

任务一　认识货币政策

◆ 任务导入

在学习货币政策之前，我们需要思考几个问题：货币政策是由谁制定的？为什么是中国人民银行制定，而不是由国家或财政部等部门制定？中国人民银行制定货币政策的目标是什么？中国人民银行实现目标所运用的政策工具有哪些？中国人民银行预期达到什么样的政策效果？这些思考问题与我们个人做某些决策是类似的。我们的决策目标是什么？能从哪些视角分析该决策正确与否？可以采取哪些方法和手段实现该目标？我们所预期的结果是什么样的？等等。我们在面临决策考验时，要学会运用科学的决策思维做出最好的选择，走稳未来的路。

◆ 任务分析

1. 列举近 10 年我国的货币政策。
2. 分析当前我国货币政策对经济的影响。

知识精讲

一、货币政策的概念

货币政策是中央银行为实现既定的经济目标运用各种工具调节货币供给和利率，进而影响宏观经济的方针和措施的总和。它是一个包括货币政策目标、货币政策工具、货币政策的中介指标、货币政策的效果等一系列内容的广泛概念。货币政策是国家经济政策的重要组成部分，是为经济政策服务的。货币政策是中央银行实现其职能的核心所在。

随堂思考：为什么货币政策是由中央银行制定，而不是由国家、财政部等部门制定的？

二、对货币政策概念的理解

货币政策的范围有广义、狭义之别。从广义上讲，货币政策包括政府、中央银行和其他有关部门所有有关货币方面的规定和所采取的影响货币数量的一切措施。照此理解，货币政策包括：建立货币制度的种种规定，所有旨在影响金融系统的发展、利用和效率的措施，政府借款、国债管理乃至政府税收和开支等可能影响货币支出的行为。

金融视界

政府借款

政府借款是指我国同外国签订的政府贷款协定借贷的资金。政府借款的经济功能一是弥补财政赤字，二是为中央银行买卖政府债券从而调节货币供应量创造条件。

但是，当代通常意义的货币政策较上述口径要窄得多。在西方国家，比较概括的提法如：中央银行在追求可维持的实际产出的增长、高就业和物价稳定的过程中所采取的用以影响货币和其他金融环境的措施。

三、构成货币政策的三要素

货币政策一般包括三个方面的内容：（1）政策目标；（2）实现目标所运用的政策工具；（3）预期达到的政策效果。由于从确定目标到运用工具乃至达到预期的政策效果，这中间存在一些作用环节，因此货币政策实际也包括中介指标和政策传导机制等内容。

四、货币政策的种类

（一）扩张性货币政策

扩张性货币政策是指通过增加货币供给规模带动总需求的增长，当货币供应量超过经济正常运行对货币的实际需求量时，其主要功能在于刺激社会总需求的有效增加。

（二）紧缩性货币政策

紧缩性货币政策是指通过减少货币供应量达到紧缩经济的目的，提高放贷利率、银行存款准备金率及公开市场操作等手段，来降低货币增长速度，进而降低社会总需求的水平。

（三）稳健性货币政策

稳健性货币政策是指以币值稳定为目标，正确处理防范金融风险与支持经济增长的关系，在提高贷款质量的前提下，保持货币供应量适度增长，支持国民经济持续快速健康发展。

任务二　明晰货币政策的最终目标

◆ 任务导入

货币政策的实施过程是运用政策工具→控制操作目标→调节中介目标→实现最终目标，说明货币政策的效果最终还是要体现在最终目标的实现上。因此，作为中央银行调节货币流通的出发点和归宿点，货币政策最终目标是国家制定经济总体发展目标所必须考虑的因素，要与整体的经济政策目标保持一致。根据《中华人民共和国中国人民银行法》的规定，我国的货币政策最终目标是在保证币值稳定的基础上促进经济增长，即把保持币值稳定作为货币政策的首要目标，强调只有保持货币币值的稳定，才能使国民经济持续、稳定、快速、健康发展。由此，我们联想到《中国共产党章程》总纲里明确写出的：党的最高理想和最终目标是实现共产主义。在建设共产主义的道路上，国家制定的五年发展规划等阶段性小目标，都指引着我们通往最终目标。

◆ 任务分析

1. 分组讨论货币政策最终目标之间的关系。
2. 结合当期我国经济现状分析货币政策最终目标之间的关系。
3. 网络搜索了解我国货币政策最终目标的确立历程。
4. 网络搜索了解至少三个国家的货币政策最终目标。

知识精讲

一、货币政策的最终目标

货币政策的最终目标是指货币政策在一段较长时间内所要达到的目标。最终目标相对固定，基本上与一国的宏观经济目标一致，因此，最终目标也被称为货币政策的战略目标或长期目标，但是货币政策并不能直接作用于最终目标。

概括地讲，各国货币当局的货币政策所追求的最终目标主要有五个：物价稳定、充分就业、经济增长、国际收支平衡和金融稳定。

（一）物价稳定

物价稳定通常是指设法使一般物价水平在短期内不发生波动，以维持国内币值的稳定。鉴于通货膨胀对资源配置效率、财富分配及稳定的预期等方面的负面影响，各国一般多把反通货膨胀、稳定物价作为一项基本的宏观经济政策。

金融视界

资源配置效率

资源配置效率是指在一定的技术水平条件下，各投入要素在各产出主体的分配所产生的效益。

（二）充分就业

充分就业是指有能力并愿意参加工作者都能在较合理的条件下，随时找到适当的工作。此时劳动力市场处于均衡状态，但并非失业率为零，而是一个大于零的水平。显然，充分就业目标的实现与对自然失业率的认识直接相关。从理论上讲，自然失业率应等于事实上的工资膨胀率和预期工资膨胀率相等时的失业率，但预期工资膨胀率无法测定，因此人们通常用平均失业率来估计失业率。从各国实际的执行情况来看，对自然失业率的确定也是灵活掌握的。

金融视界

工资膨胀率

工资膨胀率即货币工资提高的比率。在最初的菲利普斯曲线中，纵轴所代表的就是工资膨胀率，经过后人的发展才变成通货膨胀率。

（三）经济增长

关于经济增长，经济学界至少有两种观点：一种观点认为，经济增长就是国民生产总值的增加，即一国在一定时期内所生产的商品和劳务总量的增加，或人均国民生产总值的增加；另一种观点认为，经济增长是指一国生产商品和劳务能力的增长。与前一种观点相比，后一种观点更强调增长的动态效应。世界各国由于发展阶段和发展条件不同，在增长率的选择上存在差异。大多数发展中国家较发达国家更偏好高的经济增长率，也因此对货币政策提出了相应要求。但货币政策能在多大程度上影响经济增长一直存在较大的争议。目前较为普遍的看法是，中央银行只能以其能控制的货币政策工具，通过创造和维持一个适于经济增长的货币金融环境来促进经济增长。

随堂思考：经济增长与经济发展的区别与联系是什么？

（四）国际收支平衡

国际收支平衡是指一国对其他国家的全部货币收入和货币支出持平，略有顺差或略有逆差。国际收支平衡又可分为静态平衡和动态平衡。其中，静态平衡是指以一年内的国际收支数额持平为目标的平衡，只要年末的国际收支数额相等，就称为平衡；动态平衡是指以一定时期的国际收支数额持平为目标的平衡。目前，在国际收支管理中，动态平衡正受到越来越多的重视。由于国际收支状况与国内市场的货币供应量有着密切的关系，因此对于开放条件下的宏观经济而言，一国货币政策的独立有效性正面临越来越严峻的挑战。

（五）金融稳定

金融稳定是近几年来逐步重视起来的货币政策目标。金融稳定是指一种状态，是一个国家的整个金融体系不出现大的波动，是经济和社会稳定的重要条件，各国都努力保持金融稳定，避免出现货币危机、银行危机和金融危机。中央银行把金融稳定作为其政策目标，就是要通过适当的货币政策决策与操作，维持利率与汇率的相对稳定，防止银行倒闭，保持本国金融的稳健运行，并与各国中央银行和国际金融机构合作，共同维护国际金融的稳定。

随堂思考：货币危机、银行危机和金融危机的区别与联系是怎样的？

二、货币政策最终目标之间的关系

货币政策的五个最终目标是国家经济政策的战略目标的组成部分，它们既有一致性又有矛盾性。

（一）一致性

从长期来看，这些目标之间是统一的、相辅相成的：经济增长是其他目标的物质基础；物价稳定是经济平稳运行从而持续增长的前提；充分就业就意味着资源的充分利用，也意味着企业更乐于进行资本设备投资以提高生产率，从而促进一国的经济增长；国际收支平衡有利于国内物价稳定，有利于国际资源的充分利用，从而扩大了国内的生产能力，促进经济增长，也有利于金融市场利率和汇率的稳定；金融市场与金融体系的稳定，能为国内生产和投资提供一个良好的货币金融环境，保证经济的稳定增长，促进高就业，同时增强进出口能力，促进国际收支平衡。

（二）矛盾性

但从短期来看，这些目标之间却存在矛盾和冲突。主要体现在以下几方面。

1. 物价稳定与充分就业之间的矛盾

失业率与物价上涨之间存在一种此消彼长的关系。要保持充分就业，就必须扩大生产规模，增加货币供应量，从而会导致物价上涨；而要降低物价上涨率，就要紧缩银根，压缩生产规模，这又会提高失业率。物价稳定与充分就业两者之间表现出一种矛盾的关系：要实现充分就业目标，必然要牺牲若干程度的物价稳定；而要维持物价稳定，又必须以失业率提高若干程度为代价。

随堂思考：什么是菲利普斯曲线？菲利普斯曲线的结论是什么？

2. 经济增长与国际收支平衡之间的矛盾

经济迅速增长，就业增加，收入水平提高，进口商品的需要比出口贸易增长得更快，同时国民收入增加带来支付能力的增强，又可能提出对一部分本来用于出口的商品的需求。两方面作用的结果导致进口的增长快于出口的增长，这就可能导致贸易差额的恶化。

就资本项目来说，要促进经济增长，就要增加投资，在国内资金来源不足的情况下，必须借助外资的流入。外资流入可能使国际收支中的资本项目出现顺差，一定程度上可弥补贸易逆差造成的国际收支失衡，但并不一定能使经济增长与国际收支平衡共存。

3. 物价稳定与经济增长之间的矛盾

就现代市场经济的实践而言，经济的增长大多伴随着物价的上涨。其原因就是上面分析物价上涨与充分就业关系时所做的说明。但是也有不同的看法。一种见解是：适度的物价上涨能够刺激投资和产出的增加，从而促进经济增长；经济增长取决于新生产要素的投入和劳动生产率的提高，而在劳动生产率提高的情况下，产出的增加伴随着单位产品生产成本的降低。因此随着经济的增长，价格可能趋于下降或稳定。这就是说，稳定物价目标与经济增长目标并不矛盾。另一种见解是：物价稳定完全能够维持经济增长。理由是，生产率是随时间的推进而不断提高的，生产率的提高自然伴随着经济的增长，而且也只有稳定物价才能使整个经济正常运转并维持其长期增长的势头。

4. 物价稳定与国际收支平衡之间的矛盾

对于开放经济条件下的宏观经济，以物价稳定为目标的货币政策措施常常会影响国际收支平衡。如果针对国内发生的通货膨胀，中央银行采取紧缩性货币政策，提高利率或降低货币供应量，那么，在资本自由流动的条件下，利率的提高有可能导致国际资本的流入，资本项下出现顺差，同时由于国内物价上升的势头减缓和总需求的减少，出口增加，进口减少，经常项目下也可能出现顺差，这样也就会导致国际收支失衡，相反，片面追求贸易平衡而人为制造货币贬值以刺激出口，也可能导致国内通货膨胀的加剧。

5. 物价稳定与金融稳定之间的矛盾

中央银行为了实现物价稳定的目标而调节货币供应量时，一个常用的手段就是在金融市场上买卖债券（公开市场业务），而这种手段的实施必然会影响债券价格，进而使利率产生波动，使金融市场变得不稳定。但如果中央银行以稳定利率为目标而变动货币供应量时，又会通过对总需求的作用而导致物价的不稳定。另外，中央银行为了稳定金融体系，救助濒临倒闭的商业银行而发挥最后贷款人职能时，也可能因为货币供应量的增加而导致物价不稳定。

6. 充分就业与国际收支平衡之间的矛盾

就业人数增加，人们收入水平提高，这使得国内对外国商品的进口需求增加，国内商品的出口相对减少，从而扩大了国际收支逆差。为了减少逆差，采用紧缩性货币与财政政策来抑制国内需求，这又导致就业机会减少、失业增加。因此，短期来看，充分就业与国际收支平衡这两个目标也存在相互矛盾的地方。

要同时实现五个最终目标是非常困难的，各国在制定货币政策时都必须充分考虑到这一点。处理这五个最终目标之间的冲突，主要有两种方法：一是侧重于统筹兼顾，力求协调；二是侧重于权衡或选择，视经济环境的需要而突出重点。

> 随堂思考：我国的货币政策最终目标为什么不能同时实现呢？

任务三 了解货币政策工具

◆ 任务导入

在整个货币政策体系中，中央银行一般是首先要确定自己想要实现什么最终目标，然后考虑自己能够选用哪些货币政策工具，最后考虑的是怎么通过现有的政策工具去实现自己的政策目标，即货币政策传导机制。我们看到中央银行的货币政策框架就是其运用货币政策工具，去实现自己事先规定好的操作目标，并借助现有的传导机制来实现最终目标的一个过程。在这里，货币政策工具是中央银行为实现货币政策目标而采取的手段。我们知道国家面临的经济问题通常是非常复杂的，多元化的货币政策工具为各种情况提供了可能的选择，而这些工具的作用效果也不尽相同。因此，我们需要多了解各种货币政策工具的特点、作用、意义、优缺点等，这样才能更深入地理解我国货币政策的实施，进而采取相应的经济活动。

◆ 任务分析

1. 分组讨论货币政策工具是如何影响货币供给量的。
2. 搜集我国运用货币政策工具调节货币供给量的典型案例。
3. 登录中国人民银行网站的“货币政策司”，了解中央银行的“货币政策工具”。
4. 根据不同经济形势，完成下表：

政策工具	经济形势	
	通货膨胀	通货紧缩
存款准备金政策		
再贴现政策		
公开市场业务		

知识精讲

一、货币政策工具的含义

货币政策工具是指中央银行为实现货币政策最终目标，在工作中使用的措施和手段。货币政策工具也称为货币政策手段。

二、货币政策工具体系

（一）一般性货币政策工具

一般性货币政策工具主要是指传统的三大货币政策工具——法定存款准备金率、再贴现率、公开市场业务。这三大工具又称为“中央银行三大法宝”。

1. 法定存款准备金率

法定存款准备金率是指国家法律或法规规定的、商业银行集中于中央银行的存款准备金占商业银行吸收存款总额的比率。法定存款准备金是指商业银行为确保存款客户支取存款而准备的、存放在中央银行的资金。

法定存款准备金率的调控机制是怎样的呢？依据商业银行存款派生公式可以进行分析。在不考虑现金漏损、超额准备金等因素时，派生后的存款总额和原存款额及法定存款准备金率之间的关系可用如下公式表示：

$$D=R/r$$

式中：D 代表经过派生后的存款总额；R 代表原存款额；r 代表法定存款准备金率。

法定存款准备金（率）的作用可以概括为以下三个方面：

（1）调控作用。作为货币政策工具，通过调控商业银行贷款量、派生存款量和货币供给量，进而调控宏观经济。

（2）保证作用。确保商业银行的清偿能力，保持银行资产的流动性，防止金融恐慌。

（3）告示作用。法定存款准备金率的调升或调降告示了中央银行要紧缩银根或放松银根。

作为货币政策工具的法定存款准备金率的特点可以概括为以下四个方面：

（1）瞬时性、猛烈性、强制性、直接性，且有“蝴蝶效应”。瞬时性是指调控效果见效快。猛烈性是指工具的操作者动作快且力度大。强制性是指中央银行确定的法定存款准备金率，商业银行必须遵照执行。直接性是指中央银行调节法定存款准备金率对商业银行存款准备金有直接影响。“蝴蝶效应”是指较小的法定存款准备金率的升降，通过传导机制的货币乘数作用，在末端会引起较大的经济状态的变动。

（2）非频繁性。它是指中央银行不能频繁地通过调节法定存款准备金率的大小来调控商业银行的存款准备金的数量。

（3）不一致性。它是指中央银行调节法定存款准备金率的大小对所有金融机构产生的影响不一致。

（4）主导性。它是指中央银行在调控存款准备金率的变动方向、幅度、时机等方面占有主导地位。

金融视界

蝴蝶效应

蝴蝶效应由美国气象学家洛伦兹于1963年提出。它是事物发展的结果，对初始条件具有极为敏感的依赖性，初始条件的极小偏差，都将可能引起结果的极大差异。

2. 再贴现率

再贴现率是指中央银行对商业银行的合格票据的贴现利率。中央银行通过调控再贴现率调控利率水平，进而调控信贷规模和货币供给量。中央银行调高再贴现率，会引起信贷规模和货币供应量的紧缩；中央银行调低再贴现率，会引起信贷规模和货币供应量的扩张。

作为货币政策工具的再贴现率的作用可以概括为以下三个方面：

（1）调控作用。调控商业银行贷款量和货币供给量。

（2）调剂作用。中央银行像“蓄水池”，通过再贴现这根“水管”可调剂商业银行的“活动”资金量。

（3）告示作用。再贴现率的调升或调降告示了中央银行要紧缩银根或放松银根。

再贴现率的特点可以概括为以下几个方面：

（1）延迟性、柔和性、自愿性、间接性。延迟性是指调控效果见效慢，这是由于在中央银行调节再贴现率后，并不能立即引起商业银行的反应。柔和性是指工具的操作者动作柔和而不猛烈。自愿性是指中央银行调节再贴现率对商业银行的存款准备金的影响是非强制性的，商业银行可以按照自己的意愿，在不违背法定存款准备金率的范围内调整存款准备金。间接性是指中央银行调节再贴现率对商业银行存款准备金的影响是间接而非直接的。

（2）非频繁性。它是指中央银行不能频繁地通过调节再贴现率来调控商业银行的存款准备金。

（3）一致性。它是指中央银行调节再贴现率对金融市场整个利率变动方向的影响具有一致性。

（4）被动性。它是指中央银行对再贴现率的调控效果只能被动等待。效果如何取决于商业银行的反应程度。

3. 公开市场业务

公开市场业务又称为公开市场操作，是指中央银行在证券市场上公开买卖有价证券的业务。中央银行通过公开市场业务来调控商业银行的存款准备金数量，进而调控商业银行信贷量和货币供应量。中央银行买进证券，会引起商业银行信贷量和货币供给量增加，进而导致经济快速发展；中央银行卖出证券，会引起商业银行信贷量和货币供给量减少，进而导致经济发展速度变缓。

公开市场业务的作用可以概括为以下两个方面：

（1）调控作用。一是调控商业银行信贷量和货币供给量；二是调控利率水平和利率结构——中央银行买进证券，市场利率水平下降，中央银行卖出证券，市场利率水平上升。中央银行买卖不同期限的证券，会引起市场上不同期限的证券供求关系的变化，进而引起其利率结构的变化。

（2）递补作用。递补作用是指当中央银行运用再贴现率工具失效时，可将公开市场业务工具作为替补手段，达到预期的调控效果。例如：中央银行的调控目的是紧缩商业银行信贷量和货币供给量，如果中央银行先采用的调高再贴现率未奏效，则可以再采用公开市场业务——卖出证券。这会减少商业银行的存款准备金，进而会减少商业银行信贷量和货币供给量。

公开市场业务的特点可以概括为以下几个方面：

（1）操作的迅速性、自愿性、直入性。操作的迅速性是指中央银行从决定运用公开市场业务工具到实施操作可以非常迅速。自愿性是指商业银行对中央银行的公开市场业务——买卖有价证券的参与具有自愿性。直入性是指中央银行的公开市场业务是直接进入市场来调控市场上的货币供给量的。

（2）频繁性。它是指中央银行可以频繁地采用公开市场业务这一货币政策工具。

（3）微调性，亦即柔和性。有人称公开市场业务为“微调工具”。

（4）主动性。它是指中央银行可以主动灵活地确定买卖证券的数量、种类和时机。

（二）选择性货币政策工具

选择性货币政策工具是选择某些特定的领域或选择某些特定的经济行为进行调控的货币政策工具。常见的选择性货币政策工具包括调控消费信用、调控不动产信用、调控证券市场信用等。

1. 调控消费信用

调控消费信用也称消费信用控制，是指中央银行根据需求状况和货币流通状况对消费信贷量进行的调控，其中的消费品是指不动产以外的耐用消费品。

调控的目的是抑制过度消费需求或刺激消费需求增长。

调控的具体内容主要包括：（1）规定消费信贷的适用商品；（2）规定首付比率；（3）规定信贷期限。

调控机制：对某种耐用消费品采用消费信贷，降低首付比率、延长信贷期限，将会刺激对该种商品的消费需求，从而引起该种商品价格的上涨；反之，则相反。

2. 调控不动产信用

调控不动产信用也称调控房地产信用，是指中央银行对金融机构在房地产贷款方面的限制。

调控的目的是控制金融机构对房地产的贷款，抑制房地产投机。

调控的具体内容、调控机制与调控消费信用类似。

3. 调控证券市场信用

调控证券市场信用也称证券市场信用控制，是指中央银行对商业银行办理证券抵押贷款的控制。

调控的目的是抑制过度的证券投机。

调控的具体内容主要是规定和调整法定保证金率。法定保证金率是法律或法规规定的、贷款额占抵押的证券额的比率。

调控机制：中央银行调高法定保证金率，信用规模降低，可抑制证券价格的过度上涨；反之，信用规模扩大，可刺激证券价格的上涨。

（三）其他工具

除了以上一般性、选择性货币政策工具外，中央银行有时还运用一些补充性货币政策工具，对信用进行直接或间接控制，包括直接信用控制和间接信用指导两类。直接信用控制是指从质和量两个方面，以行政命令或其他方式，直接对金融机构尤其是商业银行的信用活动进行控制，其手段包括规定利率最高限额、信用配额管理、流动性比率管理、特种贷款和直接干预等。间接信用指导是指中央银行凭借其在金融体制中的特殊地位，通过与金融机构之间的磋商、宣传等方式，通过道义劝告、窗口指导等办法间接影响商业银行的信用创造。

借鉴国际经验，中国人民银行于2013年初创设了“常备借贷便利”货币政策工具。常备借贷便利是商业银行或金融机构根据自身的流动性需求，通过资产抵押的方式向中央银行申请授信额度的一种直接融资方式。常备借贷便利的主要特点：一是由金融机构主动发起，金融机构可根据自身流动性需求申请常备借贷便利；二是常备借贷便利是中央银行与金融机构“一对一”交易，针对性强。三是常备借贷便利的交易对手覆盖面广，通常覆盖存款金融机构。

常备借贷便利是中国人民银行正常的流动性供给渠道，主要功能是满足金融机构期限较长的大额流动性需求。对象主要为政策性银行和全国性商业银行。期限为1～3个月。利率水平根据货币政策调控、引导市场利率的需要等综合确定。常备借贷便利以抵押方式发放，合格抵押品包括高信用评级的债券类资产及优质信贷资产等。

任务四　明晰货币政策的中介目标

◆ 任务导入

利率政策是我国货币政策的重要组成部分，也是货币政策实施的主要手段之一。中国人民银行根据货币政策实施的需要，适时地运用利率工具，对利率水平和利率结构进行调整，进而影响社会资金供求状况，实现货币政策的既定目标。

目前，中国人民银行采用的利率工具主要有：

（1）调整中央银行基准利率，包括再贷款率、再贴现率、法定存款准备金率、超额存款准备金率。再贷款率是指中国人民银行向金融机构发放再贷款所采用的利率；再贴现率是指金融机构将所持有的已贴现票据向中国人民银行办理再贴现所采用的利率；法定存款准备金率是指中国人民银行对金融机构交存的法定存款准备金支付的利率；超额存款准备金率是指中国人民银行对金融机构交存的准备金中超过法定存款准备金水平的部分支付的利率。

（2）调整金融机构法定存贷款利率。

（3）制定金融机构存贷款利率的浮动范围。

（4）制定相关政策对各类利率结构和档次进行调整等。

近年来，中国人民银行加强了对利率工具的运用。利率调整逐年频繁，利率调控方式更为灵活，调控机制日趋完善。随着利率市场化改革的逐步推进，作为货币政策主要工具之一的利率政策将逐步从对利率的直接调控向间接调控转化。利率作为重要的经济杠杆，在国家宏观调控体系中将发挥更加重要的作用。

因此，中央银行调整利息的消息我们需要留意吗?

相关公开资料显示，中央银行对利率的调整，是重大货币政策，其方向更是被市场高度关注，通常都会是财经新闻的头条。而利率与我们的生活息息相关，我们的衣食住行都离不开利率的影响。我们要了解中央银行调整利率的原因，以及对我们的经济生活影响的底层逻辑，只有这样我们才能在面对利率调整时做出相应的调整。

◆ 任务分析

1. 分组讨论利率变化对宏观经济的影响。
2. 分组讨论货币供给量和宏观经济之间的关系。

知识精讲

一、货币政策中介目标的含义

中介目标是货币政策作用传导的桥梁，是与货币政策最终目标相关联的、能有效测定货币政策效果的金融变量。中介目标选择得恰当与否关系到货币政策的调节效果以及最终目标的实现，所以中介目标是十分重要的过程控制变量。

二、货币政策中介目标应具备的条件

货币政策中介目标能为中央银行制定货币政策提供指导思想，却并不提供现实的数量依据。因此，在整个过程中，货币当局要及时了解政策工具是否得力，估计政策目标能否实现，可以在短时期内汇集一些经济指标，作为反映货币政策实施效果的指针，以决定货币政策的调整。

要使货币政策中介目标有效地影响货币政策最终目标，货币政策中介目标的选择必须具备以下条件：

第一，可控性。这是指中央银行通过各种货币政策工具的运用，能对货币政策中介目标进行有效的控制和调节，能够较准确地控制该中介目标的变动状况及变动趋势。

第二，可测性。这是指中央银行选择的中介目标对货币政策能敏感地做出反应。这些金融变量概念应明确且清晰，中央银行能迅速而准确地收集到有关指标的数据资料，并且便于进行定量分析。

第三，相关性。这是指中央银行选择的中介目标必须与货币政策最终目标有密切的联动关系，中央银行通过对中介目标的控制和调节，能够促使货币政策最终目标的实现。

第四，抗干扰性。货币政策在实施过程中常会受到外来许多因素或非政策因素的干

扰。只有选取那些受干扰程度较低的中介目标，才能通过货币政策工具的操作达到最终目标。

三、货币政策中介目标体系

中央银行货币政策发生作用的过程相当复杂，在这个过程中，要求充当中介目标的某一金融变量同时具备以上所述的四个条件是很困难的。符合以上条件的经济变量在不同国家因选择标准不同内容也有所不同，一般来说，货币政策的中介目标通常包括四项指标：利率、货币供给量、基础货币和超额准备金。

（一）利率

利率有以下特点：

（1）相关性。投资需求与消费需求都与利率相关，因而最终经济目标与利率有一定的关系。

（2）可测性。很明显，中央银行在任何一个时间点上都可以观察到市场利率的水平和结构。

（3）可控性。中央银行或者直接控制市场利率，或者间接给予控制。在市场经济条件下，间接控制利率是主要形式，中央银行一般通过再贴现率或再抵押贷款利率来影响商业银行的融资成本，从而影响市场利率。

（二）货币供给量

货币供给量同样具备中介目标的四个条件：

（1）可测性。在货币供给理论中，人们将货币划分为多个层次，如 M0、M1、M2 等，这些层次的货币可测性是不言而喻的。

（2）可控性。由于货币供给量等于基础货币与货币乘数的乘积，因而基础货币和货币乘数的可控性也比较明显。

（3）相关性。货币供给量与宏观经济目标之间的关系是稳定的。

（4）抗干扰性。一个国家的货币供给量与宏观经济目标之间的关系是不同的，各国货币当局可以根据实际情况确定这一关系。因此，货币供给量作为中介目标是可以接受的。

（三）基础货币

基础货币是指流通于银行体系之外被社会公众持有的流通中的现金与商业银行等金融机构在中央银行的准备金（包括法定存款准备金和超额准备金），是货币供给量倍数扩张与收缩的基础，是市场货币量形成的源头。中央银行通过调控基础货币，即通过货币乘数的作用形成数倍于基础货币量的市场货币供给总量，进而可以直接实现对货币总供应的调节。基础货币满足可测性与可控性要求，数字一目了然，不少国家把它视为较理想的中介目标。

（四）超额准备金

超额准备金是指各商业银行超过法定准备金的储备。超额准备金是个内生变量，是逆循环的，即：当市场繁荣时，银行体系减少超额准备金而扩张信贷；当市场萧条时，则增加超额准备金而缩减信贷。从这个指标可以看到经济变化，通过超额准备金的变化可以控制信贷，进而影响经济。但由于超额准备金往往因取决于商业银行的意愿及财务状况而不易被货币当局测度和控制。

任务五 分析货币政策效应

◆ 任务导入

货币政策研究、制定货币政策、选择货币政策工具、我们作为微观经济主体对货币政策所采取的措施、货币流通速度、宏观经济条件变化、经济和政治因素等都会对货币政策效应产生影响。在现实生活中，宏观经济目标的实现往往是多种政策（如财政政策、收入政策）等配套进行的结果。我们要检验货币政策效应时，还需要结合货币政策与其他政策之间的相互作用及作用大小进行分析，才能得出相对准确的结论。

◆ 任务分析

1. 分组讨论货币政策时滞是如何影响经济的。
2. 分组讨论如何配合使用货币政策和财政政策。

知识精讲

一、货币政策效应的含义

在货币政策的传导过程中，各种可能对政策效应产生影响的因素都需要引起人们的关注。货币政策效应是指货币政策的实施对社会经济生活产生的影响。衡量货币政策效应，一看效应发挥的快慢，二看效应发挥的大小。而这两个方面都受到多种因素的影响。

二、货币政策时滞

（一）货币政策时滞的含义

任何政策从制定到获得主要的或全部的效果，必须经过一段时间，这段时间被称为时滞。如果收效太迟或难以确定何时收效，则政策本身的有效性也就成了问题。

（二）货币政策时滞的组成

货币政策时滞由两部分组成，即内部时滞和外部时滞。

1. 内部时滞

内部时滞是指从政策制定到货币当局采取行动这段时间。内部时滞的长短取决于货币当局对经济形势发展的预见能力、制定政策的效率和行动的决心等。它可分为两个阶段：

（1）认识时滞。认识时滞是指从形势变化需要货币当局采取行动到它认识到这种需要的时间距离。产生这种时滞的原因是信息的收集和对形势的判断都需要时间，对某个时期的经济状况的精确度量也只有在一段时期后才能得到。另外，即使有了准确齐备的资料，中央银行对此进行分析判断也需要一段时间。

（2）行动时滞。行动时滞是指从中央银行认识到需要采取行动到实际采取行动的这段时间。中央银行的独立程度、中央银行的水平和能力直接决定行动时滞的长短。

2. 外部时滞

外部时滞又称影响时滞，是从货币当局采取行动开始直到对政策目标产生影响为止的这段时间。外部时滞主要是由客观的经济和金融条件决定的。不论是货币供给量还是利率，它们的变动都不会立即影响政策目标。比如企业是扩大还是缩减投资规模，要决策、要制订计划，然后付诸实施，每个阶段都需要时间。

三、货币政策与财政政策的配合

货币政策与财政政策是政府调节宏观经济运行的两个重要手段。货币政策是通过利率、货币供给等工具调节总需求；财政政策是政府对其支出和税收进行控制进而影响总需求。这两种政策的共同点在于都是通过影响总需求和总供给而影响总产出。

但是一般来说，两者之间也有很明显的区别。在实现扩张的目标中，财政政策的作用更直接。例如：降低税率可直接鼓励投资；扩大支出则往往导致货币供给增加并促进有效需求的增加，而且时滞较短。至于货币政策，如果要在比较萧条的经济环境下通过降低利率以实现扩张的目标，则比较困难。20 世纪 30 年代，西方国家摆脱长期经济萧条主要依靠的是财政政策。在实现紧缩目标中，两者的作用呈反方向变化。对于抑制过热的需求，很多货币政策工具实施起来比较及时、灵活，而财政政策却相反。要改变税收和支出政策，对许多国家来说，均需要立法机构的讨论，而且增税和减少福利支出这类问题是很难获准通过的。此外还有一点区别，那就是财政政策对供给的作用也较为直接、有力，而货币政策在这方面的作用则较弱。

货币政策与财政政策的配合形式，也就是松紧的相互搭配问题。这种松紧搭配共有四种组合方式：一是货币政策与财政政策双紧；二是货币政策与财政政策双松；三是松的货币政策与紧的财政政策；四是紧的货币政策与松的财政政策。双紧或双松的配合形式一般只在社会需求过度膨胀或过度疲软的情况下采用。如果并未出现过度膨胀而采取双紧配合形式，虽然可以有效地治理通货膨胀，但很容易引起生产停滞或经济衰退；同样，如果在并没有出现极度疲软的情形下采用了双松的配合形式，虽然会迅速提高总支出水平，但也很容易引发通货膨胀。双紧或双松的配合形式对经济产生严重副作用的事件在中外都发生过。因此，双紧或双松的配合形式在一般情况下应避免采用，如果必须采用，也应注意其实施的时间不能太长。在货币政策与财政政策一松一紧的搭配形式下，如果一定时期内社会总需求水平偏高，则可以根据货币政策或财政政策工具变量与调节目标的密切程度选择政策手段，以某一手段为主采取紧缩的调节措施，而另一辅助手段采取适度放松的调节方法，以使主要政策措施实现经济“软着陆”的效果。

※项目小结

货币政策指的是中央银行为实现既定的经济目标运用各种工具调节货币供给和利率，进而影响宏观经济的方针和措施的总和。货币政策一般包括三个方面的内容，即政策目标、实现目标所运用的政策工具、预期达到的政策效果。货币政策最终目标包括物价稳定、充分就业、经济增长、国际收支平衡和金融稳定。货币政策目标是通过货币政策工具的运用来实现的。货币政策工具包括一般性货币政策工具和选择性货币政策工具。

货币政策效应是指货币政策的实施对社会经济生活产生的影响。衡量货币政策的效应，一看效应发挥的快慢，二看效应发挥的大小。

※概念复习

货币政策　货币政策工具　再贴现　法定存款准备金（率）　公开市场业务　中介目标　货币政策时滞

※网站读物

中国人民银行网站“货币政策司”“金融稳定局”；《中华人民共和国中国人民银行法》中货币政策的内容；中国人民银行发布的近几年的《货币政策执行报告》《中国金融稳定报告》。

※复习思考

一、单选题

1. 中央银行提高法定存款准备金率，将导致商业银行信用创造能力（　　）。

A. 上升　　B. 不变　　C. 下降　　D. 不确定

2. 在现代市场经济条件下，最具有灵活性的货币政策工具是（　　）。

A. 法定存款准备金率　　B. 窗口指导

C. 再贴现率　　D. 公开市场业务

3. 中央银行在公开市场上大量买入有价证券，意味着货币政策（　　）。

A. 放松　　B. 紧缩　　C. 不一定　　D. 不变

4. 当今世界各国的货币政策目标的最佳选择普遍为（　　）。

A. 财政政策与物价政策组合运用　B. 货币政策与财政政策组合运用

C. 货币政策与产业政策组合运用　D. 货币政策与收入政策组合运用

5. 从形势变化需要货币当局采取行动到货币当局认识到这种需要的时间距离是（　　）。

A. 行动时滞　B. 内部时滞　C. 认识时滞　D. 外部时滞

二、多选题

1. 货币政策的三个要素是（　　）。

A. 政策目标　B. 实现政策目标所运用的政策工具

C. 预期达到的政策效果　D. 政策法规

E. 政策时滞

2. 货币政策的最终目标为（　　）。

A. 物价稳定　B. 充分就业

C. 经济增长　D. 国际收支平衡

E. 金融稳定

3. 一般性货币政策工具有（　　）。

A. 法定存款准备金率　B. 流动性比率

C. 再贴现率　D. 证券保证金比率

E. 公开市场业务

4. 可能的或理想的货币政策中介目标应具备的条件是（　　）。

A. 相关性　B. 可控性

C. 可测性　D. 流动性

E. 稳定性

5. 要增加流通中的货币量，中央银行可以（　　）。

A. 减少向商业银行的贷款　B. 向商业银行提供贷款

C. 调高再贴现率　D. 调高法定存款准备金率

E. 调低法定存款准备金率

三、简答题

1. 结合我国国情，试论如何选定我国的货币政策目标。

2. 货币政策工具是怎样分类的？

3. 简述各种货币政策工具的含义、调控目的、调控内容、调控机制、作用和特点。

4. 试论财政政策和货币政策的配合问题。

四、案例分析题

我国的货币政策定调主要有五个范畴：宽松、适度宽松、稳健、适度从紧和从紧。2009 年，受全球金融危机的冲击，我国当年实施适度宽松的货币政策。2010 年以后，我国一直实行的是稳健的货币政策。近年来，货币政策更好地服务实体经济，坚持稳中求进，适应经济高质量发展的要求，注重从供给侧发力提升总量增长的稳定性，以适度的货币增长支持高质量发展。

查看 2022 年 2 月 28 日央行货币政策司在央行网站发布的《稳健的货币政策支持高质量发展》这篇文章，了解我国近些年货币政策，回答下列问题：

1. 什么是稳健的货币政策？其特征、表现是什么？
2. 我国推行稳健货币政策的意义是什么？

※ 实践参与

1. 搜索资料并分析：我国目前货币政策对宏观经济有何作用？分析完成后撰写报告。
2. 搜集案例，分析扩张性的货币政策和紧缩性的货币政策的运用背景。

项目十一

认识外汇与汇率

学习目标

- 了解外汇与汇率的含义。
- 能对外汇和汇率进行分类。
- 能运用汇率的标价方法。
- 形成全局、长远、独立的金融视角和金融思维。
- 通过关注人民币汇率走势，树立拥护各项经济制度与决策的意识。

价值塑造

随着时代的发展和各国经济的提升，经济全球化的大背景已经形成，世界上所有国家形成了一个紧密的整体，通过贸易以及文化方面的交流来实现更好的发展。外向型的经济循环和文化交流对于国内经济的内循环和社会发展具有重要的作用。我国提出共建“一带一路”的倡议，既搭建了全球合作平台，又彰显了世界同舟共济、权责共担的命运共同体意识，为全球治理体系改革等多方面挑战提供了中国方案。其中，“金融合作”是“一带一路”沿线国家经济、贸易与投资合作的重要支柱，对拓展金融机构海外业务、推进人民币国际化和金融务实合作起到重要作用。深化金融外汇改革，提升了贸易投资自由化、便利化水平，能有效防范风险，为共建“一带一路”营造良好的外汇环境。

本项目就是让大家学习了解外汇与汇率，提高金融专业能力和参与国际事务等方面的能力。

任务一　认识外汇

◆ 任务导入

中华人民共和国国家外汇管理局组建于1979年3月，总局设在北京，是中国人民银行管理的国家局，为副部级国家局，内设综合司、国际收支司、经常项目管理司、资本项目管理司、管理检查司、储备管理司、人事司（内审司）、科技司8个职能司（室）和机关党委，设置中央外汇业务中心、外汇业务数据监测中心、机关服务中心、外汇研究中心4个事业单位。1978年至1993年，我国外汇管理体制改革起步；1994年至2000年，我国初步确定社会主义市场经济体制下的外汇管理体制框架；2001年至2012年，我国进一步完善以市场调节为主的外汇管理体制；2013年至今，我国外汇管理改革没有止步，有效维护了国家经济金融安全。本任务就是带领大家学习了解外汇的基础知识。

◆ 任务分析

1. 活动：A.500美元的现钞；B.100美元的现汇；C.200英镑的英国政府债券；D.300欧元的法国公司债券；E.600万美元的微软公司股票；F.1 000美元的汇票；G. 中央银行在国际货币基金组织的特别提款权；H.6 000欧元的现钞；I. 财政部在国际金融组织的借款；J. 遭到拒付的汇票。

根据上述内容回答以下问题：

（1）哪些是外汇？

（2）哪些属于静态外汇？

（3）哪些属于动态外汇？

（4）哪些是外币支付凭证？

（5）哪些是外币有价证券？

2. 现钞和现汇的区别是什么？

3. 一种外币资产能够成为国际支付手段必须具备哪些特征？

知识精讲

一、外汇的定义

（一）外汇的含义

“外汇”译自英语 Foreign Exchange，它是指以外国货币表示的可用于国际结算的信用票据、支付凭证、有价证券以及外币现钞。作为一种对外支付手段和具有融通性质的债权，外汇是为适应国际商品流通和劳务交换的需要而发展起来的。

外汇具有动态和静态两种含义。

动态的外汇是“国际汇兑”这一名词的简称，是指一种活动，或者说是一种行为，即把一个国家的货币兑换成另外一个国家的货币，借以清算国际债权、债务关系的一种专门性的经营活动。

静态的外汇是指一种以外币表示的支付手段，用于国际结算。国际货币基金组织曾对“外汇”做过明确的说明：外汇是货币行政当局（中央银行、货币管理机构、外汇平准基金组织及财政部）以银行存款、国库券、长短期政府债券等形式所保有的在国际收支逆差时可以使用的债权。狭义的静态外汇是指以外币表示的国际结算的支付手段。根据狭义外汇的定义，外国货币（现钞）、外币有价证券、黄金等不能称为外汇，因为它们不能直接用于国际结算。只有在国外通汇银行的活期存款，以及索取这些存款的外币票据和外币凭证（如汇票、本票、支票、外币信用卡等）才能称为外汇。国外通汇银行的活期存款是狭义外汇的主体。通常在国际结算中所说的外汇是指狭义的外汇。

《中华人民共和国外汇管理条例》第三条将外汇定义为以外币表示的用于国际清偿的支付手段的资产，内容有：（1）外币现钞，包括纸币、铸币；（2）外币支付凭证或者支付工具，包括票据、银行存款凭证、银行卡等；（3）外币有价证券，包括债券、股票等；（4）特别提款权；（5）其他外汇资产。

随堂思考：如何区分外币支付凭证与外币有价证券？

在这里，我们要注意资产与外汇的关系。

外币，即外国货币，它充当外汇必须具有可兑换性。因此，外币通常是指美元、欧元等发达国家和地区的货币。

外币支付凭证，主要指汇票、本票和支票。它可以直接用于国际支付，具有 100% 的流动性。

外币有价证券，指可兑换为外币的有价证券。它可以给持有者带来债息、股息等收入，也可以在二级市场上转让来兑换外币或者外币支付凭证。这是各国政府将它作为储备资产的重要原因。

其他外汇资产主要包括：在国外的各种投资和收益；各种外汇收款及利息；国际货币基金组织的储备资产与特别提款权；国际结算中发生的各种外汇应收款项；国际金融市场借款、国际金融组织借款、同业拆入及国际结算中的对外应付汇款。

由于外汇是一种国际上清偿债务的支付手段，因此它和黄金一样，各国都将其作为储备资产，在国际收支发生逆差时用来清偿债务。

（二）现钞和现汇的区别

现钞是指外国钞票、铸币，主要由境外携带进入。现钞是具体的、实在的外国纸币和硬币。当客户要把现钞转移出境时，可以采用携带或汇出的方式。但是，当客户采取汇出方式时，由于现钞有实物的形式，银行必须将其运至国外，运输费用将由客户承担，表现为“钞卖汇买”（客户卖出现钞、买入现汇），因此在外汇指定银行公布的外汇牌价中，现钞买入价要低于现汇买入价。可见现钞不能变成等额的现汇，如果要把现钞变成现汇，客户将在外汇金额上遭受一定的损失。现汇是指在货币发行国本土银行的存款账户中的自由外汇。现汇是账面上的外汇。它的转移出境，不存在实物形式的转移，可以直接汇出，只是账面上的划转。由于汇入方已经承担了运输费，因此用现汇可以支取等额的现钞，即现钞的卖出价等于现汇的卖出价。

在外汇指定银行公布的外汇牌价中，现钞买入价低于现汇买入价，而现钞、现汇的卖出价则相等。这说明国家的外汇管理政策是：鼓励持有现汇、限制持有现钞，因为现汇比现钞更便于外汇管理。

现钞买入价，是指银行买入外币现钞所使用的汇率。现钞买入价低于现汇买入价是因为与买入现汇相比，银行买入现钞后要承担更高的成本费用。例如：你把现汇卖给银行，就是把你在国外银行的外汇存款卖给银行。这笔外汇存款从你卖给银行的那一刻起，就从你的名下转移到银行的名下。银行只要做相应的账务处理，就可以马上得到这笔在国外银行的外汇存款，并立即计算利息。如果银行买入的是现钞，由于外币现钞不能在交易的当地流通使用，需要把现钞运往国外，因此银行不仅不能立即获得存款和利息，还得支付费用保管现钞。等到现钞积累到足够数量，银行才能把这些外币现钞运送到国外，存在国外的银行里。直到此时，银行才能获得在国外银行的外汇存款并开始获得利息。银行收兑外币现钞需要支付的具体费用包括现钞管理费、运输费、保险费、包装费等，这些费用就反映在现钞买入价低于现汇买入价的差额里。

外汇买卖中的外汇是指现汇，现汇也指外汇存款账户中的头寸，头寸实际上就是银行存款账户中的虚拟数字。现钞和现汇存在以下区别：

（1）现钞是具体的、实在的外国纸币，或将其存入银行所生成的存款。而现汇是账面上的外汇，主要是指以支票、汇款、托收等国际结算方式取得并形成的银行存款。

（2）现钞转移出境时可以采用携带或汇出的方式。但由于现钞有实物形式，在汇出时，客户必须承担运输费用。而现汇可以直接汇出，在账面上进行划转。用现汇支取现钞时，由于汇入方已经承担了运费，因此现汇可以支取相同金额的现钞。

> 随堂思考：中国公民可以带多少现金出境？其中，人民币多少元？外币现钞也有最高限额的规定吗？

（3）现汇就是即期外汇，但现钞不一定是外汇。现钞能不能成为外汇，主要看它能否自由兑换，或者说这种货币能否重新流回它的发行国，能否不受限制地流入该国的一家商业银行的普通账户上，能否在需要时任意转账。

在我国，居民持有的现钞或现汇都可以在银行进行储蓄。按我国银行的规定，现汇与现钞是分开的，因此储蓄存款也分为现钞户和现汇户两种，它们在存、取、汇等方面都有所不同。目前，我国各金融机构外汇储蓄存款有活期和定期两种。

二、外汇的特征

（一）外汇是以外币计值或表示对外支付的金融资产

外汇属于金融资产，或表现为外币现金，或表现为外币支付凭证，或表现为外币有价证券。但是，任何以外币计值的实物资产和无形资产均不构成外汇。外汇还必须能够用作对外支付，即它所代表的资金在转移时不受到限制或阻碍。

（二）外汇必须具有充分的可兑换性

外汇的可兑换性，即能够自由地兑换成其他国家的货币或购买其他信用工具以进行多边支付的性能。由于各国（或地区）的货币制度不同，外汇管理制度各异，一个国家的货币一般不能在另一个国家里流通使用。为了清算由于对外经济交易而产生的国际债权、债务关系，为了在国与国之间进行某种形式的单方面转移（如经济援助、无偿捐赠和侨民汇款等），被各国普遍接受为外汇的货币必须能够不受限制地按一定比例兑换成别国货币及其他形式的支付手段。

当然，一国货币是否具有充分的可兑换性，这同该货币发行国的经济实力是密切相关的。说到底，它取决于该国进出口能力的大小及进出口贸易的自由程度。假如一国的出口商品（包括技术和劳务）具有较高的竞争力，进口也不受限制并颇具规模，那么，一般来说，该国的货币就能自由地兑换成外国货币，外国的货币也能自由地兑换成该国货币。这意味着该国居民能自由地通过商品交换或货币兑换取得对外国商品、劳务或技术的购买力。可见，外汇的可兑换性，从表面看似乎只是该国货币与别国货币的兑换问题，但实际上它所反映的是国与国之间货物（包括劳务）的交换问题。

（三）外汇必须具有可靠的物质偿付保证

一个国家的货币能普遍地被其他国家接受为外汇，这实际上反映了该国具有相当规模的生产能力和出口能力，或者该国丰富的自然资源正是其他国家所缺乏的，其货币的物质偿付便会因此而得到充分保证；反之，假如一国的经济规模较小而且是低效率的，自然资源是贫乏的，其出口产品在国际市场上又缺乏竞争力，那么，该国货币被其他国家接受为外汇的范围就会极其有限，因为后者不愿以其实际资源和物资来换取前者的缺乏充分物质偿付保证的一纸“价值符号”。

三、外汇的种类

外汇是国际经济交往中不可缺少的支付清算手段，对促进国际经济、贸易、政治和文化交流具有重要作用。由于国际上支付的币种要求不一，支付手段和支付地点要求不同，因此，外汇必须具有可以自由兑换（如美元可以兑换成港元、澳元、日元等）这一特点。根据外汇能否自由兑换来区分，外汇可以分为自由外汇与记账外汇。

（一）自由外汇

自由外汇必须是以外币表示的、不同形式的、可以在市场上流通、自由兑换的有价凭证。以本国货币表示的信用工具和在本国发行的本国货币表示的有价证券则不能视为外汇。例如：美国进口商用美元从日本购买商品，由于用的是以本币表示的支付手段，因此对美国境内的美国人来说，美元不是外汇，而对日本出口商来说，他接受了外国货币表示的支付手段（即美元），因此就获得了外汇。

此外，各种支付凭证还必须能在国际市场上流通，具有价值，能够转让和自由兑换，这样才能称为自由外汇。自由外汇无须经国家外汇管理机关批准，在国际金融市场可以自由转换为其他国家的外汇，同时在国际交往中能作为支付手段被广泛地使用和流通，如美元、欧元等一些主要西方国家的货币都是自由外汇。

（二）记账外汇

记账外汇（或称双边外汇），即不经货币发行国批准就不能自由兑换成其他货币，或对第三国进行支付的外汇。例如：过去我国对某些发展中国家及东欧诸国的进出口贸易（有的国家还包括非贸易收付），双方为了节省自由外汇，签订双边支付协定，采用记账外汇办理清算。与这些国家有关的所有进出口货款，只在双方国家银行开立的专门账户记载，年终时发生的顺差或逆差，则按支付协定的规定处理，或者将差额转入下一年度贸易项下平衡，或者规定差额超过商定的额度时用自由兑换货币或其他方式清偿。这种在双方银行账户上记载的外汇，不能转给第三者使用，也不能兑换成自由外汇，故被称为记账外汇。

随堂思考：外汇还有哪些种类?

四、外汇的作用

（一）促进国际贸易和资本流动的发展

外汇是国际经济往来的产物。没有外汇，就不能加速资金的国际周转和运用，国际经济、贸易和金融往来就要受到阻碍。以外汇清算国际债权、债务关系，不仅可以节省运送现钞的费用并避免运送风险，而且可以避免资金积压，加速资金周转，从而促进国际商品交换和资本流动的发展。

（二）调剂国际资金余缺

世界经济发展不平衡导致了资金配置不平衡。有的国家资金相对过剩，有的国家资金严重短缺，客观上存在调剂资金余缺的必要。而外汇充当国际支付手段，通过国际信贷和投资途径，可以调剂资金余缺，促进各国经济的均衡发展。

（三）清偿债务

外汇是一个国家国际储备的重要组成部分，也是清偿国际债务的主要支付手段。它跟国家黄金储备一样，作为国家储备资产，在国际收支发生逆差时可以用来清偿债务。

任务二　认识汇率

◆ 任务导入

汇率变动，首先影响的是我们的生活成本。有些人可能会说，我又不出国、不买外国商品，怎么会增加我的生活成本呢？人民币汇率上升，相对应的外国货币汇率下降，使得人民币相对外国货币不值钱（贬值）了，我们到国际上去购买商品就要花更多的人民币。有人又说，我不买外国商品，可实际上，有些商品的原材料，如食用油的大豆、钢铁厂的铁矿石等，很多都是进口的，这就使得我们购买食用油、空调、汽车这些依赖进口原材料的商品价格随之上涨，这样间接增加了我们的生活成本。

此外，汇率变动还会影响我们的工资收入，甚至是就业。人民币汇率上升，对我国的外贸企业或制造业影响最为明显。因为人民币汇率上升，许多原材料依赖进口的企业就需要花更多钱购买原材料，产品的生产成本增加，但产品的销售价格不一定能上涨（商品价格上涨，销量就会下降），这时，企业的利润就会降低，企业就要削减开支。削减开支的措施就包括降低工人的工资，因此，人民币汇率上升会间接导致许多人的工资收入下降。有些企业甚至会采取“裁员”的方法来渡过难关，这就会导致不少人失业。

◆ 任务分析

1. 填写世界主要国家或地区的货币符号（见表 11-1）。

表 11-1　主要国家或地区的货币符号

货币名称	货币符号	货币名称	货币符号
人民币		美元	
日元		欧元	
英镑		加拿大元	
港币		韩元	

2. 解读外汇牌价。登录中国银行官网，查找“外汇牌价”，选取最近日期的外汇牌价，把表 11-2 填写完整。

表 11-2　中国银行外汇牌价　　日期：　　人民币元 /100 外币

货币名称	现汇买入价	现钞买入价	现汇卖出价	现钞卖出价
欧元				
英镑				
港币				

续表

货币名称	现汇买入价	现钞买入价	现汇卖出价	现钞卖出价
日元				
韩元				
澳门元				
新台币				
美元				

请根据上表中的牌价回答下列问题：

（1）一位旅游者到中国银行兑换 3 000 元港币现钞，需要支付多少人民币现钞？

（2）一位客户欲将 1 000 英镑现钞兑换成等值的人民币，该客户能兑换多少人民币？

（3）一家出口企业到中国银行以 10 000 美元即期结汇，能兑换多少等值人民币？

（4）中国银行港币兑换人民币、美元兑换人民币买卖差价是多少？

（5）若你出口货物后收入为美元，应用什么汇价去兑换人民币？为什么现钞买入价最低？

3. 讨论导致汇率波动的因素有哪些？汇率的波动又会对经济造成什么样的影响？

知识精讲

一、汇率的含义

汇率亦称外汇行市或汇价，是一国货币兑换另一国货币的比率。由于世界各国货币的名称不同、币值不一，因此一国货币对其他国家的货币要规定一个兑换率，即汇率。

汇率是国际贸易中最重要的调节杠杆。因为一个国家生产的商品都是按本国货币来计算成本的，要拿到国际市场上竞争，其商品成本一定会与汇率相关，汇率的高低也就直接影响该商品在国际市场上的成本和价格，以及商品的国际竞争力。

二、汇率的种类

（一）固定汇率和浮动汇率

按国际货币制度的演变划分，汇率可分为固定汇率和浮动汇率。

1. 固定汇率

固定汇率是指由政府制定和公布，并只能在一定幅度内波动的汇率。

2. 浮动汇率

浮动汇率是指由市场供求关系决定的汇率，其涨落基本自由。一国货币市场原则上没有维持汇率水平的义务，但必要时可进行干预。

（二）基本汇率和套算汇率

按制定汇率的方法划分，汇率可分为基本汇率和套算汇率。

1. 基本汇率

各国在制定汇率时必须选择某一国货币作为主要对比对象，这种货币称为关键货币。根据本国货币与关键货币实际价值的对比，制定出对它的汇率，这个汇率就是基本汇率。美元是国际支付中使用较多的货币，各国都把美元当作制定汇率的主要货币，常把对美元的汇率作为基本汇率。

2. 套算汇率

套算汇率是指各国按照对美元的基本汇率套算出的直接反映其他货币之间价值比率的汇率。套算汇率的应用有两种情况：第一，由于世界主要外汇市场只公布各种货币对美元的汇率，而不能直接反映其他货币之间的汇率，因此要求其他货币之间的汇率必须通过其对美元的汇率进行套算。第二，各国在制定出基本汇率后，对其他国家货币的汇率就可通过基本汇率套算出来。如某日在纽约外汇市场的汇率报价为 USD1=JPY108.50，USD1=CNY8.014 0，由此可套算出人民币元对日元的汇率为 CNY1=JPY13.538 8。

随堂思考：我国人民币的外汇牌价到哪里能看到？

（三）买入汇率、卖出汇率、中间汇率和现钞汇率

从银行买卖外汇的角度划分，汇率可分为买入汇率、卖出汇率、中间汇率和现钞汇率。

1. 买入汇率

买入汇率也称买入价，即银行向同业或客户买入外汇时所使用的汇率。采用直接标价法时，外币折合本币数较少的那个汇率是买入价，采用间接标价法时则相反。

2. 卖出汇率

卖出汇率也称卖出价，即银行向同业或客户卖出外汇时所使用的汇率。采用直接标价法时，外币折合本币数较多的那个汇率是卖出价，采用间接标价法时则相反。

买入与卖出之间有差价，这个差价是银行买卖外汇的收益，一般为 1%～5%。银行同业之间买卖外汇时使用的买入汇率和卖出汇率也称同业买卖汇率，实际上就是外汇市场买卖价。

由于国际牌价数字的标价排列总是前一数字小、后一数字大，因此在不同的标价法下，买卖价的排列顺序也就不同。在直接标价法下，汇价的前一数字为买入价，后一数字为卖出价。如在日本东京外汇市场，USD1=JPY108.05-108.15，则 USD1=JPY108.05 是银行买入美元的价格，USD1=JPY108.15 是银行卖出美元的价格。对于直接标价法，以本币表示一定单位外币的数值越小，则外汇越便宜；数值越大，则外汇越贵。同理，在间接标价法下，汇价的前一数字为卖出价，后一数字为买入价。如在美国纽约外汇市场，USD1=HKD7.733 0-7.733 5，则银行买入 7.733 5 港元须付出 1 美元，而卖出 7.733 0 港元收入 1 美元。对于间接标价法，数值越小，则外汇越贵；数值越大，则外汇越便宜。

3. 中间汇率

中间汇率是买入价与卖出价的平均数。媒体报道汇率消息时常用中间汇率，套算汇率也用有关货币的中间汇率套算得出。

随堂思考：在我国，USD1=RMB6.9615–6.9685，哪个是买入价、哪个是卖出价？中间价是多少？

4. 现钞汇率

一般国家都规定，不允许外国货币在本国流通，只有将外国货币兑换成本国货币，才能够购买本国的商品或劳务，因此产生了买卖外汇现钞的兑换率，即现钞汇率。按理说，现钞汇率应与外汇汇率相同，但因需要把外币现钞运到各发行国去，运送外币现钞要花费一定的运费和保险费，因此，银行在收兑外币现钞时的汇率通常要低于外汇买入汇率；而银行卖出外币现钞时使用的汇率则高于其他外汇卖出汇率。

（四）电汇汇率、信汇汇率和票汇汇率

按银行外汇付汇方式划分，汇率可分为电汇汇率、信汇汇率和票汇汇率。

1. 电汇汇率

电汇汇率是经营外汇业务的本国银行在卖出外汇后，即以电报委托其国外分支机构或代理行付款给收款人所使用的一种汇率。由于电汇付款快，银行无法占用客户资金头寸，同时，国际电报费用较高，所以电汇汇率较一般汇率高。但是电汇调拨资金速度快，有利于加速国际资金周转，因此电汇在外汇交易中占有很大的比重。

2. 信汇汇率

信汇汇率是银行开具付款委托书，用信函方式通过邮局寄给付款地银行转付收款人所使用的一种汇率。由于付款委托书的邮递需要一定的时间，银行在这段时间内可以占用客户的资金，因此，信汇汇率比电汇汇率低。

3. 票汇汇率

票汇汇率是指银行在卖出外汇时，开立一张由其国外分支机构或代理行付款的汇票并交给汇款人，由其自带或寄往国外取款所使用的汇率。由于票汇从卖出外汇到支付外汇有一段间隔时间，银行可以在这段时间内占用客户的头寸，因此票汇汇率一般比电汇汇率低。票汇有短期票汇和长期票汇之分，长期票汇由于银行能更长时间地运用客户资金，因此其汇率较短期票汇汇率低。

（五）即期汇率和远期汇率

按外汇交易交割期限划分，汇率可分为即期汇率和远期汇率。

1. 即期汇率

即期汇率也称现汇汇率，是指买卖外汇双方成交当天或两天以内进行交割的汇率。

2. 远期汇率

远期汇率是在未来一定时期进行交割，而事先由买卖双方签订合同、达成协议的汇率。到了交割日期，由协议双方按预定的汇率、金额进行钱汇两清交易。远期外汇买卖是一种预约性交易，是由于外汇购买者对外汇资金需要的时间不同，以及为了避免外汇汇率变动风险而引起的。远期汇率与即期汇率相比是有差额的。这种差额叫远期差价，有升

水、贴水、平价三种情况，升水表示远期汇率比即期汇率贵，贴水表示远期汇率比即期汇率便宜，平价表示两者相等。

（六）官方汇率和市场汇率

按对外汇管理的宽严划分，汇率可分为官方汇率和市场汇率。

1. 官方汇率

官方汇率是指国家机构（财政部、中央银行或外汇管理当局）公布的汇率。官方汇率又可分为单一汇率和多重汇率。多重汇率是一国政府对本国货币规定的一种以上的对外汇率，是外汇管制的一种特殊形式。其目的在于奖励出口、限制进口，限制资本的流入或流出，以改善国际收支状况。

2. 市场汇率

市场汇率是指在自由外汇市场上买卖外汇的实际汇率。在外汇管理较松的国家，官方宣布的汇率往往只起中心汇率作用，实际外汇交易则按市场汇率进行。

（七）开盘汇率和收盘汇率

按银行营业时间划分，汇率可分为开盘汇率和收盘汇率。

1. 开盘汇率

开盘汇率又称开盘价，是外汇银行在一个营业日刚开始营业时进行外汇买卖使用的汇率。

2. 收盘汇率

收盘汇率又称收盘价，是外汇银行在一个营业日的外汇交易终了时使用的汇率。

三、汇率的标价

目前，国内各银行均参照国际金融市场来确定汇率，通常有直接标价法和间接标价法两种标价方式。

（一）直接标价法

直接标价法又称价格标价法，是以本国货币来表示一定单位的外国货币的汇率表示方法，一般以 1 个单位或 100 个单位的外币能够折合多少本国货币表示。本国货币越值钱，单位外币所能换到的本国货币就越少，汇率值就越小；反之，本国货币越不值钱，单位外币能换到的本国货币就越多，汇率值就越大。在直接标价法下，外汇汇率的升降和本国货币的价值变化成反比关系：本币升值，汇率下降；本币贬值，汇率上升。大多数国家都采取直接标价法。市场上大多数的汇率也是采用直接标价法，如美元兑日元、美元兑港币、美元兑人民币等。

直接标价法的特点：外国货币金额保持不变，其折合成本国货币的数额则随着本国货币对外国货币的价值变化而上下变动；应付汇率的升降与本国货币对外国货币价值的高低成反比关系，即如果现在需要更多的本国货币才能兑换到原来标准数额的外国货币，则说明外汇汇率在上升，本国货币汇率在下跌；反之，如果现在能以较少的本国货币就可兑换到原定数额的外国货币，则说明外汇汇率趋于疲软，本国货币趋于坚挺。

随堂思考：连续几个月中国银行的外汇牌价显示，100 美元 =685.20 人民币，变成 100 美元 =698.65 人民币，说明人民币升值还是美元升值了？

（二）间接标价法

间接标价法又称数量标价法，是以外国货币来表示一定单位的本国货币的汇率表示方法。一般以 1 个单位或 100 个单位的本币能够折合多少外国货币表示。本国货币越值钱，单位本国货币所能换到的外国货币就越多，汇率值就越大；反之，本国货币越不值钱，单位本国货币能换到的外国货币就越少，汇率值就越小。在间接标价法下，外汇汇率的升降和本国货币的价值变化成正比关系：本国货币升值，汇率上升；本国货币贬值，汇率下降。目前，世界各国中，美元、英镑采用间接标价法表示对外汇率。

间接标价法的特点与直接标价法正相反，即本国货币金额始终不变，其折合成外币的金额则随两种货币相对价值的变化而变动；应收汇率的升降同本国货币对外国货币价值的高低成正比关系，即如果一定数额的本国货币能兑换到更多的外国货币，说明本国货币升值或本国货币汇率下浮。

直接标价法和间接标价法之间存在一种倒数关系。例如：根据中国银行的牌价 100 美元 =692.64 元人民币，我们可以很方便地推算出 100 元人民币 =14.437 5 美元（100 ÷ 692.64 × 100），同样，根据伦敦的外汇行市 1 英镑 =1.428 5 美元，运用倒数关系即可将该市场的间接标价法改换成直接标价法：1 美元 =0.7 英镑（1 ÷ 1.428 5）。

四、汇率的作用

（一）汇率与进出口

一般来说，本国货币汇率下降，即本国货币对外的币值贬低，能起到促进出口、抑制进口的作用；本国货币汇率上升，即本国货币对外的币值上升，则有利于进口，不利于出口。

（二）汇率与物价

从进口消费品和原材料来看，汇率的下降会引起进口消费品在国内的价格上涨。至于它对物价总指数影响的程度，则取决于进口消费品和原材料在国民生产总值中所占的比重。反之，本国货币升值，其他条件不变，进口消费品的价格有可能降低，从而可以起到抑制物价总水平的作用。

（三）汇率与资本的流出和流入

短期资本流动常常受到汇率的较大影响。当存在本国货币对外贬值的趋势时，本国投资者和外国投资者就不愿意持有以本国货币计值的各种金融资产，而会将其转兑成外汇，发生资本外流现象。同时，投资者纷纷将本国货币转兑外汇，加剧外汇供求紧张，会促使本国货币汇率进一步下跌。反之，当存在本币对外升值的趋势时，本国投资者和外国投资者就力求持有以本币计值的各种金融资产，并引发资本内流。同时，投资者纷纷将外汇转兑本国货币，外汇供过于求，会促使本国货币汇率进一步上升。

※项目小结

外汇是以外国货币表示的可用于国际结算的信用票据、支付凭证、有价证券以及外国货币现钞。外汇可以分为动态的外汇和静态的外汇，动态的外汇是“国际汇兑”这一名词的简称，是指一种活动，或者说是一种行为；静态的外汇是指一种以外币表示的支付手段，用于国际结算。根据外汇能否自由兑换来区分，外汇可以分为自由外汇与记账外汇。

汇率亦称外汇行市或汇价，是一国货币兑换另一国货币的比率。汇率按不同标准可以划分为不同的种类。汇率的标价方法有直接标价法和间接标价法两种。

※概念复习

外汇　基本汇率　套算汇率　远期汇率　官方汇率　市场汇率

※网站读物

国家外汇管理局；中国银行的外汇牌价；《中华人民共和国国家货币出入境管理办法》。

※复习思考

一、单选题

1. 下列选项中，美元对其使用直接标价法的是（　　）。
A. 人民币　B. 日元　C. 英镑　D. 泰铢
2. 各国新闻媒体在报道有关金融市场汇率时，一般使用（　　）。
A. 现钞汇率　B. 买入汇率　C. 卖出汇率　D. 中间汇率
3. 狭义的外汇是指（　　）。
A. 外币有价证券　B. 外国政府债券
C. 外国货币　D. 国外银行的外币存款、汇票、支票
4. 以 1 单位本币为标准，折合成若干单位外币的标价法是（　　）。
A. 美元标价法　B. 直接标价法　C. 间接标价法　D. 数量标价法
5. 外汇市场上的买入价和卖出价是指（　　）报出的汇率。
A. 进出口商　B. 询价银行　C. 中央银行　D. 报价银行
6. 国际外汇市场上公布的汇率一般是指（　　）。
A. 票汇汇率　B. 信汇汇率　C. 买入汇率　D. 电汇汇率

7. 新闻报道和经济分析中常使用的汇率是（　　）。
A. 买入汇率　　B. 卖出汇率　　C. 中间汇率　　D. 固定汇率

二、多选题

1. 对于大多数基本汇率，美元都是作为基准货币，例外的货币有（　　）。
A. 欧元　　B. 英镑
C. 日元　　D. 澳元
E. 新西兰元

2. 在下列国家中，汇率表示采用间接标价法的有（　　）。
A. 美国　　B. 日本
C. 英国　　D. 法国
E. 加拿大

3. 影响汇率变动的因素主要有（　　）。
A. 国际收支　　B. 通货膨胀率差异
C. 利率差异　　D. 经济增长差异
E. 央行干预、市场预期

4. 按外汇的汇付方式不同，汇率可划分为（　　）。
A. 基本汇率　　B. 套算汇率
C. 电汇汇率　　D. 信汇汇率
E. 票汇汇率

5. 广义的外汇主要是指（　　）。
A. 外国货币　　B. 外币有价证券
C. 外币支付凭证　　D. 特别提款权
E. 其他外汇资产

三、简答题

1. 如何理解外汇的含义？
2. 简述外汇的特征和作用。
3. 简述汇率的分类。
4. 简述汇率的标价方法。

四、案例分析题

根据《中华人民共和国外汇管理条例》第四十五条规定：私自买卖外汇、变相买卖外汇、倒买倒卖外汇或者非法介绍买卖外汇数额较大的，由外汇管理机关给予警告，没收违法所得，处违法金额30%以下的罚款；情节严重的，处违法金额30%以上等值以下的罚款；构成犯罪的，依法追究刑事责任。

问题：普通人做外汇交易在国内是否合法？个人可以通过外汇交易投资理财吗？

※ 实践参与

网络搜索投资外汇入市的准备工作、外汇交易流程、外汇投资方式及外汇投资风险资料，并撰写报告。

项目十二

认识国际收支与国际储备

学习目标

- 了解国际收支平衡表的构成及编制原理。
- 了解国际储备的特征、构成以及国际储备的作用。
- 掌握国际储备管理的原则。
- 能够分析影响国际收支平衡的原因。
- 能够分析国际收支失衡的影响。
- 正确认识国际收支、国际储备，树立维护对货币和经济的信心。
- 通过科学认识国际收支的平衡与失衡，对我国的对外开放成果建立制度自信。

价值塑造

国际收支简单来说就是一国对一定时期（通常为一年）的全部经济交易所引起的收支总额的记录总结。如果收入总额超过支出总额，我们称为国际收支顺差（或称盈余），反之则称为国际收支逆差（或称赤字）。我们希望每年能有盈余，这些盈余存下来就成为国际储备的来源之一。国际储备成为政府弥补国际收支赤字、保持汇率稳定，以及应付其他紧急支付需要而持有的国际间普遍接受的资产的总称。我们中国的老百姓普遍存钱的原因也与之相似。存钱不仅能让我们有效规避风险，让自己的未来更有保障，而且能让自己对未来拥有更多选择权。

本项目就是让大家通过学习国际收支和国际储备，来更深刻地理解我国相应的国际经济政策制定的意义。

任务一　认识国际收支

◆ 任务导入

国际收支就是我们国家一年的对外收入支出状况。国际收支平衡表就是系统地记录一定时期内我国与其他国家各项经济交易的统计报表。国际收支平衡表可综合反映国家的国际收支状况、收支结构及储备资产的增减变动情况，为制定对外经济政策、分析影响国际收支平衡的基本经济因素并采取相应的调控措施提供依据。

◆ 任务分析

1. 查找最近一年的我国国际收支平衡表。
2. 分组讨论影响国际收支平衡表的经济活动。
3. 搜集国际收支失衡对经济产生影响的典型案例。

知识精讲

一、国际收支的概念

（一）国际收支概念的演变

“国际收支”这一概念最早出现在17世纪，在之后近300年的时间里，它被简单地解释为一国的贸易收支，这是因为长期以来世界经济交易的形式主要是国际贸易。随着国家经济交往的不断扩大，国际收支的含义也不断发展。

国际货币基金组织（IMF）在《国际收支和国际投资头寸手册》（第六版）中界定：国际收支是某个时期内居民与非居民之间的交易汇总统计表。

（二）理解国际收支概念应注意的几个问题

1. 国际收支是一个流量概念

根据统计学的定义，流量是一定时期内发生的变量变动的数值。国际收支反映的是一定时期内一国对外经济交易的变动值，因此，国际收支平衡表各项目中记录的是增减额而不是总额。

这里要注意区分国际收支和国际信贷（国际投资头寸）。国际信贷是在一定时点上一个经济体对其他国家或地区的资产和负债的总和，它是一个存量指标。当然，这种存量的变化主要是由国际收支中的各种经济交易引起的。

2. 国际收支记录的是在一个国家居民与非居民之间进行的交易

一项交易是否计入一国的国际收支，主要的判断依据是这项交易是否属于一国居民与非居民之间的交易。居民与公民在很大程度上有交叉，但是，它们是两个完全不同的概念。公民是一个法律概念，是指具有或取得一国国籍，并根据该国法律规定享有权利和承担义务的个人。在国际收支的统计中，居民则是指在一个国家的经济领土内具有经济利益的经济单位。划分居民与非居民之间的交易是国际收支统计中的一个难点。

3. 国际收支是以交易为基础的系统的货币记录

一国的对外交易既有涉及货币收支的交易，也有不涉及货币收支的交易，如无偿援助、易货贸易等，国际收支不是以支付为基础，而是以交易为基础。另外，按照 IMF 的规定，在国际收支的统计中，要以商品、劳务和金融资产所有权变更的日期为准。

二、国际收支平衡表

（一）国际收支平衡表的概念

国际收支平衡表就是在一定时期内（通常为 1 年），根据一国与世界其他国家的经济体之间所发生的国际收支情况，按特定账户分类和复式记账原则以货币记录的综合统计报表。它集中反映了一国国际收支的具体构成和总貌。国际收支平衡表是在世界统一规范原则基础上编制的一国涉外经济活动报表。

（二）国际收支平衡表的编制原理

国际收支平衡表是按照“有借必有贷，借贷必相等”的复式记账原则编制的，每笔交易都由两个价值相等、方向相反的项目表示。在国际收支平衡表中，借方记录用负号表示，记录本国实际资源（商品和劳务）的进口以及本国对外资产增加或负债减少的金融项目；贷方记录用正号表示，记录实际资源的出口以及对外资产减少或负债增加的金融项目。

（三）国际收支平衡表的主要内容

国际货币基金组织提出了一套有关构成国际收支平衡表的项目分类建议，称为标准组成部分。国际货币基金组织颁布的《国际收支和国际投资头寸手册》（第六版），对国际收支平衡表的标准组成做了统一的规定。国际收支平衡表包括经常账户、资本与金融账户。经常账户可细分为货物和服务账户、初次收入账户、二次收入账户。资本与金融账户可细分为直接投资、证券投资、金融衍生工具、其他投资和储备资产。

在国际收支平衡表中除了这两大账户外，还有一个净误差与遗漏账户，这是人为设立的一个平衡账户。

1. 经常账户

经常账户是指本国与外国进行经济交易而经常发生的项目，记录实际资源在国际上的转移，是国际收支平衡表中最基本和最重要的项目，在整个国际收支总额中所占比重较大。

经常账户包括三个子项目，即货物和服务、初次收入和二次收入。

（1）货物和服务。货物是指经济所有权在我国居民与非居民之间发生转移的货物交易。服务包括加工服务，维护和维修服务，运输，旅行，建设，保险和养老金服务，金融服务，知识产权使用费，电信、计算机和信息服务，其他商业服务，个人、文化和娱乐服务以及别处未提及的政府服务。

（2）初次收入。初次收入是指由于提供劳务、金融资产和出租自然资源而获得的回报，包括雇员报酬、投资收益和其他初次收入三部分。

（3）二次收入。二次收入是指居民与非居民之间的经常转移，包括现金和实物。贷方记录我国居民从非居民处获得的经常转移，借方记录我国向非居民提供的经常转移。

2. 资本与金融账户

资本与金融账户是指对资产所有权在居民与非居民之间的流动行为进行记录的账户。它包括资本账户和金融账户两大部分。

（1）资本账户。记录居民与非居民之间的资本转移和非生产、非金融资产的收买或放弃。

（2）金融账户。记录居民与非居民之间的对外资产和负债所有权变更的交易，即居民和非居民之间投资与借贷的变化。

3. 净误差与遗漏账户

净误差与遗漏账户是人为设置的一个账户，用于轧平国际收支平衡表的借方和贷方。国际收支平衡表采用复式记账法，由于统计资料来源和时点不同等原因，会形成经常账户与资本和金融账户不平衡，形成统计残差项，称为净误差与遗漏。

三、国际收支失衡的含义

国际收支平衡表的复式记账原则使每一笔国际经济交易都会产生金额相同的借方记录和贷方记录，因此平衡表的借方总额和贷方总额最终必然相等，但这种平衡只是会计意义上的平衡，在经济意义上往往是不平衡的，所以说国际收支不平衡是一种规律。

在国际收支的理论研究中，按交易发生的动机和目的不同，将国际收支平衡表中所记录的国际经济交易分为自主性交易和补偿性交易。自主性交易又称事前交易，是指完全由于经济目的而自主进行的交易。如经常账户中的货物进出口、提供的服务以及为赡养亲友而产生的侨民汇款等。自主性交易具有自发性和分散性，往往收支不能相抵，国际收支的不均衡就是指自主性交易的不均衡。

四、国际收支失衡的原因

造成国际收支失衡的原因有很多，有经济的也有非经济的，有来自内部的也有来自外部的。只有分析国际收支失衡的原因，才能有效地调节国际收支。

（一）周期性原因

经济周期的更替会引起国际收支的失衡。一方面，国内经济周期的变化会对本国国际收支造成影响。当一国经济处于繁荣阶段时，国内经济活跃，投资与消费需求旺盛，进口需求相应扩大，往往会造成国际收支逆差；当一国处于经济衰退期时，居民收入与投资萎缩，社会总需求下降，进口也相应下降，往往有利于国际收支的改善。另一方面，一国经济周期阶段的更替还会影响其他国家的经济，对他国的国际收支产生影响。

（二）结构性原因

一国的国际贸易在一定的生产条件和消费需求下处于均衡状态。当国际市场的供求结构发生变化时，如果该国国内经济、产业结构不能适应世界市场的变化，则会造成该国国际收支不平衡。经济结构失衡可分为产品供求结构失衡和生产要素价格结构失衡两类。

产品供求结构失衡是指当世界市场需求发生变化时，若该国的生产结构不能随之调整，将导致产品供求结构失衡，进而导致该国国际收支失衡。生产要素价格结构失衡是指劳动者工资增长率与生产增长率不同步，主要表现为工资增长率快于生产增长率的提高速度。这将导致该国生产成本提高，其在国际市场上的竞争能力逐渐丧失，原有的比较优势将不复存在，可能使该国出现国际收支逆差。

（三）货币性原因

一国的价格水平、汇率、利率等货币性原因的变动可能造成该国国际收支的失衡。当一国的物价水平变化时，进出口商品的价格相应发生变化，使原有的平衡遭到破坏。如当一国的物价水平普遍上升时，一方面使得出口商品的价格相对高昂，进口商品的价格相对便宜，该国的出口受到抑制，而进口受到鼓励；另一方面，通货膨胀使得该国利率下降，导致资本流出增多，流入减少，从而导致国际收支恶化。

（四）收入性原因

一国经济条件的变化引起国民收入的变化，进而会引起该国国际收支的失衡。一般来说，国民收入的快速增加，会使贸易和非贸易货币支出的增加大于贸易和非贸易货币收入的增加。

五、国际收支失衡的影响

对于任何国家而言，国际收支不平衡是无法避免的。在当今的开放经济条件下，国内外经济相互影响，一国国际收支不平衡会影响国内经济，即外部失衡将引起内部失衡。如果巨额的国际收支逆差或顺差持续存在，会通过各种传递机制给国内经济造成不利影响。

（一）国际收支逆差的影响

1. 引起本国货币汇率下跌

持续巨额的国际收支逆差，会造成外汇短缺，引起外国货币升值的压力，使得本国货币汇率下跌，本国货币贬值。

2. 引发通货紧缩

如果该国货币当局不愿出现本国货币贬值，就必然抛售外汇，收回本国货币以稳定汇率，这会造成本国货币供应的缩减，利率上升，消费、投资下降，国民收入增长速度放慢且失业率上升。

3. 影响本国国际清偿能力

货币当局为了避免本国货币贬值，就要在外汇市场上抛售外汇，耗费国际储备进行调整和干预。国际储备下降，就会削弱该国的金融实力，会对其在国际上的信誉造成损害。

（二）国际收支顺差的影响

一国国际收支出现长期、巨额顺差，也会给国内经济带来不良影响。主要体现在以下几点：

1. 引起本国货币汇率上升

国际收支顺差会使外汇市场上外汇的供给大于外汇的需求，造成外国货币贬值，本国货币升值。

2. 引发通货膨胀

由于顺差会产生国际储备结余，外汇持有者的兑换要求会迫使本国货币当局增加货币的投放。持续的国际收支顺差还会提高该国的支付信誉，吸引国际资本的流入，从而增加货币存量，加剧国内通货膨胀。

3. 导致贸易摩擦

一国的国际收支顺差意味着其他国家的国际收支逆差，这必然影响其他国家的经济发展，从而导致贸易摩擦，不利于国际经济关系的协调发展。

随堂思考：国际收支顺差条件下，应选择什么样的货币政策工具？

六、国际收支失衡的调节机制

国际收支不论是逆差还是顺差，都是国际收支不平衡，国际收支失衡会引起国内某些经济变量的变动，不利于经济的稳定与发展，因此，各国政府要采取措施对国际收支进行调节。国际收支失衡的调节机制大致分为下述几种。

（一）汇率机制

一国出现国际收支失衡，必然会引起外汇汇率的波动，如果该国政府允许汇率自发波动，则国际收支失衡就可能通过外汇汇率的波动而消除。例如：当一国国际收支出现逆差时，本国外汇市场上的外汇供给小于外汇需求，对外国货币需求的增加将使本国货币汇率下降，本国货币贬值，本国出口商品以外国货币表示的国际市场价格降低，出口商品的国际竞争力增强，从而使出口增加、进口减少、贸易逆差减少，国际收支趋于平衡。

（二）收入机制

如果一国在某一均衡收入水平上发生了国际收支失衡，国民收入水平就会发生变动，而收入的变动至少会部分地减少国际收支的失衡程度。例如：当国际收支处于顺差时，国民收入水平上升，就会引起社会总需求的上升，进口也相应增加，部分抵消了出口的变动。

（三）价格机制

当一国国际收支出现顺差时，国内货币市场的货币供给增多，利率下降，投资与消费相应上升。国内需求量增加，使本国物价与出口商品价格随之上升，从而减弱了本国出口商品的国际竞争力，使得出口减少、进口增加，国际收支顺差逐步减少直至国际收支平衡。

（四）利率机制

当一国国际收支发生逆差时，货币外流增加，货币存量减少，银根紧缩，利率上升。利率上升表明本国金融资产收益率上升，从而对本国金融资产的需求相对上升，导致本国资金外流的减少，同时，外国资本流入本国以谋求较高的利润。此时，国际收支逆差由于资本与金融账户的好转而走向平衡。

（五）经济政策

宏观经济政策主要包括财政政策和货币政策。

财政政策主要是通过财政开支的增减、税收补贴和税率的高低来调节国际收支。当一国因进口增加、出口减少而发生逆差时，政府可采用削减财政开支，或出口退税、出口免税、进口增税和财政补贴，或提高税率以增加税收等措施，使社会上通货紧缩，迫使物价下降，从而刺激出口、抑制进口，逐步使逆差减少。

货币政策又称金融政策，是市场经济国家普遍采用的间接调节国际收支的政策举措之一。运用货币政策调整国际收支，主要是通过调节再贴现率、法定存款准备金率和公开市场业务等政策来达到目的。

（六）外汇缓冲政策

外汇缓冲政策是指通过动用官方外汇储备或临时向外借款来抵消超额外汇需求或供给。各国都持有一定的国际储备，即黄金、外汇、国际货币基金组织的储备头寸以及特别提款权，用以应对国际收支临时性的、短期的不平衡。

（七）直接管制政策

直接管制政策是指一国政府通过发布行政命令，对国际经济贸易进行行政干预，以达到调节国际收支的目的。直接管制政策包括贸易管制（关税、进出口配额）和金融管制（外汇兑换管制、汇率管制），前者属于数量型管制，后者属于价格型管制。

七、我国的国际收支

国家外汇管理局负责按照《国际收支统计申报办法》采集和发布国际收支统计数据。

1996 年 1 月 1 日正式施行的《国际收支统计申报办法》是国际收支统计的基础性法规。2013 年 11 月，《国务院关于修改〈国际收支统计申报办法〉的决定》发布，新办法自 2014 年 1 月 1 日起施行。《国际收支统计申报办法》见国家外汇管理局官方网站（http://www.safe.gov.cn）。

国际收支统计数据包括国际收支平衡表和国际投资头寸表。

根据国际货币基金组织（IMF）《国际收支和国际投资头寸手册》（第六版）制定的标准，国际收支平衡表是反映某个时期内一个国家或地区与世界其他国家或地区间的经济交易的统计报表。国际收支统计以权责发生制为统计原则，并采用复式记账法。国际投资头寸表是反映特定时点上一个国家或地区对世界其他国家或地区金融资产和负债存量的统计报表。国际投资头寸的变动是由特定时期内交易、价格变化、汇率变化和其他调整引起的。国际投资头寸表在计价、记账单位和折算等核算原则上均与国际收支平衡表保持一致，并与国际收支平衡表共同构成一个国家或地区完整的国际账户体系。

中国国际收支表是反映特定时期内我国（不含港澳台地区）与世界其他国家或地区的经济交易的统计报表。中国国际投资头寸表是反映特定时点上我国（不含港澳台地区）对世界其他国家或地区金融资产和负债存量的统计报表。

任务二　了解国际储备

◆ 任务导入

如果把一个国家比作一个人，国际储备就是这个人的储蓄账户。出口就是我们赚别的国家的钱，进口就是别的国家赚我们的钱。当出口大于进口，表明我们赚的钱多于花的钱，我们有盈余，我们的储蓄（储备）就会越来越多。所以，国际储备就是一个国家所持有的可用于国际支付，并能维持本国货币汇价的货币资产，体现了国家调节国际收支和稳定汇率的能力，是国际清偿能力的一部分。我们储蓄或存钱的一个目的就是积谷防饥。每个人一生中都会遇到意料外的特殊问题，存钱是为了应对特殊问题。

◆ 任务分析

1. 查找关于我国国际储备的构成及作用的资料。
2. 辨析国际储备与外汇储备。

知识精讲

一、国际储备的概念和特征

（一）国际储备的概念

国际储备是指一国官方持有的，用于平衡国际收支、稳定汇率和作为对外偿债保证的国际上普遍接受的各种流动资产的总和，又称官方储备或自有储备。

如果这些外汇资金来自本国，则称为自有储备，也就是通常所说的国际储备；如果来自国外的负债，则称为借入储备。国际储备与借入储备之和称为国际清偿力。国际清偿力是指一国平衡国际收支逆差和干预外汇市场的总体能力，更确切地说，它是一国官方所能动用的一切外汇资产的总和。国际清偿力除包括国际储备资产外，还包括国际金融机构向该国提供的国际信贷以及该国商业银行和个人所持有的外汇和借款能力。

（二）国际储备的特征

1. 官方持有

作为国际储备的资产必须是一国政府或货币当局直接有效控制的，非官方金融机构、企业和私人持有的资产均不算国际储备资产，所以国际储备也称为官方储备。

2. 自由兑换性

国际储备资产必须是世界各国普遍认同和愿意接受的，能够自由地与其他国家的货币兑换。充当国际储备的外汇主要包括美元、日元、英镑、欧元、瑞士法郎等。

3. 充分流动性

作为国际储备的资产必须具备充分流动性，即变为现金的能力，能为政府或货币当局随时动用，充分发挥其国际支付的能力。

二、国际储备的构成

在资本主义发展初期，由于黄金在国际经济关系中执行着世界货币的职能，世界各国都把黄金作为国际储备资产。随着世界经济的不断发展，黄金生产无法满足国际经济往来的支付需要，许多国家开始把能兑换黄金的外汇也作为储备资产，这种货币被称为储备货币。随着世界经济的进一步发展，各国对储备资产均感不足，1969 年，IMF 创立了特别提款权。

（一）黄金储备

黄金储备是一国政府所持有的货币性黄金。黄金储备是国际储备的最初形式，在国际金本位制和布雷顿森林体系下，一直是最重要的储备资产。直到 1978 年 4 月，《国际货币基金协定》第 2 次修正案确定了黄金非货币化（即黄金不再作为货币定值标准）之后，黄金作为国际储备的作用和地位才大为削弱，它在国际储备中的比重也呈现逐年下降趋势。

时至今日，大多数国家仍然持有一定的黄金，把它作为一种国际储备资产，这是由于黄金具有可靠、性能稳定、便于长期储存以及不受任何国家干预的特点，它一直是国际储备的重要来源之一。但是，将黄金作为国际储备资产也有缺点：一是储备黄金不会生息，且保管费用较高；二是黄金的流动性较低，各国货币当局在动用黄金储备时，并不能用黄金实物对外支付，必须将黄金资产变现为外汇资产，而短期集中的抛售可能导致金价下跌，进一步降低其流动性。

金融视界

动态管理我国黄金储备

面对我国明显增加的黄金储备，为了达到降低储备成本、规避黄金价格下跌的风险、提高黄金储备的流动性和收益率并保证国家在需要用黄金作为最终支付手段时拥有足够的黄金资源等目的，实施黄金储备动态管理十分必要。我国黄金储备的动态管理需要采取的具体策略包括建立黄金质量认证管理制度、实施黄金储备流动性管理以及开展黄金储备保值增值管理等。

策略一：建立黄金质量认证管理制度

黄金质量认证管理制度是指统一黄金的重量、含金量和体积，以便于黄金流动和管理。黄金属于实物货币，它的重量、含金量、体积不统一，管理极为不便，容易产生信用风险，增加流通检测成本。

策略二：实施黄金储备流动性管理

黄金储备流动性管理主要包括黄金租赁业务、黄金融资业务和黄金保管业务。在黄金储备管理方面，我国央行应在不丧失黄金所有权的前提下，经营借金还金、黄金抵押、黄金保管等业务，降低国家黄金储备成本和风险，同时为企业用金开辟新途径。这是我国黄金储备管理将要迈出的重要一步。

策略三：开展黄金储备保值增值管理

随着美国财政赤字和贸易赤字的持续扩大，人们对美元的信用产生了怀疑。在这种背景下，美元的长期走势偏弱。鉴于黄金与美元一般呈负相关关系，我国央行可以考虑提取部分黄金储备进行波段操作，以获取收益。同时，我国央行可以运用黄金衍生交易工具进行避险操作，从而达到保值增值的目的。

（二）外汇储备

外汇储备是一国货币当局所持有的、没有流通障碍的国外可兑换货币，其中主要是银行存款和储备货币发行国发行的国库券。当前，外汇储备是国际储备的主要资产形式。外汇储备供给状况直接影响一国的国内经济、对外贸易和国际经济的发展。

充当储备资产的货币必须具备三个条件：第一，它在国际货币体系中占有重要地位；第二，它能自由兑换其他储备资产，因此，该货币必须是世界各国普遍接受的国际计价手段和支付手段；第三，它的内在价值必须保持相对稳定，各国对其购买力的稳定性具有信心。

（三）普通提款权

普通提款权又称为在 IMF 的储备头寸，它是指 IMF 的成员在基金组织中所存放并可调用的头寸。成员在 IMF 的储备头寸包括三部分。

1. 成员向 IMF 缴纳份额中 25% 的黄金或可兑换货币部分

IMF 如同一个股份制性质的储蓄互助会。当一个国家加入该组织时，须按一定的比例向该组织缴纳一笔资金，称为认缴份额。按照 IMF 的规定，认缴份额的 25% 须以黄金或可兑换货币缴纳，其余 75% 用本国货币缴纳。当成员发生国际收支困难时，有权以本国货币抵押的形式向该组织申请提用可兑换货币。

2.IMF 为满足成员借款需要而使用的本国货币

按照 IMF 的规定，成员认缴份额的 75% 可以用本国货币缴纳。IMF 向其他成员提供本国货币的贷款，产生该成员对 IMF 的债权。一国在 IMF 的债权，该国可以无条件地提取并用于国际收支逆差的支付。

3.IMF 在该国借款的净额

IMF 在该国借款的净额也是该成员在 IMF 的债权，同样，一国在 IMF 的债权，该国可以无条件地提取并用于国际收支逆差的支付，也构成成员在 IMF 中的储备头寸。

（四）特别提款权

特别提款权是 IMF 为了解决成员储备资产不足，于 1969 年创设并分配给成员的一种在 IMF 的账面资产，是成员在 IMF 特别提款权账户上的贷方余额。成员发生国际收支逆差时，可用它向基金组织指定的其他成员换取外汇，用以干预市场汇率或弥补国际收支逆差，或直接用特别提款权偿付对 IMF 或其他成员官方的债务，因此它是一种重要的国际储备资产。

特别提款权的价值并非固定不变，其创立时是以黄金定值，每一特别提款权含黄金 0.888 617 克，与当时的美元等值，但它不能兑换黄金，因而也被称作“纸黄金”。布雷顿森林体系崩溃后，特别提款权不再以含金量定值，1974 年 7 月 1 日采用新方法，以“一篮子货币”分别与美元之间的汇率的加权平均值确定，权数以各国对外贸易占世界贸易总额的比重确定。“一篮子货币”开始有 16 种，1980 年 9 月 18 日以后减少为 5 种，即占世界商品和劳务出口比重最大的 5 个国家的货币：美元、德国马克、英镑、法国法郎、日元。欧元诞生以后，由欧元取代了德国马克和法国法郎，从 2001 年 1 月 1 日起生效。特别提款权的价值每日计算，并以美元列示。2015 年 11 月 30 日，国际货币基金组织（IMF）将人民币纳入 IMF 特别提款权（SDR）货币篮子，决议于 2016 年 10 月 1 日生效。

随堂思考：人民币加入特别提款权货币篮子后，特别提款权货币构成是什么？入选货币篮子的标准是什么？

三、国际储备的作用

国际储备具有如下作用。

（一）调节国际收支失衡

当一国出现国际收支失衡时，动用国际储备可以起到缓冲作用，使国内经济在一定程度上免受国际收支变化的冲击，为该国赢得时间，可以有步骤地进行国际收支调整。

（二）干预外汇市场，维持本国货币汇率稳定

各国货币当局可以利用外汇储备干预外汇市场，影响外汇供求，从而达到稳定和调控汇率的目的。如果一国货币汇率剧烈波动，必将对该国经济产生影响，这时一国货币当局可以动用国际储备中的外汇储备来稳定汇率。

（三）增强本国的资信

国际储备是一国向外借款和对外偿债能力的保证，国际储备的多少反映了一国的对外金融实力。国际储备充足，说明该国的支付能力强，经济实力雄厚，可以增强一国的资信，吸引外资流入，促进经济发展。

四、国际储备的管理

从一国的角度来看，国际储备的管理主要涉及两个方面：一是规模管理，二是结构管理。规模管理是指一国应保持多少储备才算是合理的；结构管理是指怎样搭配不同种类的储备资产，才能使风险最小或收益最大。

（一）国际储备规模管理

1. 国际储备适度规模的概念

国际储备适度规模是指一国政府为实现经济发展目标而持有的用于平衡国际收支、维持汇率稳定以及应付突发事件等需要的合理的国际储备量。

一国的国际储备资产不可过多，也不能过少。国际储备并非越多越好，第一，如果储备规模过高，则不能形成生产能力，造成资源浪费，影响本国经济增长。第二，外汇储备越多，则货币投放量越大，可能导致通货膨胀。但如果国际储备规模过小，会削弱货币当局平衡国际收支的能力，不能满足对外贸易及其他对外经济往来的基本需要，更为严重的情况下则可能导致内外经济失衡，使经济活动无法正常进行。因此，一国只有保持适量的国际储备，才符合国家利益。

2. 确定国际储备适度规模应考虑的因素

确定一国国际储备适度规模时应考虑的主要因素有：

（1）经济开放程度和对外贸易依赖程度。经济开放程度越大，对外贸易依赖程度越高，则对国际储备的需求越大。由于国际储备最重要的作用是平衡国际收支，而贸易收支的状况往往决定国际收支的状况，因此，对外贸易状况是决定国际储备需求的首要因素。

（2）对外贸易规模。由于国际储备最基本的用途是弥补国际收支逆差，因此它需要同一国对外贸易规模保持一定的比例关系。进出口规模越大，在国民经济中所处的地位和发挥的作用越大，就需要越多的国际储备。一般认为，国际储备应能满足该国 3 个月的进口需要。

（3）外汇管制程度。各国实行外汇管制的初衷是为了改善国际收支逆差，维持汇率稳定以及集中外汇资金。一国外汇管制的宽严程度将影响该国直接控制其外汇收支的能力。外汇管制严，国家直接控制外汇收支的能力强，较少的国际储备就能够满足需要。

（4）外汇政策与汇率制度。实行固定汇率制度的国家，货币当局有维持汇率稳定的义务，对国际储备的需求将较大；相反，若一国对汇率采取自由放任的政策，所需国际储备就较少。

（5）本国货币在国际储备体系中的地位。这是指一国货币是否处于储备货币的地位。一国货币若处于储备货币的地位，则可以通过增加本国对外负债来弥补国际收支逆差，而无须过多的储备。

（二）国际储备结构管理

1. 国际储备结构管理的原则

国际储备结构管理的一般原则是兼顾储备资产的流动性、安全性和营利性。

（1）流动性原则。国际储备作为一种保障性资产，它首先必须保证可供一国货币当局随时使用，以调节国际收支、干预外汇市场，因此流动性是国际储备的第一特性。

（2）安全性原则。国际储备作为一种储备，其安全性十分重要。如果因为通货膨胀与汇率变动而使储备资产贬值，或是其他原因使储备资产损失，其结果不仅仅是国家财富的直接损失，而且使国际储备的作用难以充分发挥。

（3）营利性原则。国际储备作为一种资产，应具有资产的一般性质，即能不断增值。防止贬值风险的一个途径就是利用资产获利。因此，进行国际储备管理时必须考虑使这部分资产不断增值。

2. 储备资产结构的分类

国际储备按流动性的强弱，可分为以下三类：

（1）一级储备。一级储备包括现金和准现金，如活期存款、短期国库券、商业票据等。这类储备的流动性最强但收益最低，风险基本上等于零。

（2）二级储备。二级储备主要是指中期债券。这类储备的收益高于一级储备，但流动性比一级储备弱，风险也较大。

（3）三级储备。三级储备主要是指各种长期投资工具。这种储备的盈利性最强，但流动性最弱，风险也最大。各国货币当局一般在确定一级储备和二级储备的规模后，才考虑将余下的部分做长期投资。

普通提款权类似一级储备，因为成员可以随时从 IMF 提取和使用；特别提款权可视为二级储备，因为它只能用于成员政府对 IMF 与成员政府之间的支付；黄金储备可视为三级储备，因为各国货币当局一般只在黄金市场对其有利时，才肯将黄金作为储备货币。

五、我国的国际储备

（一）我国国际储备的构成

我国于 1980 年正式恢复了在 IMF 和世界银行的合法席位，和世界大多数国家一样，目前我国的国际储备同样由黄金、外汇储备、特别提款权和在 IMF 的储备头寸四部分组成。

> 随堂思考：我国的国际储备资料数据是看中国人民银行官网还是国家外汇管理局官网？除了这四项，国际储备数据还包括别的项目吗？

（二）我国国际储备的管理

1. 我国国际储备的规模管理

我国国际储备的规模管理，就是确定我国国际储备的适度规模并把国际储备控制在这一规模上。理论上，国家外汇储备规模由外汇储备的需求与供给两方面决定。由于我国国际收支中双项顺差（尤其是资本项目顺差）的持续性，外汇储备供给在相当长一个时期内是绝对充裕的，而外汇需求又处于动态的发展进程中，因此，国际储备的适度规模是一项动态指标，其具体数量取决于我国不断变化着的国际收支的实际运行状况及决定国际收支变化的一切因素。国际通用的标准是，适度的外汇储备应不低于 3 个月的进口需求。由于我国出口产品的竞争力较弱，进口需求弹性不大，人民币还不是可以全面兑换的货币，因此我国的外汇储备水平应该高于 3 个月进口需求的储备量。

2. 我国国际储备的结构管理

我国国际储备的结构管理主要是解决各储备资产间的比例结构问题。

对于黄金储备的管理，应该持有基本稳定的观点。这是因为黄金价值稳定，在一定程度上可起到保值作用，一定量的黄金还有利于提高国家资信。但由于黄金的流动性差，且不能生息，保存黄金还要负担保管费用等，因此，黄金不宜过多持有。

在对外汇储备结构的管理上，应注意以下原则：

（1）币种多元化以分散风险。必须保持多元化的货币储备，密切注意汇率变动的趋势，随时调整各种储备货币的比例，以分散汇率变动的风险。

（2）与所需相匹配。根据支付进口商品所需货币的币种和数量，确定该货币在储备中所占的比例。

（3）应将储备资产的安全性、收益性、流动性相结合。

在 IMF 的储备头寸和 IMF 分配的特别提款权这两部分资产在我国现有的国际储备中占比很小。由于其来源具有特殊性，通常其数量多少并非完全为我国所控制。因此，对它们的管理应集中在使用方面。IMF 的储备头寸，基本是用作偿还 IMF 对我国的各类贷款。对于分得的特别提款权，我国基本将其用于缴纳我国在 IMF 中不断增长的份额。

※项目小结

国际收支是指在一定时期内（通常为 1 年），一国居民与非居民之间经济交易的系统记录。一国的国际收支反映在该国的国际收支平衡表上，它是国家间经济联系的账面表现，它不仅体现了一国的对外经济关系，而且反映了该国在国际经济中地位的变化情况。国际储备是一国重要的金融资产，它是一国货币当局为弥补国际收支逆差、维持本国货币汇率稳定以及进行国际支付而持有的国际上可接受的资产，因此对国际储备规模及结构的管理，是一国货币当局重要的管理内容。

※概念复习

国际收支　经常账户　财政政策　货币政策　国际储备　黄金储备　外汇储备　特别提款权

※网站读物

国家外汇管理局；国家统计局发布的近几年的《国民经济和社会发展统计公报》中的外汇储备数据；国家外汇管理局发布的近几年的《中国国际收支报告》《国际收支平衡表》等。

※复习思考

一、单选题

1. 国际收支记录的是在一个国家（　　）之间进行的交易。

A. 居民与非居民　B. 居民与公民　C. 公民与非居民　D. 公民与非公民

2. 下列关于国际收支的说法中，正确的是（　　）。

A. 存量概念　B. 记录的是公民与非公民之间的交易

C. 是以支付为基础的　D. 流量概念

3. 经常账户包括货物、服务、收益和（　　）四个项目。

A. 资本账户　B. 经常转移

C. 金融账户　D. 错误和遗漏账户

4. 下列属于国际收支顺差的影响是（　　）。

A. 引起本国货币汇率下跌　B. 引发通货紧缩

C. 影响本国国际清偿能力　D. 导致贸易摩擦

5. 当一国出现国际收支不平衡时，必然会促使外汇汇率的波动，如果该国政府允许汇率自发波动，则国际收支的不平衡就可能通过外汇汇率的波动而消除，这种调节机制是（　　）。

A. 价格机制　B. 汇率机制　C. 利率机制　D. 收入机制

6. 下列选项中，不属于国际储备特征的是（　　）。

A. 官方持有　B. 自由兑换性　C. 收益性　D. 充分流动性

7. 按照 IMF 的规定，认缴份额的（　　）须以黄金或可兑换货币缴纳，其余部分用本国货币缴纳。

A.25%　B.30%　C.20%　D.15%

二、多选题

1. 国际收支平衡表的主要内容有（　　）。

A. 经常账户　　B. 资本与金融账户
C. 国际储备账户　　D. 净误差与遗漏账户

2. 经常账户在整个国际收支总额中占据很大的份额，它包括的子项目有（　　）。

A. 货物　　B. 服务　　C. 收益　　D. 经常转移

3. 引起国际收支失衡的原因有（　　）。

A. 周期性原因　　B. 结构性原因　　C. 货币性原因　　D. 收入性原因

4. 国际收支失衡的调节机制有（　　）。

A. 汇率机制　　B. 收入机制　　C. 利率机制　　D. 价格机制

5. 国际储备的特征是（　　）。

A. 官方持有　　B. 自由兑换性　　C. 收益性　　D. 充分流动性

6. 国际储备的构成有（　　）。

A. 黄金储备　　B. 外汇储备　　C. 普通提款权　　D. 特别提款权

7. 国际储备的作用是（　　）。

A. 调节国际收支失衡　　B. 干预外汇市场，维持本国货币汇率稳定
C. 增强本国的资信　　D. 增强本国的进口能力

三、简答题

1. 当国际收支出现失衡时，顺差和逆差对国内经济有哪些影响？

2. 进行国际储备的规模管理时，应该注意哪些方面？

四、案例分析题

登录国家外汇管理局官网，查找最近一期的国际收支平衡表，把下表内容填写完整：

表 12–1　国际收支平衡表（年度表 / 季度表）　单位：亿元人民币 / 亿美元

项目	
1. 经常账户	
1.1 货物和服务	
1.2 初次收入	
1.3 二次收入	
2. 资本与金融账户	
2.1 资本账户	
2.2 金融账户	
3. 净误差与遗漏账户	

问题：

1. 分析我国国际收支平衡表的各个账户的含义及特点。

2. 货物贸易顺差意味着什么？对于我们个人意味着什么？

3. “非储备性质的金融账户呈现顺差，跨境资本持续净流入”是什么意思？对于我国进出口企业意味着什么？

4. 储备资产增加意味着什么？

※实践参与

分组辩论：国际收支顺差好还是逆差好？请解释理由。

参考文献

[1] 黄达，张杰 . 金融学 [M].6 版 . 北京：中国人民大学出版社，2024.

[2] 岳高社，董雷光 . 金融基础 [M].2 版 . 北京：人民邮电出版社，2022.

[3] 弗雷德里克 · S. 米什金 . 货币金融学 [M].13 版 . 王芳，译 . 北京：中国人民大学出版社，2024.

[4] 韩宗英 . 金融基础知识 [M].3 版 . 北京：人民邮电出版社，2020 .

[5] 朱战平 . 金融基础知识 [M].9 版 . 北京：中国财政经济出版社，2021.

[6] 倪成伟 . 财政与金融 [M].5 版 . 北京：高等教育出版社，2022.

[7] 韩全辉，郭会芳 . 互联网金融 [M]. 大连：大连理工大学出版社，2018.

[8] 郭福春，吴金旺 . 金融基础 [M].3 版 . 北京：高等教育出版社，2022.

[9] 中华人民共和国证券法（2019 年新修订）（含草案说明）[M]. 北京：中国法制出版社，2019.

[10] 中华人民共和国保险法：附保险法司法解释（一）、（二）、（三）、（四）（2021 年版）[M]. 北京：中国法制出版社，2021.